国際労働法

小西國友

国際労働法

法律学講座

信山社

はしがき

一　この国際労働法は、平成八年に絢文社から出版され三版まで版を重ねたが、このたび機会を得て信山社から改版して出版する運びになった。

それに伴って、これまでの総論九章・各論一〇章の構成に、新たに総論の第六章として「パートタイム労働者」の一章を追加するとともに、巻末に参考資料としてＩＬＯ条約や国連条約等の訳文を収録した。また、それぞれの章についても部分的な付加・訂正を行った。これらの訳文の中には外務省等による仮訳も含まれている。

二　平成二三年という年は、国内的には三月一一日に東日本大震災が発生し、国外的にはギリシャの経済危機に関連してヨーロッパ連合の通貨であるユーロが下落し、ＥＵの一体感に亀裂の生じた年であった。

しかし、大震災に関しては、諸外国からの災害援助がなされ、その中にはアジアのブータン王国からの援助も含まれていた。そして、大震災から約半年を経た頃には、わが国の経済復興への期待感とＥＵへの不安感とから、わが国の通貨である円が大幅に上昇することになった。

三　すでに平成一六年の三月に立教大学を定年退職したが、その後、機会に恵まれて信州大学法科大学院で労働法と社会保障法の講義を担当することになった。これによって、労働法の講義においても社会保障法の講義においても再びＩＬＯ条約に触れることができることになった。

ここに、ＩＬＯへの関心の根を植えつけて下さるとともに、公私にわたって大変お世話をして下さった石川吉右衛門先生に改めて深く感謝を申し上げる次第である。また、本書の刊行にあたりご尽力をいただいた信山社の袖山貴氏と稲葉文子氏にも厚くお礼を申し上げる次第である。

平成二四年一月

小西國友

◆目　次◆

第二編　各　論

国際労働法

第一編　総　論

第一章　序　　章

一　国際労働法の概念

(1)　国際労働法概念の多義性

(イ)　国際労働法という概念が用いられるようになったのはそれほど最近の時期に属することではない。すなわち、すでに一九〇六年にレイノー（Barthélemy Raynaud）がその著書において国際労働法（Droit international ouvrier）という名称を用いていた。また、一九二二年にはクティヒ（Ewald Kuttig）が国際労働法（Internationales Arbeitsrecht）というタイトルの著書を刊行した。前者は外国人労働者の国際私法的問題を研究対象にしたものであり、後者はＩＬＯの組織や条約を研究対象にしたものであった（菊池勇夫「国際労働法」労働法講座七巻〈上〉一七四三頁以下参照）。

(ロ)　ひるがえって、わが国においては、一九三二年（昭和七年）に末弘厳太郎教授が東京帝国大学法学部の「労働法」（昭和四年度までの講義の名称は「労働法制」）で国際労働法に触れて次のように講義した。「国内に於ける労働者の生活条件を改善するには同時に国際経済競争の相手方たる他の国家に於ける労働条件をも改善、向上せしめ、これによりて低賃金労働（cheap labour）による不当な競争を不可能ならしめる必要」があり、「〔この〕必要に応ずるために、資本主義国家の間に国際的協定が締結されたことにより発生したものが、現在の国際労働条約を主とする国際労働法である」と（向山寛夫「末弘厳太郎教授述『労働法』」國学院法学二〇巻三号一五一頁）。

(ハ)　国際労働法の概念に関しては、今日でも、国際取引法や国際経済法や国際民事訴訟法などに関するほどには明確な概念規定がなされていない。これは、何よりも、「国際労働法」という概念が国際取引法等に比較して一般的に使用されることが少ないことによるとともに（有斐閣・新法律学辞典〈第三版〉中に国際労働法という項目はない。もっとも、同書には国際取引法の項目もない）、このほかに、そもそも国際労働法といわれるものが国際法の一部なのかそれとも国内法の一部なのか、ということに関する認識が十分なされていないことによるものである。これに対して、国際取引法や国際民事訴訟法に関してはそれが基本的に国内法の一部であり、国際経済法に関しては基本的に国際法の一部であるとの認識が今日では有力になっている。

(2)　国際公法としての国際労働法

(イ)　ここでは、国際労働法を国際法の一部と理解して、国際労働法とは「安定した国際関係を実現するために、国際社会における法主体について定める、労働に関する国際法の全体である」と概念規定することにする。

(ロ)　このような国際労働法の把握の仕方は三つのことを意味している。第一に、国際労働法の目的に関して、国際労働法は、「安定した国際関係を実現するため」の法である、ということを意味している。「安定した国際関係」とは、紛争の少ない国際関係のことである。全く紛争のない国際関係がより望ましいことは言うまでもないが、かかる国際関係の存在は現実には考えがたいことであって、紛争の少ない国際関係を「安定した国際関係」と理解することが現実的で適切であると考えられる。

また、国際関係とは、国際社会における法主体（国際法主体）の相互の間の事実関係のことである。国際法主体相互間の法律関係（国際法律関係）も重要であり、国際労働法は、国際法主体それ自体およびその相互の間における法律関係を規律するものである。しかし、これは規律の対象であって規律の目的ではなく、規律の目的は事実関係たる国際関係の安定にある。それは、法律関係は事実関係の法的反映であって、事実関係の方が法律関係より重要であるとの認識によるものである。

(ハ)　第二に、国際労働法の規律の対象に関して、それは国際社会における法主体たる国際法主体それ自体およびその相互間の法律関係を規律する法である、ということを意味している。国際法主体として何よりも重要なのは国家である。「国家」とは、領土を基礎とし、そこに所在する住民（主として国民）によって組織され、しかも、代表機関その他の各種の機関を有する組織的統一体である。しかし、今日の国際社会においては、国家のほかに、国際連合等の国際組織も重要な法主体として認められるに至っている。したがって、いずれの場合でも、国際労働法は国際法主体やその間の法律関係を規律する法として国際法（国際公法）の一部であることになる。このような理解に立つと、国際労働法と国内労働法との相互の関係が理論的にも実際的にも重要な課題になる。

(ニ)　第三に、国際労働法の範囲に関して、それは労働に関する法である、ということを意味している。「労働」とは、他人の指導命令下における労務の提供のことである。したがって、国際労働法は一定の目的のために国際法主体等について定める非独立の労働に関する法であることになり、独立した自営労働に関する法は国際労働法ではないことになる。たとえば、一九五六年六月二六日にＩＬＯ第三九回総会で採択された「農業における職業訓練に関する勧告」すなわちＩＬＯ一〇一号勧告は「農業賃金労働者」に限らず「農業に従事するその他の者」も適用対象にするものであり、これはその限りで国際労働法ではないことになる（この勧告は一号から三七号までの三七か条からなる勧告であって包括的な内容のものである）。

(3)　国際私法としての国際労働法

(イ)　これに対して、「安定した国際関係」を実現するためには、単に国家や国際組織等の国際法主体を規律するだけでは十分でなく、国内法主体をも規律する必要がある、との指摘が可能である。たとえば、ある国内において就労する多数の外国人労働者が国内での労働条件や労働者の待遇等に不満をもち使用者に対してストライキやボイコット等の争議行為を行う場合に、安定した国際関係を実現するためには国内での労働紛争の法的解決が緊急な問題であることになる。

そして、この解決のためには適用される労働法が国内法であるか外国法であるかをまず決定しなければならず、しかも、決定されたのちにその法を適用することが必要になる。このように適用されるべき労働法（準拠法）を決定する抵触法（国際私法）が国際労働法と理解されることがあり、ドイツ・フランス・イタリア等のヨーロッパ諸国において理解されている国際労働法はこのような「労働抵触法」であることが多い。この場合の国際労働法は国内法であることになる。

(ロ)　しかも、近時においては、労働抵触法（労働国際私法ともいう）とＩＬＯ条約等の労働国際公法の双方を併せて国際労働法と理解する把握の仕方も有力になりつつある。たとえば、ドイプラー教授等は、国際労働法ないし国際社会法が抵触法（Kollisionsrecht）と国際公法（Völkerrecht）の双方を意味するとの理解に立っている。第一の法は、外国関連の労働関係についてドイツ法と外国法のいずれが適用されるか、に関して判断する法であり、また、第二のカテゴリーの法は、従属労働を対象にする国家間の各種の規範とりわけ条約に関するものである（Wolfgang Däubler - Michael Kittner - Klaus Lörcher, Internationale Arbeits - und Sozialordnung, S. 21）。

(ハ)　さらに、国際労働法を国内法の一部と理解する見解に立って、国際労働法とは「他人の指揮命令下における労務の提供に関する国内法であって、国際社会の法秩序において一般的に承認されうるもの」と理解することも可能である。これは、国際労働法を「労働に関する国内法と国際法の総合されたもの」と理解するものといってよい（これに条約・勧告をも含めて「国際労働法」と理解する見解もありうる）。そして、このような理解に立つと、国内労働法の国際社会における一般的妥当性が理論的に重要な課題になり、強制労働の禁止に関する国内法（たとえば、労基法五条）や、組合活動を理由にする不利益取扱の禁止に関する国内法（たとえば、労組法七条）などは、かかる一般的妥当性があり国際労働法たりうるのではないか、ということが検討されるべきことになる。

⑷ **国際労働法と比較労働法**

(イ) 国際労働法に類似する概念に比較労働法（国際比較労働法）という概念がある。これは比較労働法という表現にもかかわらず比較労働法学のことであって、比較労働法という独自の法領域が存在するわけではない。そして、この比較労働法学はある国の労働法と他の国の労働法とを比較し研究する学問であり、類似する労働法的問題の解決が各国によってどのような方向において結論づけられ、それがどのような法的構成（概念構成と法律構成）により理由づけられているか、を比較・研究する学問である。

(ロ) これに対して、国際労働法は国際公法の一部であってそれ自体で独自の法領域を形成する法である。しかし、国際労働法という概念が比較労働法（比較労働法学）を意味することがなくはない。このように、国際労働法と比較労働法とは類似するけれども相違する概念であるが、比較労働法の研究が国際労働法の研究にとり無意味であるわけではない。比較労働法の研究が国際労働法の解明に寄与することは多々認められることであり、とくに比較労働法による各種の法的概念に関する研究は国際労働法たとえば条約の解釈にとってもきわめて有益なことがある。

二　国際労働法の法源

⑴ **法源としての条約と勧告**

(イ) 国際労働法は、国内労働法が個別的労働法と集団的労働法に大別されることと同様に、個別的国際労働法と集団的国際労働法とに大別され、これらは、さらに、国際労働契約法（契約なき事実上の労働関係に関する法も含む)・国際賃金法・国際労働時間法や、国際労働組合法・国際労働協約法・国際不当労働行為法などに細分される。

(ロ)　このような国際労働法は、今日の国際社会の法秩序においては、多くが条約という形式において存在している。条約には条約・協定・協約・規約・憲章等の各種の名称のものがあるが、条約は契約型の条約である二国間条約と立法型の条約である多数国間条約とがある。わが国では条約は内閣によって締結され批准されるが、重要な条約の締結には国会の事前または事後の承認が必要(憲法七三条三号。このような条約は国会承認条約と呼ばれる)である。

(ハ)　条約の形式によらない国際労働法としては勧告がある。勧告(たとえば、ＩＬＯ勧告)は関係当事者に直接的に権利・義務を発生させるものではないが、ＩＬＯ勧告その他の勧告も国際社会の法の一種であるということができるから、それが労務の提供に関係するものであるならば国際労働法ということができる。このほかに、国際慣習法としての国際労働法も存在しうるが現実的にはほとんどないといってよい。

(2)　個別的国際労働法

(イ)　個別的国際労働法には、第一に、国際労働契約法として、「強制労働の禁止に関する条約」すなわちＩＬＯ二九号条約ないし一〇五号条約や、「女子に対するあらゆる形態の差別の撤廃に関する条約」の一部などがある。第二に、国際賃金法として、「賃金の保護に関する条約」すなわちＩＬＯ九五号条約があり、また、「最低賃金決定制度の設立に関する条約」すなわちＩＬＯ二六号条約がある。第三に、国際労働時間法として、「工業的企業に於ける労働時間を一日八時間且一週四八時間に制限する条約」すなわちＩＬＯ一号条約があり、また、「商業及事務所に於ける労働時間の規律に関する条約」すなわちＩＬＯ三〇号条約がある。

(ロ)　これに対して、労働保護法(国内労働保護法)たる労働基準法に対応するような包括的内容の国際労働保護法は今日の国際社会においては存在しない。しかし、包括的内容の国際法が存在しないというわけではない。たとえば、右に述べた「女子に対するあらゆる形態の差別の撤廃に関する条約」すなわち「女子差別撤廃条約」（女性差別撤廃条約とはいわない）はきわめて包括的な内容の条約である（これはＩＬＯ条約ではなく国連条約である）。そして、このうちの一部である一一条は「雇用」に関する条項であり、これは、国際公法の一部であって労働契約に関するものであるから、国際労働契約法であると位置づけることができる。

(3)　集団的国際労働法

(イ)　集団的国際労働法には、第一に、国際労働組合法として、労働組合に関する「結社の自由および団結権の保護に関する条約」すなわちＩＬＯ八七号条約がある。第二に、国際不当労働行為法として、不当労働行為禁止に関する「団結権および団体交渉権についての原則の適用に関する条約」すなわちＩＬＯ九八号条約がある。このほかに、労働協約に関する国際労働協約法として、条約の形式によるものではないが「労働協約に関する勧告」すなわちＩＬＯ九一号勧告がある。

(ロ)　ところで、国内法たる不当労働行為法（不当労働行為禁止法）として、わが国の労組法の七条やその母法たるアメリカの連邦法であるタフト・ハートレー法（Taft - Hartley Act　正式の名称は Labor Management Relations Act）の八条を指摘することができる。これらはともに国内法たるものであるが、労働に関する法であって国際社会において一般的に妥当するものと理解することができるから、かりに国際労働法を「労働に関する国内法と国際法の総合されたもの」と理解する見解に立てば、これらは国際労働法であることになる。

(4)　多数国間条約と二国間条約

(イ)　ＩＬＯ二九号条約等はいずれも多数国間条約としての国際労働法であり、それが今日の国際社会における一般的な国際労働法の法源になっているが、かつては二国間条約たる国際労働法もかなり存在していた。たとえば、一九〇四年にフランスとイタリアとの間で締結された労働条約（Labour Treaty）である。この条約は、「㈠老齢、廃疾、業務災害および失業保険等について相互に相手国の国民に対し自国民と平等の権利を与えること、㈡フランスにおけるイタリア人年少労働者を保護すること、㈢一国が国際労働会議に参加する場合は他国も参加すること」等をその内容にするものであった。

(ロ)　そして、この後、かかるフランス・イタリア間の労働条約に類似する多くの条約がヨーロッパ諸国の間において締結されることになった。すなわち、一九〇五年のベルギー・ルクセンブルグ間の条約や、同じく一九〇五年のドイツ・ルクセンブルグ間の条約であり、また、一九〇六年のベルギー・フランス間の条約やフランス・ルクセンブルグ間の条約であり、さらに、一九〇七年のドイツ・オランダ間の条約である。もっとも、これらは、一九〇四年のフランス・イタリア間の条約と相違して包括的な内容のものではなく、もっぱら労働災害（industrial accident）の補償（compensation）を定めたものであった（飼手真吾＝戸田義男・ＩＬＯ国際労働機関一〇頁以下）。

三　国際労働法の特徴

(1)　立法の社会性

(イ)　(i)　国際労働法の法領域においても、国内労働法の法領域におけると類似して、国際社会における一定の社会的現実とそれに基づく社会的要請を契機にして国際労働法の立法（国際労働立法）のなされることが多い（立法の社会性）。たとえば、一九一九年のＩＬＯ一号条約たる「工業的企業に於ける労働時間を一日八時間且一週四八時間に制限する条約」は、国際社会における工業労働者の労働時間が長く、労働者の健康に有害でありまた家族にとり苦痛であったところから、長時間労働は制限されるべきであるとの国際社会における社会的要請（主として、イギリス・フランスなどのヨーロッパの先進資本主義社会におけるそれ）に基づきＩＬＯ第一回総会において採択されたものである。

(ii)　また、一九七九年の「女子に対するあらゆる形態の差別の撤廃に関する条約」が第三四回国連総会において、日本を含む一三〇カ国の賛成によって採択されたのも、国際社会において女性に対する各種の形態の差別が存在するという社会的現実と、このような差別は人間の尊厳に照し容認することができず遅滞なく廃止されるべきであるという国際社会における社会的要請を契機にしてなされたものである。かかる社会的要請が国際社会において存在したことは、この条約が日本をも含めて反対国なしに採択されたことからも明らかである。

(ロ)　しかし、このような理解の仕方に対しては、「〔国際労働立法は〕低劣な勞働條件の上に有利な生産條件と競争能力を確保しようとするところの、經濟的後進國の常套手段を封ずるための措置であって、その意味では、國際勞働立法は、資本主義的先進國が、低い生産コストを以って世界市場に登場する後進國の競争能力に打撃を加へる最良の方法に外ならないと言へる。それ故、總じて、國際勞働立法なるものは、それが人道の名において唱導されるものであれ基督教的博愛の名において説かれるものであれ、その結果においては、世界市場をめぐる帝國主義的死闘の一表現たるものである」との理解の仕方もある（大河内一男・社會政策〈各論〉〈新訂〉一一九頁）。

(ハ)　いったん国際労働法の立法がなされた後において、国際社会における社会的現実が変化するとともに社会的要請も変化し、それに対応して新たな国際労働立法のなされることもある。すなわち、「社会的現実の絶えざる発展は、将来においても新しい基準の採択を必要とさせる」ことがある（山口俊夫「国際労働基準に対する政・労・使の姿勢」神奈川法学三〇巻三号一三頁）。このような一例として、一日八時間・一週四八時間制に関して規定したＩＬＯ一号条約が十分な現代性を持たなくなったゆえに、一週四〇時間制に関する四七号条約の採択された例を指摘することができる。あるいは、経済的目的からの強制労働の廃止を規定したＩＬＯ二九号条約だけでは十分でないとして、政治的目的からの強制労働をも禁止した一〇五号条約の例を指摘することができる（山口・前掲論文一一頁。なお、国際社会保障法たるＩＬＯ条約については、西村健一郎「社会保障の国際基準」ジュリスト一〇〇一号二八一頁以下参照）。

(2)　立法・改正の困難性

(イ)　国際労働法は、国内労働法におけると同様に労使の利害が対立する法領域であるから、新たに国際労働法の立法がなされることは比較的困難である（立法の困難性。改正についても同様。改正の困難性）。たとえば、ＩＬＯ一号条約が採択された一九一九年から、一九五一年のＩＬＯ一〇〇号条約である「同一価値の労働についての男女労働者に対する同一報酬に関する条約」を経て、一九九七年のＩＬＯ一八一号条約である「民間職業仲介事業所に関する条約」までの約八〇年間にわずか約一八一の条約（この中には、国際社会保障法たる条約も含まれている）が総会において採択されたにすぎないのである。

(ロ)　しかし、国際労働法に関する立法・改正が困難であるといっても、国内労働法におけると相違して、判例（国際司法裁判所の判例）が国際労働法の法制度と国際社会の社会的要請との間の間隙をうめる役割を果している事実はない（判例の非重要性）。これは、国際社会的な社会的要請を発生せしめる社会的現実が労働者と使用者との間に存在する場合に、国際司法裁判所（これは国際連合の主要機関の一つである）に当事者能力を有し当事者として訴えを提起しうるのは国際連合加盟国等（加盟国でないこともある）の国家自体であり、しかも、訴訟の維持のためには原則として紛争の相手国の同意を必要とするからである。

(3)　立法の重畳性

(イ)　国際労働法は立法ないし改正が困難であるが、今日において、さまざまな法形式のもとに多数の国際労働法の法規範（国際労働法規範。単に国際労働法規ともいう）が存在し、それらが重要な法領域をほぼ網羅的に規律している。そして、時には、重要性のゆえに、同一の事項について国際労働法規が重畳的に立法されることもある。たとえば、女性の差別の除去に関する「女子に対するあらゆる形態の差別の撤廃に関する条約」の一一条一項(d)号と、「同一価値の労働についての男女労働者に対する同一報酬に関する条約」（ＩＬＯ一〇〇号条約）とは、男女の同一賃金が実現されることに関して重畳的に同様の法規制をしているのである。

(ロ)　だが、国際労働法が法領域を網羅的に規律するのは典型的な労働関係に関してであって、国際労働法は非典型的な労働関係についてては必ずしも十分な規律をするには至っていない。このことに関して、ドイプラー教授等は次のように述べている。「もとより、国際労働法は二つの領域（個別的労働法と集団的労働法のこと）において多かれ少なかれなお初期の段階にある。そのうちの一方に関していえば、非典型的労働関係（期間の付与・固定的なパートタイム労働および特にフレクシブルなパートタイム労働・賃貸労働・形式的な非従属性）は、なお規律の対象になっていないのである」と（Wolfgang Däubler - Michael Kittner - Klaus Lörcher, Internationale Arbeits - und Sozialordnung, S. 22)。ここにいう賃貸労働とは派遣労働のことである。

四　国際労働法の国内的効力と国内法への影響

(1)　国際労働法の国内的効力

国際労働法は国際法の一部であって国内法ではないから、当然には国内的効力を有するものではない。しかし、国際法一般に関すると同様に、それが一定の要件の所与のもとに国内的効力を有するに至った後においては、すでに存在する国内法との効力の上下関係が問題になる。たとえば、ＩＬＯ条約たる国際労働法は、加盟国が批准し、国内において官報により公布されるなどして加盟国における国内的効力を有するに至った場合には、国内労働法との効力の上下関係が問題になるのである。

(2)　**国会承認条約と法律との効力関係**

(イ)　国際労働法としての条約が国内的効力を有するに至った後に、国内労働法の法体系においていかなる効力関係に立つかは一律に論ずることができず、これは、それぞれの国の法制度により異なるとともに、それぞれに比較される法の重要性の度合いによっても異なることになる。そして、わが国においては、一般的に、国際労働法の条約のうちで国会の承認を必要とする国会承認条約は国内労働法の法律と同じランクにあると理解することができる。けだし、労基法や労組法などの法律は、国会を構成する衆議院と参議院の両院の承認によって成立するものだからである。

したがって、批准手続等がなされILO条約が国内的効力を有するに至った後において、国は後法たるILO条約に違反する前法たる法律等を改正し関連法令を整備しなければならず、かかる改正手続をなさない場合には、ILO条約に違反する法律およびそれ以下のランクの法規範は効力を否定されることになる。しかし、ILO条約が国内的効力を有するに至った後に制定された後法たる法律がILO条約に抵触する場合に、その法律は国際法の遵守を規定する憲法九八条二項に照らして効力を否定されると解すべきである、という見解も有力に主張されている（片岡曻・労働法(I)〈第三版〉七六頁）。

(ロ)　これに対して、条約（国会承認条約）よりも下位の法規範である国際労働法と、国内労働法との効力の上下関係が問題にされる場合には、その国際労働法の効力は一般的に法律に劣位すると考えられる。たとえば、「日本国とアメリカ合衆国との間の相互協力及び安全保障条約」いわゆる日米安保条約六条に基づく、「日米地位協定」の規定および「基本労務契約」（Master Labor Contract　MLCと略称）の規定は、労組法七条に劣位すると考えられる。

それゆえ、駐留軍が、これらにいう保安基準に該当すると認めて日本国に解雇を要求した労務者について、保安基準に該当する事実を確認しえない場合にも日本国はこの者を解雇すべき義務を負う旨のこれらの国際労働法にもかかわらず、かかる解雇の意思表示は駐留軍が保安事由を主張・立証しない限り何ら理由のない解雇の意思表示であり、労働者が組合活動を理由にすることを主張・立証すれば、労組法七条の禁止する不当労働行為として無効であることになる（小西「解雇の自由(6)」法学協会雑誌八七巻二号二一三頁）。

(ハ)　国際労働法と国内労働法との効力の上下関係の問題は、国際労働法が具体的な内容のものであるか抽象的な内容のものであるかによって基本的に変わることはない。しかし、内容が抽象的なものである場合には、法の抵触の発生することが少なく、あるいは、発生してもその事実がさほど明確には認識されないことが多く、このことは国内法秩序における法の抵触に関する場合と同様である。

そして、国際労働法が具体的な内容を有し「自動的執行力のある条約」（self-executing treaty）と認められる場合に、すなわち、具体化する法令をまつまでもなく国内的に執行が可能な条約と認められる場合に、それが国会承認条約であって法律と同ランクにある（ＩＬＯ一号条約の場合など。しかし、この条約は未批准である）ならば、後法である国際労働法に抵触する先法の国内労働法は容易に無効と判断されることになる（自動的執行力のある条約については、山本草二・国際法〈新版〉一〇五頁）。

(3)　未批准条約と国内労働法との関係

(イ)　国際労働法である条約が批准・公布され国内的効力を有する場合には、それは、すでに述べたように、これと内容的に抵触する前法たる国内法の改正を必然的に要請することになる。また、条約等が国内的効力を有するに至ると国内法が内容的に抵触することになると予想される場合には、国内法の立法者はあらかじめ事前に国内法を改正することが多い。

(ロ)　しかし、国際労働法は批准されないまま国内法に影響を与えることもないわけではない。これは、国内労働法の立法にあたり未批准の国際労働法が参考にされ、それが実質的に国内労働法に取り入れられることがあるからである。その典型的な一例がＩＬＯ条約に関するものであり、わが国の労働法の立法者はＩＬＯ一号条約等を未批准のまま国内保護立法の制定にあたり参考にし労基法三二条等の国内法に取り入れたのである。

第二章　ヨーロッパ共同体

一　国際法主体性

(1)　国家および国際組織の法主体性

国際法主体の中心は国家であるが、国際組織（たとえば、ユネスコなど）も国際法主体である。このほかに、よく知られるヨーロッパ経済共同体も国際法主体と認められる。このことは、ヨーロッパ経済共同体が、今日の国際社会において現実の主体であるとともに独立した主体でありしかも継続した主体であって、法的に権利・義務の帰属を認めるに適わしい、との基本的な認識に基づくものである。そして、かかる基本的な認識は、国家や国際組織などの他の国際法主体に関しても同様になされているのである。

(2)　超国家的組織の法主体性

ヨーロッパ経済共同体は、ヨーロッパにおける共同体の一つであって、国際法主体、すなわち、権利義務能力（権利能力）の認められる国際社会での法主体である。しかし、このようなヨーロッパにおける実際的・自主的・永続的な共同体はヨーロッパ経済共同体に限られるものでなく、ヨーロッパ石炭鉄鋼共同体やヨーロッパ原子力共同体もかかる共同体であると理解することができる。なぜなら、ヨーロッパ石炭鉄鋼共同体も、ヨーロッパ原子力共同体も、ヨーロッパ経済共同体と同様に国家ではなく超国家的組織（国を超えた組織）であるが、権利・義務の帰属を認めるに適しい国際的主体であるからである。

二　沿　革

⑴　シューマンとモネ

(イ)　一九五〇年（昭和二五年）五月九日に、当時のフランスの外相であったシューマン（Robert Schuman）がいわゆるシューマン・プラン（そのもとは、ジャン・モネ Jean Monnet の発案といわれる）を発表した。これは、フランスと西ドイツの基幹産業である石炭および鉄鋼（coal and steel）の全生産したがってその全産業を、他のヨーロッパの諸国も共同で参加しうる超国家的組織の管理下におくべきである、という内容のものであった。そして、これは、セーヌ川のほとりにあるフランス外務省の「時計の間」（Salon de l'Horloge）においてなされたといわれている（大谷良雄・概説EC法六頁参照）。

このジャン・モネはECの創設者として位置づけられ、また「ヨーロッパの父」として敬愛されているが、学問嫌いで学歴を持たない、コニャック造りの一家に生まれたフランス人であったとされている。そして、ジャン・モネは一九〇六年に一八歳の若さで、カナダのウイニペグを皮切りに世界各地を旅行し、家業のコニャックの販売ルートの拡張に努力したともいわれている（ジャン・モネの「ECメモワール」の編訳者である黒木寿時氏の「編訳者あとがき」による）。

(ロ)　(i)　このような内容のシューマン・プランが第二次大戦の終了した五年後の一九五〇年に発表されたことは、第一次大戦も第二次大戦もその悲惨な戦争の原因がヨーロッパとくにドイツとフランスにおける「石炭と鉄鋼」の生産・管理をめぐる紛争にあり、「石炭と鉄鋼」の生産・管理のあり方を現状のまま放置すればふたたびそれが世界大戦の原因になりかねない、との認識に基づくものであったと理解することができる（佐藤進・社会保障の法体系(全)四五頁以下は、石炭・鉄鋼を「戦争に対する潜在可能性を含む戦略的基礎材」と位置づけている）。

(ii)　この点に関連して、かりに西ドイツの経済的潜在力がそれほど強くなく、また、フランスがヨーロッパ大陸において抜ん出た経済的地位を保持しえたならば、おそらくこのような提案はなされなかったであろうといわれている。すなわち、「フランスの提案の真意は、この枠組みのなかで、西ドイツの再興によるヨーロッパ支配を抑えることにあった」のであり、「当時の西ドイツの再興に対するフランスの危惧の念はそれほど強かった」のである（出水宏一・戦後ドイツ経済史一四八頁以下）。

(2)　ＥＣＳＣとパリ条約

(イ)　かかるシューマン・プランを契機にして、一九五二年七月二五日に、フランス・西ドイツ・イタリア・ベルギー・オランダ・ルクセンブルグの六か国によって、欧州石炭鉄鋼共同体（European Coal and Steel Community: ECSC）が創設された。そして、このようなＥＣＳＣなる共同体創設の基礎をなした条約（これを基礎条約という）が、一九五一年四月一六日にパリにおいて締結されたパリ条約（締結国は前記のフランス・西ドイツ・イタリア・ベルギー・オランダ・ルクセンブルグの六か国。これらの国は原加盟国と呼ばれた）であったのである。しかし、このパリ条約は二〇〇二年七月二三日に失効した。

すなわち、一九五一年四月一五日に法律行為としてパリ条約の調印（締結は調印・批准・批准書の寄託等によりなされる）が行われ、その後に一九五二年七月二五日に実施行為としてＥＣＳＣが創設されたのである。この基礎条約には、その後に、他の二つの共同体におけると同様に、第一次拡大として一九七三年にイギリス・デンマーク・アイルランドが、第二次拡大として一九八一年にギリシヤが、第三次拡大として一九八六年にスペイン・ポルトガルが調印したのである（田中友義外二名・欧州統合一八頁）。

(ロ)　国際法主体のなす法律行為は国際法律行為（international transaction）と呼ばれ、国際不法行為（international delict）と併せて広く「国際法上の行為」と呼ばれる。このような国際法律行為は、国際法主体の一方的な意思表示によってなされるものと、双方的な意思表示によってなされるものとに大別される。前者は「国際法上の一方的行為」と呼ばれ、後者は「国際法上の双方的行為」と呼ばれる。国際法上の一方的行為の一例として開戦の宣言や脱退の意思表示（先占の表明も同様）などの通告があり、双方的行為の典型としては条約や協定などを指摘することができる（高野雄一・国際法概論下巻〈補正版〉三頁以下）。

(3)　EURATOMとEEC

(イ)　ECSCは、ヨーロッパにおける重要なエネルギー源である「石炭」と、それを利用する重要な製品である「鉄鋼」の超国家的な生産・管理のために作られた共同体であったが、同様にヨーロッパにおける重要なエネルギー源に「原子力」があり、この原子力も超国家的な管理のもとに置くことが必要であると考えられた。そして、このような認識のもとに、一九五七年三月二五日に、ローマにおいて、「欧州原子力共同体を設立する条約」がECSC加盟六か国によって調印され、その後に、一九五八年一月一日に「ヨーロッパ原子力共同体」(European Atomic Energy Community: EURATOM）が創設されるに至った。

(ロ)　このようなECSCとEURATOMの実現がなされれば、ヨーロッパにおける経済的な共同市場の形成が実現可能になると考えられる。かくして、同年同月同日（一九五七年三月二五日）に、同じくローマにおいて、「欧州経済共同体を設立する条約」がECSC加盟六か国によって調印され、その後に、一九五八年一月一日に「ヨーロッパ経済共同体」(European Economic Community: EEC）が創設されるに至った。そして、ヨーロッパにおける経済的な共同市場の形成すなわちEECの創設は、「第二次世界大戦後、米・ソの二大体制の間にあって、地位の低下したヨーロッパを……再び世界の指導的地位に戻したいという政治的意図の表れでもあった」のである（前田充康・EC統合と労働問題八頁）。

(4)　ＥＣとＥＵ

(イ)　(i)　ヨーロッパの三つの共同体（ECSC・EURATOM・EEC）は過渡的存在形態であってヨーロッパ連合（European Union: EU）の完成を目標にしたものであり、一九九一年一二月一一日に欧州理事会（ＥＣ首脳会議とも呼ばれる。欧州評議会 Conseil du Europe はＥＣとは無関係）においてヨーロッパ連合条約（Treaty on European Union）が合意された。この条約は、オランダの一都市であるマーストリヒトでの会議において合意されたところから、一般的にはマーストリヒト条約（Treaty of Maastricht）と呼ばれている。そして、翌九二年二月七日に、このマーストリヒト条約はＥＣの加盟一二か国によって調印され一九九三年一一月一日に発効した。このことに関しては、「ＥＵ設立時の加盟国は一二か国である」と表現されることがある。しかし、イギリスは、マーストリヒト条約中の「労働政策および社会政策」に関する部分については署名を留保した。その理由は、署名をすることにより加盟国の「労働政策および社会政策」に関する独自の権限が否定されることになるからであった。

(ii)　ＥＣ首脳会議は一九六九年にハーグで第一回目の会議が開催された。この当時のＥＣ首脳会議は、ＥＣ加盟国の国家元首や政府首脳が意見を交換する非公式の会議であった。ところが、一九七四年のパリＥＣ首脳会議において制度化がなされ、これは定期的に開催される公式の会議としての欧州理事会（European Council）になった。そして、このことは一九八六年二月一七日の単一欧州議定書（Single European Act）にも明記され、単一欧州議定書の効力発生後、欧州理事会は年に二回（通常は六月と一二月）定期的に開催されることになった。この欧州理事会は、一九八六年のルクセンブルグ会議での単一欧州議定書の採択や、一九九一年のマーストリヒト条約の合意に見られるように、閣僚理事会に代わってＥＵの最高意思決定機関になり今日ではＥＵ首脳会議と呼ばれている（田中友義外二名・前掲書九三頁参照）。

その後、一九九七年六月一七日に、ＥＵ加盟国の首脳がアムステルダムでのＥＵ首脳会議においてマーストリヒト条約の改正に合意し、この条約（アムステルダム条約）は同年一〇月二日の閣僚理事会（Council of Ministers）において調印された。そして、その中において、マーストリヒト条約（EU条約とも呼ばれる）の第五編（共通外交・安全保障政策）の改正がなされ、閣僚理事会は棄権国があっても意思決定することができ、棄権国は「決定を尊重しつつも拘束はされない」（改正J一三条）ということになった（鈴木眞澄「欧州統合と憲法学」法学セミナー一九九八年一月号八頁以下）。

(ロ)（i）マーストリヒト条約の批准に関連して、デンマーク（一九七三年に第一次拡大により加盟。他にイギリス・アイルランドも加盟。ギリシャは一九八一年の第二次拡大で加盟）では、デンマーク議会が一九九二年三月に一三〇対二五でこの条約に賛成した。ところが、同年六月二日の国民投票は、賛成が四九・三パーセントであったのに対し反対が五〇・七パーセントで、反対が賛成をわずかに上まわってしまった。そして、デンマークでは、翌九三年一月一五日にそれまでのシュルター内閣が総辞職したのちに新たに一月二五日にラスムセン内閣が成立し、五月一八日に再度の国民投票が行われ、この第二回国民投票において五六・八パーセント対四三・二パーセントで賛成が反対をようやく上まわり、マーストリヒト条約は批准されることになった。このほかに、フランスにおいても国民投票で賛成がわずかに上まわり、ドイツにおいても連邦議会・連邦参議院ともに条約に賛成した（籾山錚吾・EC労働法の展開と現状一七頁および一九四頁以下）。

（ii）一九九五年一月一日に、第四次拡大として、スウェーデン・フィンランド・オーストリアの三か国がEUに加盟した。その結果、EU加盟国は全部で一五か国（総人口は約三億七千万人）になった。このEUの拡大は一九八六年一月一日のスペイン・ポルトガルの加盟（第三次拡大）以来九年ぶりのことであった。しかし、西欧の主要国の一つであるノルウェーはなお未加盟である。これは一九九四年一一月の国民投票で反対が賛成を上まわったことによるものである。また、スイスも永世中立国であるので未加盟である。そして、一九九九年一月一日にユーロ（Euro）による通貨統合（だが、二〇〇一年までは他の通貨も併存）がなされた。この統合された共通通貨は二〇一〇年段階で一六か国が使用していたが（イギリスはなおポンドを使用している）、二〇一一年一月にエストニアがユーロ圏に加入しこれによって加入国は一七か国になった。

(iii)　第四次拡大ののちEU加盟国は永らく一五か国のままであったが、二〇〇四年五月一日に効力を発生した第五次拡大により、新たに中欧と東欧の一〇か国が加盟しEU加盟国は二五か国になった。第五次拡大によりEUに加盟した国は、エストニア・ラトビア・リトアニア・ポーランド・チェコ・スロバキア・ハンガリー・スロベニア・キプロス・マルタの一〇か国である。所得水準はこれまでの一五か国のそれよりかなり低いが、新加盟国の経済成長率は高く将来的にはEU全体の経済にとり寄与する点が多いと期待されている。さらに、二〇〇七年の第六次拡大としてルーマニア・ブルガリアが加盟しEU加盟国は二七か国（総人口は約五億人）になった。そして、二〇〇七年の時点において、なおクロアチアとマケドニアとトルコが加盟を申請している（EUの公用語は英語・フランス語・ドイツ語などの二三か国語）。

(iv)　ところが、二〇一一年九月一二日にユーロが急落しこれに伴って世界的に株価が下落したことに端を発して、「戦後最大の危機」といわれるヨーロッパの危機が発生した。この危機はユーロ圏やEUだけの危機にとどまらず、約二か月が経過した一一月一二日ごろにはニューヨークや東京においても株価が下落することになった。こうした状況の中にあって、EUの加盟二七か国（ユーロ圏加入国は一七か国）による話合いでは多数決原理の制約のために問題解決の糸口さえも見い出すことが困難であり、いたずらに時間が空費されることになった。そこで、EU加盟国のうちの二大国であるドイツとフランスのメルケル首相（Angela Merkel）とサルコジ（Nicolas Sarkozy）大統領の話合いへの期待が高まったが、メルケル首相は一二月二日のベルリンでの演説の中で「マラソンの勝者（Sieger）は最初に駆け出した者ではない」と慎重な姿勢を示したという。そして、わが国の東北地方（東北地方は馬の産地でもある）にも「駄馬の先走り」という言葉があり、これは東北人の慎重さと粘り強さを端的に表わしている言葉であると理解されている。

この後、二〇一一年一二月九日のEU首脳会議（EUサミットともいう）において、イギリスを除く二六か国のEU加盟国によって、EU各国がIMF（国際通貨基金）に二〇〇〇億ユーロ（約二〇兆六〇〇〇億円）を最大限として融資し、IMFがヨーロッパの財政危機国（ギリシャやポルトガル等のEU加盟国に限ると思われる）に資金援助することが合意された。しかし、イギリスはこの解決策に合意しなかったため、イギリスはIMFに融資する義務を負わないことになったが、EU加盟国二六か国がIMFに対してそれぞれいくら融資するかは二〇一二年以降に正式決定するものとされた（朝日新聞平成二三年一二月一〇日〈朝刊〉一面参照）。

(ハ)　ヨーロッパ経済共同体の発案はジャン・モネによるが、その理念を承継し実現に尽力したミッテラン（François Mitterrand. 一九八一年から一九九五までのフランス大統領）も、ヨーロッパの統合こそヨーロッパにおける平和の維持ひいては世界の平和の維持にとり不可欠であると考えていた。しかし、この考え方の根底には、「米国の影響から独立した欧州、その盟主としてのフランス像が常にあった」といわれている（平成八年一月九日朝日新聞〈朝刊〉一面）。このようなヨーロッパの地位の低下すなわちヨーロッパの没落（Untergang des Europas）という意識はフランスに限らずドイツその他のEU加盟国にも共通して認められるものである。だが、ドイツには「その盟主としてのドイツ像」は今日ではほとんどないといってよい。

三　組　織

(1)　三共同体における各種の機関

一九五二年に設立されたＥＣＳＣは、その権限を行使する機関として、最高機関（High Authority）・特別閣僚理事会（Special Council of Ministers）・大会（Assembly）・司法裁判所（Court of Justice）の四つの機関を有していた。この特別閣僚理事会は「閣僚特別理事会」と表現されることもあり、また、大会は「総会」と表現されることもある。他方で、一九五八年に設立されたＥＵＲＡＴＯＭとＥＥＣも、大会・理事会・委員会・司法裁判所の四つの機関を有していた（大谷良雄・概説ＥＣ法七頁）。

(2)　機関合併条約としてのブリュッセル条約

ローマ条約（ヨーロッパ原子力共同体を設立する条約、および、ヨーロッパ経済共同体を設立する条約。通常は後者を意味する。この二条約とパリ条約を併せてヨーロッパ共同体設立条約という）と同日に調印されたローマ協定（ヨーロッパ共同体のための共通機関に関する協定。単に、共通機関に関する協定ともいう）は、三つの共同体に関して、大会と司法裁判所を共通のものにした。また、一九六五年四月八日に、ブリュッセルで調印されたブリュッセル条約（機関合併条約。機関融合条約ともいう）は、ＥＣＳＣの最高機関とＥＵＲＡＴＯＭおよびＥＥＣの委員会、ならびに、ＥＣＳＣの特別閣僚理事会とＥＵＲＡＴＯＭ・ＥＥＣの理事会とを合併し共通の委員会と理事会にする旨を定めた（大谷・前掲書七頁）。

(3)　二種類のＥＣ

ブリュッセル条約は二年後の一九六七年七月一日に発効し、これにより、三つの共同体（ECSC・EURATOM・EEC）は別個の組織体でありながらも四つの主要機関（大会・委員会・理事会・司法裁判所）を共通にすることになった。この頃から、三つの共同体の総称としてヨーロッパ共同体（European Communities　EC　正確にはEC と表記する。この意味でのECは法人格を有しない）という名称が用いられるようになった（大谷・前掲書七頁）。

したがって、三つの共同体は、四つの共通の主要機関により運営されるが、国際法主体としては別個の法人格として存在していたのであり、このことはマーストリヒト条約の成立後においても同様であった。そして、マーストリヒト条約によってEECという名称は廃止され、それは今日では単にEC（European Community）と呼ばれるのが通常である（田中友義外二名・欧州統合八〇頁）。

(4)　ECないしEUにおける各種の機関

(イ)　大会（Assenbly）は欧州議会（European Parliament　ヨーロッパ議会ともいう）と称せられる。欧州議会は国内議会のような立法権を有しておらず、理事会と委員会を側面からコントロールする機関であるが（大谷・前掲書二三頁）、「お目付役」といわれるように発言力を徐々に強化してきている。欧州議会を構成するメンバーは、各加盟国（一九九一年九月段階で一二か国。二〇〇四年五月段階で二五か国。二〇〇八年一月段階で二七か国）の有権者による直接選挙により国別議席数に応じて選出された者であり、欧州議員（ヨーロッパ議員）と呼ばれる。欧州議員は国境を越えた政治グループを形成しており、議員の任期は五年であって一九九九年一月一〇日現在の総数は六二八名である（田中外二名・前掲書九一頁参照）。

(ロ)　理事会（Council）は重要な意思決定機関（決議機関）であり立法府の役割を担っている。理事会（欧州理事会）を構成するメンバーは各加盟国を代表する権限を与えられた閣僚級の代表によって構成される。したがって、理事会は閣僚理事会（Council of Ministers）とも呼ばれる。理事会は各加盟国の利害を代表する閣僚級の者によって構成されるが、その閣僚は関係閣僚であり、協議される議題によって各国から出席する閣僚が異なる。たとえば、共通農業政策が審議される場合には農業相理事会として、経済通貨政策が審議される場合には蔵相理事会として開催される。この蔵相理事会は外相理事会（一般問題理事会）とともにきわめて頻繁に開催される理事会である（田中外二名・前掲書八七頁）。

理事会は意思決定機関であり、「決定権」を行使することができる。決定権を行使した結果は、規則（regulation）・命令（directive 指令ともいわれる）・決定（decision）になる。理事会における表決方式は特定多数決（qualified majority）であり、各加盟国はそれぞれに与えられた「加重票」によって投票する。たとえば、加盟一五か国体制の当時においては、ドイツ・フランス・イタリア・イギリス（連合王国）は一〇票、スペインは八票、ベルギー・ギリシャ・オランダ・ポルトガルは五票、スウェーデン・オーストリアは四票、デンマーク・アイルランド・フィンランドは三票、ルクセンブルグは二票である。しかし、主要な表決は全会一致制によっている（同一四八条参照。一九九七年のローマ条約の改正により一四八条は二〇五条に条数変更）。

(ハ)　EUにおける重要な意思決定機関として右に見た「理事会」があるが、EUにおける最高の意思決定機関はEU首脳会議（二一頁参照。EUサミット）である。このEU首脳会議の議長には加盟各国の代表者が交代で就任しその任期は六か月とされていたが、二〇〇七年一〇月一九日のEU首脳会議で合意された「リスボン条約」によって最高五年までと改正され、これにより議長の権限が著しく強化されることになった。そして、この改正条約は同年の一二月一三日に調印され、その後、二〇〇九年一二月一日に発効した。このリスボン条約は、その五〇条においてEU加盟国がEUを脱退する場合の手続を規定しているが、加盟国がEUに留まったままユーロ圏から脱退する手続は規定していない。

この改正条約は、EUの基本条約である二〇〇〇年の「欧州連合条約および欧州共同体設立条約を修正する条約」（ニース条約。一九九七年のアムステルダム条約を改正した条約）をさらに改正した条約であり、また、ポルトガル（一九八六年の第三次拡大によりEUに加盟）の首都であるリスボンで合意され調印されたものであるところから、その正式名称は「欧州連合条約および欧州共同体設立条約を修正するリスボン条約」というものであるが、通常は単にリスボン条約と呼ばれている。そして、このリスボン条約によって権限を強化されたEU首脳会議の議長は「EU大統領」と呼ばれるとともに、この条約によりEUそれ自体の国際法人格が認められることになったのである。

(ニ)　委員会（Commission）は、提案権を行使して理事会に規則・命令・決定の法案を提出する機関であり、また、執行権を行使して理事会の決定を実施する機関であって行政府（中央政府）の役割をも担っている（ローマ条約一五五条。条数変更により現在は二一一条）。委員会（欧州委員会）は決定機関として「独自の決定権」を有しこれを行使した場合の結果は規則・命令・決定になり、また、行政機関として理事会の決定を執行するに際しても細目的な規則・命令・決定を制定することができる（同一八九条。二四九条に条数変更）。委員会の構成メンバーである委員（欧州委員。ヨーロッパ委員）は加盟国（member state　構成国と訳されることもある）の国民の中から各加盟国の政府間の合意により（by common accord of the Governments of the Member States）任命される。委員は各加盟国から二名を越えて任命することができない（同一五七条・一五八条。現在の委員の人数は二〇名。一五七条は二一三条に、一五八条は二一四条に変更）。

(ホ)　(i)　司法裁判所（Court of Justice）は、「〔ローマ〕条約の解釈及び適用について、法規の遵守を確保すること」を目的にする（ローマ条約一六四条）。しかし、実際には、司法裁判所（欧州司法裁判所とも、ヨーロッパ司法裁判所とも呼ばれる）の所轄する範囲は広く、ローマ条約やマーストリヒト条約を含むEC法の全体に関する訴訟につき終審として裁判し、この中には、共同体と共同体職員との間の労働関係に関する紛争の審理も含まれる。そして、終審としてすなわち最高裁判所として裁判するのであるから、訴訟の当事者（加盟国・共同体の機関・職員・私人としての自然人や法人など）は各加盟国の裁判所に上訴することができない。司法裁判所の裁判官は

「各加盟国の政府間の合意により」任命される（同一六七条）。裁判所は一五名の裁判官によって構成されるが（同一六五条）、この裁判官は九名の法務官（advocate general）によって補佐される（同一六六条。二二二条に変更）。

(ii)　司法裁判所は、当初、一九五一年の「ヨーロッパ石炭鉄鋼共同体を設立する条約」に基づいて設置されたものである。その後、一九五七年の「ヨーロッパ原子力共同体を設立する条約」と「ヨーロッパ経済共同体を設立する条約」も司法裁判所に関してほとんど同文の規定を設け、これによって裁判所の制度が整備されることになった。そして、同時に締結された「ヨーロッパ共同体のための共通機関に関する協定」は、これらの司法裁判所を三共同体に共通する一個の機関とし（三条および四条）、このように一個の機関とされた「司法裁判所」が一九五八年一〇月七日からあらたにその活動を開始することになった（大木雅夫「ヨーロッパ共同体司法裁判所㈠」ジュリスト二四五号四〇頁）。

しかも、一九八六年に調印された単一欧州議定書により、一九八九年一〇月に、自然人又は法人によって提起される一定の訴訟を取り扱う一個の第一審裁判所（a court at first instance）がこの司法裁判所に付置するものとして設置されるに至った（同一六八a条）。これは、訴訟事件の増加のために司法裁判所の負担が加重なものになったところから、その負担を軽減するために設置されたものである（田中外二名・前掲書九一頁）。これによって司法裁判所の負担は実際に軽減されることになったが、第一審裁判所の裁判に不服な当事者は法律問題に関しては司法裁判所への上訴権（right of appeal）を有するので、司法裁判所の負担はなお重いものであるといってよい。

四　法　規　範

(1)　成文法と不文法

ＥＣ法は、成文法（文書になった法。文書に表現されている法ともいう）と不文法（文書になっていない法）とに分れる。成文法の形式をとるＥＣ法は基礎法と派生法に分れ、また、不文法の形式のＥＣ法には、法の一般原則や判例法などがある。いずれも法であるから共同体それ自体や共同体の機関や加盟国や加盟国の国民等をその意思にかかわらず法的に拘束するが、その拘束力の程度・範囲は法の種類によって異っている。

(2)　成文法としての基礎法

(イ)　基礎法とは第一次法源（primary source）に属する法であり、ＥＣ基礎条約や加盟国間で締結された条約やＥＣの三つの共同体（ＥＵそれ自体は条約締結権を有しなかったが、リスボン条約の成立により条約締結権を認められることになった）が第三国や国際組織と締結する条約などがある。このうちのＥＣ基礎条約には、ＥＣの共同体の設置を基礎づけているＥＣＳＣ条約とＥＵＲＡＴＯＭ条約とＥＥＣ条約があったが、ＥＣＳＣ条約は二〇〇二年に失効しこれによってＥＣＳＣも消滅した。

(ロ)　しかし、ＥＣ基礎条約はこれに限られるものでなく、「共通機関に関する協定」や機関合併条約もＥＣ基礎条約の一種である。これらの基礎条約は総称してＥＣ基礎諸条約と呼ばれる（大谷良雄・概説ＥＣ法五一頁以下）。このうちのローマ条約（ＥＥＣ条約）一一九条は、基礎条約の規定ではあるが、その重要性に鑑み私人間の法律関係への直接適用が肯定されていた。

すなわち、司法裁判所は、ドゥフレーヌ（Gabrielle Defrenne）事件において、「ヨーロッパ経済共同体条約（EWG - Vertrag）一一九条において定立されている男女被用者の労働対価の平等に関する原則は共同体の基礎

（Grundlagen）に属するものである。当事者は国内裁判所においてこれを主張することができる」と述べたのである（Urteil vom 8. 4. 1976 Sammlung 1976, S. 455）。

(3)　成文法としての派生法

(イ)　派生法とは第二次法源（secondary source）に属する法のことであり、立法権限を有する理事会と委員会の制定する法とがある。具体的にいえば、規則と命令と決定である。理事会や委員会は勧告や意見を表明することもできるが（ローマ条約一八九条参照。変更された二四九条を参照）、これらは法的拘束力を有しないので法すなわちＥＣ法ではない。

(ロ)　規則（regulation）には、理事会が制定する規則（理事会規則。理事会規定ともいう）と、理事会規則に基づいて委員会が制定する規則（委員会規則。委員会規定ともいう）とがあるが、これらはいずれも一般的な効力を有し、すべての加盟国において直接的に適用される（ローマ条約一八九条二項。二四九条二項）。すなわち、規則はＥＣないしＥＵ全域において、加盟国と、その加盟国における私人（自然人および法人）に統一的かつ直接的に適用される。したがって、規則は国内的効力を有するのであり、しかも、その効力は加盟国の国内法の効力に優位するのである（大谷・前掲書五五頁以下）。

(ハ)　また、命令（directive）にも、理事会が制定する命令と委員会が制定する命令とがあるが、命令（指令ともいわれるが基準ともいわれる。ドイツでは Richtlinie という）は規則と相違して一般的な効力を有せず、すべての加盟国に直接的に適用されるものではない。すなわち、命令は「それが向けられた」加盟国に適用されるにすぎず、加盟国における私人（自然人・法人）には適用されない。しかし、命令の適用される加盟国は、その命令において規定されている「達成すべき結果」に拘束されるから（ローマ条約一八九条三項。二四九条三項）、これを達成するために、定められた期間内に、法律を制定するなどして、ＥＣないしＥＵとしての政策を国内法化する義務を負うことになる。

したがって、かかるECないしEUの政策としての「達成すべき結果」は、それが国内法化されるまでは加盟国における法にはならず、国内法化されてはじめて国内法になるのである。しかし、加盟国が定められた期間内に国内法化しない場合に、司法裁判所（欧州司法裁判所）が、その命令が直接的効力（direct effect）を有する旨を裁判すると、それはこれによって加盟国における法になる。このように、命令は必ずしも直接的効力を有するものでなく、国内法化されるかその旨の司法裁判所の裁判が必要であるが、司法裁判所は直接的効力を有するか否かに関し「選択的に」裁判しており、命令が「明確にして無条件の法規範」（clear and unconditional legal norms）を定立し、しかも、加盟国に裁量（normative discretion）を認めない場合に、それが直接的効力を有する旨を裁判している（Ralpf H. Folsom, European Community Law, pp. 70-71）。

(ニ)　さらに、決定（decision）にも理事会と委員会により制定される二種類のものがあるが、決定は規則とも命令とも相違して、「それが向けられた」加盟国と、加盟国における私人（自然人・法人）に適用される。そして、決定はすべての要素につき義務的であり、すべての事項につき名宛人たる加盟国を拘束する（同一八九条四項。二四九条四項）。したがって、名宛人たる加盟国は、命令の場合におけると相違して、原則としてそれを実現すべき手段（形式と方法）に関し裁量を認められない。

(4)　不文法としての若干の法

(イ)　不文法には、法の一般原則や判例法がある。法の一般原則とは、加盟国の国内法秩序における法の一般原則であって、かつ、すべての加盟国に共通に妥当する普遍的なもの（すべての加盟国に共通な・法的基盤を構成するもの、とも表現される）のことである。たとえば、基本的人権の保障の原則であり、平等取扱および差別的取扱禁止の原則であり、法的安定性の原則であり、信頼保護の原則であり、既得権保護の原則であり、比例性（相当性）の原則である（大谷・前掲書五二頁）。これらはＥＣやＥＵの強大な権力の行使を規制するために必要な各種の法原則なのである。

(ロ)　判例法とは、司法裁判所の裁判であって、先例としての拘束力を有するもの、のことである。もっとも、司法裁判所は大陸法系諸国（とくに、フランス）の裁判所をモデルにしているので、その裁判は厳密には先例拘束性を有しない（山根裕子・新版ＥＵ／ＥＣ法七二頁）。しかし、裁判のなかには、厳密な意味での先例拘束性は認められないが、事実上の拘束力の認められるものがあり、これを判例法と理解することもできる。たとえば、前述したドゥフレーヌ事件の判決である。そして、法の一般原則も判例法によって認められたものが多い。

(ハ)　「欧州憲法」という言葉は二種類の意味を有する。第一は、ＥＵの統治機構や統治原則を定めた根本的な法規範（不文法を含む）のことであり、第二は、ＥＵの立法機関（閣僚理事会または欧州委員会）において採択された根本的な法規範のことである。前者は「実質的な意味における欧州憲法」と呼ばれ、後者は「形式的な意味における欧州憲法」と呼ばれる。二〇〇四年にＥＵの立法機関において採択された欧州憲法条約（欧州憲法と略称）は後者の意味における欧州憲法である。しかし、この欧州憲法すなわち欧州憲法条約は二〇〇五年のフランスとオランダにおける批准すべきか否かの国民投票によって否決され「頓挫」し「消滅」したといわれている（中村民雄「欧州憲法（ＥＵ憲法）」法学教室三二七号二頁参照）。

五　ＥＣ労働法

(1)　ＥＣ労働法の不十分性

ＥＣ労働法（三共同体においての労働法の全体）は、その必要性にもかかわらず必ずしも十分には形成されてこなかった。これは、ECの各加盟国がEC労働法の形成に消極的であったからであるといわれている。これらの加盟国が消極的であった理由は、労働法が「各国の歴史、文化、慣行、経済、労働者の組織状況などの諸々の要素が絡み合って出来上っているもの」だからである。たとえば、ドイツにおいては共同決定法（Mitbestimmungsgesetz）が最も重要な法律の一つとして制定されているが、他の加盟国であるフランスにおいては制定されていないのである（籾山錚吾・EC労働法の展開と現状三頁）。また、他の一例として労働協約法制の違いがあり、イギリスにおいては労働協約は原則として法的拘束力を有しないが、法的拘束力を認める国においても拡張適用制度をもつ国ともたない国とがあるのである（荒木尚志「マーストリヒト条約以後のEC労働法(下)」ジュリスト一〇二〇号一四九頁参照）。

(2)　EC労働法と法の一般原則

(イ)　EC労働法もEC法の一部として成文法と不文法に分れる。成文法としてのEC労働法にも基礎法と派生法とがある。基礎法の典型的なものが、マーストリヒト条約と同じくオランダのマーストリヒト（ベルギー国境に近いオランダの一地方都市。荒木＝前掲論文(上)ジェリスト一〇一九号一一五頁参照）において締結された、「イギリスおよび北アイルランドを除くEC加盟国の労働政策（labour policy）および社会政策（social policy）に関する協定」すなわち「マーストリヒト協定」である。この協定の「イギリスおよび北アイルランド」への適用が原則的に除外されているのは、イギリスが主権の制限されることを危惧してマーストリヒト条約中の「労働政策および社会政策」の部分の署名を留保したことによるものである。しかし、イギリスはその後に「労働政策」の部分の適用を承認するに至った。

(ロ)　派生法として、一般のEC法と同様に、規則・命令・決定がある。これらの派生法のうちで実際的に最も重要なものの一つに、労働条件や解雇等についての男女の平等取扱原則の具体化に関する理事会命令七六／

二〇七などの理事会命令がある。そして、命令の制定には一般的に理事会の特定多数決で十分であるが、マーストリヒト協定四条二項により、「社会保障および労働者の社会的保護」等の事項に関しては理事会の全会一致が必要である（籾山・前掲書一九頁以下）。

この右に見た理事会命令七六／二〇七は、しばしば引用される有名な理事会命令であるが、一九九一年にEU条約が締結される以前の理事会命令であるから、これは言うまでもなくEC理事会命令である。これに対して、同じく有名な理事会命令として一九九七年の理事会命令九七／八一があり、また、一九九九年の理事会命令九九／七〇がある。これらは、EU条約が一九九三年に効力を発生した後の理事会命令であるから、いずれもEU理事会命令であることになる。そして、これらの理事会命令はともに労働に関するものであるから、EU労働法であると位置づけることができる（EU理事会命令九七／八一等については、本書の九九頁以下を参照）。

(ハ)　(i)　不文法としてのEC労働法として、労働法における法の一般原則がある。たとえば、平等取扱原則の一内容をなす男女平等対価の原則（Prinzip des gleichen Entgelts für Männer und Frauen）などである。このような男女平等の原則は、すべての加盟国に共通に妥当する普遍的なものであり「法の一般原則」であると考えられる。また、外国人と内国人の平等の原則も同様に法の一般原則であるということができる。もっとも、これらの原則がすべての加盟国に共通かつ普遍的な原則であるとしても、その原則違反が生じたときに司法裁判所や行政機関により容易に法的救済を受けうるように、それは具体的に成文法化されていることがある。そして、これらの成文法は総称して「労働者平等法」と呼ばれている（籾山・前掲書三一頁および五三頁）。

(ii)　不文法としてのEC労働法としては司法裁判所の判例法もある。司法裁判所は終審であって、当事者は国内裁判所に上訴することができない。司法裁判所の労働判例はかなりの数に上り、そのうちのあるものは判例法と理解することができる。たとえば、前述したドゥフレーヌ事件判決のほかに、任意退職（freiwilliges

Ausscheiden）に関する一九八二年二月一六日のバートン（Arthur Burton）事件判決（Sammulung 1982, S. 555）の理論的な不明確性を取り除いたものと評価されている、一九八六年二月二六日のロバーツ（Joan Roberts）事件判決（Sammlung. 1986, S. 703）である。

ここにおいて、司法裁判所は、「命令七六／二〇七第五条一項にいう解雇（Entlassung）という文言は広く解釈されるべきであるから、集団解雇の枠内でなされる被用者の定年（Altersgrenze）にかかる義務的退職は、その退職が老齢年金の繰上支給（die Gewährung einer vorgezogenen Altersrente）と結びついている場合でも、このように解釈される解雇の概念の中に含まれる」と述べている。

(3)　性質の相違する二種類のＥＣ労働法

ＥＣ労働法には性質の相違する二種類の法規範があるといわれる。第一は「加盟国に共通の労働市場を形成するための法規範」すなわち対外的な機能を有する法規範であり、第二は「加盟国が国内法へと置き換える必要がある法規範」すなわち対内的な機能を有する法規範である。

第一のグループに属する法規範として最も重要なものは、「労働者の自由な移動」を含む「人の自由な移動」に関する法規範であり、第二のグループに属するものとしては、「男女の平等対価の原則の適用に関する加盟国の法規定の調整のための理事会命令」がある（籾山・前掲書二七頁以下）。

理事会命令は、第一のグループに属する法規範であっても、そのほとんどすべてが第二のグループに属する法規範であるということができる。なぜなら、命令の適用される加盟国は、命令の内容を達成するために国内的に法律等を制定しなければならないからである。

六　ＥＣ労働法とわが国の労働法

(1) 安保条約に基づく基本労務契約の国内的効力

ＥＣ法はＥＣにおける法の全体であるから、当然にはわが国の国内において効力を有することはない。このことは国と国との間の国際法（国際公法）に関しても同様である。しかし、国際法の法規範であって国際法秩序において下位のランクにあり内容が具体性のある規範は、すでに述べたように、国内法としての効力発生のための要件の充足がとくには問題とされることなく国内的効力の肯定されることがある。たとえば、安保条約に基づく基本労務契約（Master Labor Contract）などである。

(2) 欧州共同体委員会事件と在ベルリン日本国総領事館事件

(イ) ＥＣ労働法を含むＥＣ法は、超国家的な共同体における法であるから、正確にはある国や国際組織と他の国や国際組織との間の法である国際法（際とは間という意味）ということはできない。しかし、ＥＣ労働法に関しても、国際法についてと類似して、ＥＣ労働法秩序において下位のランクにあり内容が具体性のある規範は、ＥＣ加盟国以外の国における国内的効力発生のための要件の充足がとくには問題とされることなく、国内的効力の存在の肯定されることがある。

(ロ) たとえば、東京地裁は、欧州共同体委員会事件において、「Ｙ〔被申請人たる欧州共同体委員会のこと。日本の領域内において法人格が認められている〕は、Ｘ〔申請人たる労働者のこと〕との雇用関係については本件就業規則〔日本の駐在事務所（駐日代表部）の就業規則〕が排他的に適用され、Ｙが右第五条の規定に基づき本件終了通知をしたことにより、ＸはＹの職員としての身分を喪失した旨主張するので、この点について判断する」に、「欧州共同体理事会規定第七九条は、『このタイトルの規定に基づき、現地職員の就業条件、特に、(a)雇入れの方法と契約の終了、(b)退職及び(c)報酬は、現地職員が職務を遂行する場所における現行の諸規則及び慣例に従い、それぞれの機関により決定される』と規定し〔ている〕」と指摘したうえで、次のように述べている。

「本件就業規則の前文には、本件就業規則は右理事会規定第七九条を尊重して定められたものであることが明記されて〔いること〕が認められるので、「本件就業規則は、右理事会規定により、本来、職務遂行地である我国の現行の諸規則及び慣行に従って定められるべきものであって、もしこのようにして定められるべき本件就業規則が我国の法令及び判例に抵触するときは、右理事会規定が上位規範であるから、その抵触する限度で効力を有せず、我国の法令が適用されるといわなければならない」と（東京地判昭和五七・五・三一労働判例三八八号四二頁）。この判決は理事会規定七九条のわが国における国内的効力を当然に肯定しているものである。

(ハ)　欧州共同体委員会事件は欧州共同体委員会の駐日代表部の現地職員に関する解雇の意思表示の効力が問題にされた事件（解雇の意思表示は有効とされた）であるが、これに対して、日本国総領事館の現地（外国）採用職員に関する解雇の意思表示の効力が問題にされた事件もある。たとえば、日本国が在ベルリン日本総領事館の現地職員として採用した日本人労働者をドイツ国内において解雇した事案にかかる在ベルリン日本国総領事館事件において、東京地裁は「〔X〕の勤務する総領事館の職員であるIに学歴経歴詐称、不正行為があるとして誹謗したり、Iを解雇しない総領事や副領事についても外務省本省に匿名の投書をもって誹謗中傷し、総領事等から注意を受けた直後にも同様の行為をくりかえした等の前記認定のXの行為を考慮すれば、Xを解雇したことが合理的理由を欠き、社会通念上相当でないとは認められないから、右解雇は無効となるものではない」と述べている（東京地判平成一二・四・一三労経速一四一八号七頁）。この判決はわが国の法理（解雇権濫用の法理）の適用を当然に肯定するものである。

第三章　国際連盟および国際連合

一　国際法主体としての国際連盟と国際連合

(1)　国家の国際法主体性

伝統的な国際法主体は国家であり、また、近時の国際法主体としては超国家的なヨーロッパ石炭鉄鋼共同体（ECSC）・ヨーロッパ原子力共同体（EURATOM）・ヨーロッパ経済共同体（EEC ないし EC）がある。そして、この中間的な存在形態の国際法主体として国際連盟や国際連合などの国際組織を指摘することができる。ユネスコ（UNESCO）等も国際組織の一種であるが、これらは国際連盟や国際連合よりも規模の小さな国際組織である（なお、ECSC はパリ条約の失効に伴ってすでに消滅した）。

(2)　国際連合等の国際法主体性

国家が国際法主体であるとともに、超国家的なヨーロッパ経済共同体等も国際法主体であるということができるが、これらの組織体が国際法主体と理解されるのは、それが国際社会における現実の主体であるとともに独立した主体でありしかも継続した主体であることによるものと理解することができる。そして、国際連合等もこのような実際的・自主的・永続的な主体でありまた過去においてそうだったものであるから、同様に国際法主体と考えられるのである。

二　沿　革

(1)　ヴェルサイユ平和条約と国際連盟

(イ)　第一次大戦の終了した直後の一九一九年六月二八日に、アメリカ合衆国の大統領であるウィルソン（Woodrow Wilson）らの努力によりヴェルサイユ平和条約（Versailles Peace Treaty）が調印され、これは一九二〇年一月一〇日に効力を発生した。このヴェルサイユ平和条約（ヴェルサイユ講和条約ともいう）はその第一編として国際連盟規約（Covenant of the League of Nations）を包含しており、これに基づいて国際連盟（The League of Nations）が設立された。ヴェルサイユ平和条約は一五編・四四〇条からなる包括的な内容の条約であったが、その第一三編に労働編が規定されていた。

(ロ)　国際連盟には原加盟国として四五か国が加入した。原加盟国には第一次大戦の戦勝国（三二か国）だけでなく中立国（一三か国）も含まれており、この点は、戦勝国だけが原加盟国になった国際連合と大いに異なる点であった。この国際連盟の原加盟国には、イギリス・フランス・イタリア等の戦勝国が含まれ、戦勝国であった日本も原加盟国の一つとして国際連盟に加入した。

アメリカとこれらの四か国は総称して五大国と呼ばれた。そして、のちに、敗戦国のドイツが加入加盟国として国際連盟に加入を認められた。ところが、国際連盟規約を包含するヴェルサイユ平和条約の成立に尽力し、国際連盟の設立に貢献したアメリカは、原加盟国として加入することをせず、また、加入加盟国としても加入することをせず、ついに国際連盟には加入しなかった。

(2)　国際連盟の脆弱性

(イ)　アメリカが国際連盟に加入しなかったことが国際連盟の基盤を脆弱なものにしたことは否定しえないこと

であったが、国際連盟の基盤を決定的に弱体化したのは、日本・ドイツ・イタリアが国際連盟からあい次いで脱退したことにあった。日本・ドイツは一九三三年に脱退し、イタリアは一九三七年に脱退した。

(ロ)　その後、一九三九年にはソ連がフィンランドに侵攻したことを理由に国際連盟を除名された。これにより国際連盟はその存立の基盤を失い事実上崩壊することになったが、その法的消滅は一九四六年四月一八日の連盟総会の決議によるものであり、これに基づいて、国際連盟は翌一九日に廃止されるに至った（以上の説明については、藤木英雄外二名・法律学小辞典〈増補版〉三〇九頁）。

(3)　国際連合の成立

(イ)　第二次大戦が終了した直後の一九四五年一〇月二四日に、国際連盟に代わる国際平和機構として国際連合（The United Nations）が成立した。そして、翌年の一九四六年一月一〇日に第一回総会がロンドンで開催され活動を開始することになった。国際連合は国際連合憲章（Charter of the United Nations）に基づいて設立された国際組織であるが、この国際連合憲章（国連憲章と略称）は「国際連合の憲法」とも呼ばれている。これは憲章という表現を用いているが多数国間条約の一種である。

(ロ)　国際連合の原加盟国は五一か国であり、これは第二次大戦において連合国（United Nations）として戦った国々であった。連合国の数は一九四二年一月一日にワシントン宣言が署名された当時は二六か国であったといわれている。その後に、この原加盟国に加入加盟国が加わり、一九九六年二月一日現在における加盟国は一八五か国になった（二〇一一年現在においては一九三か国）。わが国は「連合国として」ではなく「連合国に対して」戦った国であったから、ドイツ・イタリアと同様に原加盟国ではありえなかったが、一九五六年一二月一九日に加入加盟国として国際連合への加入が認められた。

(ハ)　このように、国際連合の加盟国は非常に多く、それは今後においてもなお増え続ける状況にある。これは国際連盟における相違して世界の大国がすべて加入しているとともに（アメリカは国際連盟には加入しなかった）、植民地から独立した多くの新興国が加入しまた加入するであろうということによるものである。そして、これにより、国際連合の国際平和機構としての役割が著しく高くなったとともに、そこでの発展途上国の発言力も強いものになったのである（田畑茂二郎・国際法講義上〈新版〉一二一頁以下参照）。

三　組　織

(1)　国際連盟の主要機関と関連組織

(イ)　(i)　国際連盟における主要機関は総会と理事会と事務局の三つである。総会（連盟総会）は全加盟国によって構成された意思決定機関である。その権限は国際連盟規約により定められた国際連盟の行動範囲に属する一切の事項に及び、また、必ずしも行動範囲に属さないとしても、世界の平和に影響する事項であればそのような一切の事項にも及ぶものとされた（国際連盟規約三条）。そして、その意思決定（決議）の方法は、規約その他の条約に特別の規定がないかぎり、原則として全会一致によるものとされた（同五条）。

(ii)　理事会（連盟理事会）も重要な意思決定機関であり、原則として総会と同様の権限を有していた。したがって、理事会も世界の平和に影響する一切の事項等に関し決議する権限を有していた。すなわち、理事会も総会と同様の任務を有していたのである。このことに関しては、「総会と理事会は原則として競合的な権限を持つ」と表現されることがある。そして、決議の方法も総会におけると同様に原則として全会一致によるものとされた。この理事会は、全加盟国によってではなく、常任理事国と、総会によって選挙された非常任理事国により構成されていたが、わが国は一九三三年（昭和八年）三月二七日に脱退通告をするまで、イギリス・フランス・

イタリアとともに常任理事国であった〈藤木外二名・法律学小辞典〈増補版〉三〇九頁〉。

(iii)　これに対して、事務局（連盟事務局）は意思決定機関ではなくまた執行機関でもなく、総会や理事会を補佐する行政機関であった。すなわち、会議の準備・運営や、会議文書の配布・保管や、会議のための報告書作成などの活動を行う機関であったのである。事務局は、総会や理事会におけるような全部又は一部の加盟国によって構成されるのではなく、個人の資格において任命される事務総長とその他の職員によって構成されていた（国際組織における事務局についての一般的・包括的考察として、寺澤一他二名・標準国際法〈新版〉一三七頁参照）。

(ロ)　(i)　国際連盟それ自体の機関である総会・理事会・事務局のほかに、国際連盟と有機的に結合しながらしかも高度の独立性を保つ組織として、国際労働機関と常設国際司法裁判所があった。国際労働機関（International Labour Organisation: Organization とは表記しない）はヴェルサイユ平和条約第一三編の労働編に基づいて設立された常設的な国際組織である（有機的結合性を強く意識する見解に立てば、国際連盟の組織の一部であるとされる余地もある）。

この国際労働機関は、後述するように、総会・理事会・事務局の三つの機関をもつ組織体であったが、第二次大戦により国際連盟が事実上崩壊し一九四五年一〇月二四日に国際連合が成立するに及び、国際連合の専門機関の一つになった。そして、これに伴って、その根本規範も国際労働憲章（International Labour Charter）から国際労働機関憲章（Constitution of the International Labour Organisation）に変更された。

(ii)　常設国際司法裁判所（Permanent Court of International Justice）は、ヴェルサイユ平和条約第一三編に基づいて設立された国際労働機関と相違して、ヴェルサイユ平和条約第一編たる国際連盟規約の一四条に基づいて、オランダのハーグに設立されたアド・ホックではない国際裁判所である（これは国際連盟の組織の一部ではない。すなわち、国際連盟の司法機関ではない）。その裁判は常設国際司法裁判所規程に基づいて行われたが、一九四〇年五月におけるドイツのオランダへの侵攻により事実上活動を停止した。

その後、第二次大戦後の一九四五年一〇月二四日に国際連合が設立されるに及び、常設国際司法裁判所は改組されて国際連合の重要な組織たる「主要機関」の一つの国際司法裁判所（International Court of Justice）になるとともに、裁判手続を定める常設国際司法裁判所規程も改正されて国際司法裁判所規程になった。しかし、その所在地は、国際連合の本部のあるニューヨークではなく、常設国際司法裁判所の所在地と同じオランダのハーグである。

(2)　国際連合の主要機関とその他の機関

(イ)　国際連合における「主要機関」は総会・安全保障理事会・経済社会理事会・信託統治理事会・国際司法裁判所・事務局の六つである。「補助機関」として軍事参謀委員会・人権委員会・麻薬委員会・国際法委員会・宇宙空間平和利用委員会などがある。このほかに、万国郵便連合（UPU）・国際電気通信連合（ITU）・世界気象機関（WMO）などの機関もあるが、それらはＩＬＯと同様に主要機関でも補助機関でもなく専門機関である。

(ロ)　(i)　総会（国連総会）は国際連合加盟国によって構成される意思決定機関である。その審議・決定しうる事項は国連憲章により定められた範囲内のすべての事項に及ぶ。また、総会は国連憲章の範囲内のすべての問題について安全保障理事会および加盟国に勧告することができる（国連憲章一〇条）。さらに、総会は国際連合の予算を承認し（同一七条一項）、しかも、加盟国に分担金の割当てを行うことができる（同条二項）。

総会での審議・決定の結果は条約という形式をとることがある。たとえば、一九七九年の第三四回総会において採択された「女子に対するあらゆる形態の差別の撤廃に関する条約」などである。表決は加重投票制によることなく、加盟国がそれぞれ有する一票の投票権を行使して行う。表決は原則として出席しかつ投票する加盟国の過半数によるが、非常任理事国の選挙などの「重要問題」に関する表決は三分の二の多数決による（同一八条）。

(ii)　安全保障理事会は、国際連盟の理事会に相応するものであり、アメリカ・ロシア・中国・イギリス・フランスの任期のない五常任理事国と、総会によって選挙され二年の任期を有する一〇か国の非常任理事国によって構成される。安全保障理事会は「国際の平和及び安全の維持を危くする虞のある〔紛争〕」に関して調査し調整の方法を勧告することができ（同三三条・三六条）、より深刻な事態に対しては、「平和に対する脅威、平和の破壊又は侵略行為」の存在を決定し、平和を回復するために「非軍事的措置および軍事的措置」の強制措置を決定することができる（同三九条・四一条・四二条）。軍事的措置は、安全保障理事会が加盟国から軍隊の提供を受けて「国連軍」（United Nations Forces）を組織して行う（同四三条）。

安全保障理事会は常任理事国が一か国でも反対すれば決定を採択できない（同二七条三項参照）。安全保障理事会が「国際の平和及び安全の維持」に関して負う責任は、「国際連合の迅速且つ有効な行動を確保するために、国際連合加盟国は、国際の平和及び安全の維持に関する主要な責任を安全保障理事会に負わせるもの〔とする〕」と規定する憲章二四条一項に基づくものである。しかも、同条項は、「〔加盟国は〕安全保障理事会がこの責任に基く義務を果たすに当って加盟国に代って行動することに同意する」と規定している。これによって、安全保障理事会は「平和及び安全の維持」に関する限り総会に優先する権限をもつものと解されている。

(iii)　経済社会理事会は、総会で選挙される理事国によって構成される。経済社会理事会は、経済的・社会的国際協力のための活動を行う加盟国および専門機関等に対して、これらの活動の方向づけを行いまた調整をするために、研究・報告・国際会議の招集・条約の作成および勧告を行う（同六二条）。表決は出席しかつ投票する理事国の過半数によってなされる（同六七条二項）。

(iv)　信託統治理事会は、「総会の権威の元に」信託統治制度の諸問題を専門的かつ継続的に担当する（同八七条）。信託統治理事会は信託統治地域の施政国・安全保障理事会の常任理事国であって信託統治地域の施政国でない国・総会が選任する加盟国によって構成される（同八六条）。もっとも、信託統治地域は、現在、アメリカが統治する太平洋諸島以外は独立によって存在しなくなっている。

(v)　事務局は、一人の事務総長と、事務総長により指揮・監督される職員によって構成される。事務総長は安全保障理事会の勧告に基づいて総会が任命する（同九七条）。事務局は会議の準備・設営等の行政事務的な任務を遂行するが、事務総長は、このような事務局の任務遂行の指揮・監督にとどまらず、国際の平和と安全の維持に脅威となると認められる事項に関して、安全保障理事会に「注意」を促すことができる（同九九条）。これにより、事務総長は、総会や安全保障理事会から、仲介・調停等の政治的任務を委託されることになる（寺澤一他二名・標準国際法〈新版〉一三一頁以下）。

(vi)　国際司法裁判所は、国際連合の主要機関の一つであって、国際連盟時代の常設国際司法裁判所の改組により設立された常設の国際的な司法裁判所である（これは国際連合の組織の一部である）。その所在地は常設国際司法裁判所と同じくハーグである。裁判所は、総会および安全保障理事会により選挙される一五人の裁判官により構成される（国際司法裁判所規程三条一項）。裁判官の任期は九年であるが再任を妨げない（同一三条一項）。

わが国からも、かつて、田中耕太郎教授が裁判官に選任され昭和三六年から四五年まで九年間在任したことがあり、また、近時においては、小《お》田《だ》滋《しげる》教授が昭和五一年に同じく裁判官に選任され、再任され通算して二七年間在任した。田中教授は商法・法哲学の研究者であり、小田教授は国際法とりわけ海洋法の研究者である。ともに国内的・国際的に高名な研究者である。

いずれの加盟国も当事者能力を有し国際司法裁判所に訴えを提起することができるが、選択条項（optional clause）を受諾しているか裁判条約を締結している場合は別として、相手国は応訴する義務を負わない。このように各加盟国が当事者能力を有するということは、国でない国際機関や法人や私人は原則として当事者能力を有しないということである。したがって、加盟国と法人・私人との間に法的紛争が発生しても、法人・私人は原則として訴えを提起することができないのである。

しかし、法人や私人が外国において身体的または精神的損害を被った場合に、被害者の本国が被害者を代理する（代理人として行為する）のではなく、本国が自ら有する外交的保護（diplomatic protection）の権限を行使して損害の発生した外国（領域国）に対して各種の措置を取るように要求することがある。そして、領域国が迅速に適切な措置を講じない場合には、本国が外交的保護の権限の行使として国際司法裁判所に損害賠償請求の訴えを提起することができる。このような事例は現実に比較的多くみられることであるといわれている。

(ハ)　安全保障理事会および常任理事国に関して、かつて国連大使であった波多野敬雄氏は「安保理、特にその中の常任理事国が国連の重役会とすれば、重役による提案と、それ以外の社員の提案とでは重みが違うわけです。常任理事国は国連憲章の改正に実質的拒否権を有しており、その同意を得られない改革は成立し難いという現実があります」と指摘した上で、次のように述べている。

「安保理は最近狭い意味の安全保障を超えて、紛争の背後にある社会問題、経済問題にも強い権限を行使しています……もちろんその他にも事務総長の任命とか、新規加盟国の加盟承認といった国連の最も基本的問題は安保理にかけられるのです。従って国連という機構において支配的発言権を持つのは安保理メンバー、なかんずく常任理事国五カ国であり、これは国連改革の作業についても言えることです」と（波多野敬雄「常任理事国入りが前提」朝日新聞平成七年五月一〇日〈朝刊〉三面参照）。

第四章　国際労働機関

一　国際法主体としての国際労働機関

(1)　国際法主体としての国家

現代の国際社会における主たる国際法主体は国家である。「国家」とは、領土を基礎とし、そこに所在する住民（主として国民）によって組織され、代表機関その他の各種の機関を有する組織的統一体である。国家は、存在が承認されることにより当然に国際法主体性（国際法人格ともいう）を認められ、国際法秩序における権利・義務の帰属主体になる。そして、国家は、国際法人格を認められることにより、国際法律行為能力と国際不法行為能力も認められることになる。

(2)　国際法主体としての国際組織

今日においては、国際法主体として一定の国際組織（国際団体ともいう）が重要性を増しており、このような国際組織も国際法人格を認められるようになっている。たとえば、ユネスコ（UNESCO）や世界保健機構（WHO）や国際通貨基金（IMF）などの専門機関（経済・社会・文化などの専門分野において国際連合と提携する国際組織）である。国際労働機関（International Labour Organisation: ILO と略称。フランス語では OIT とドイツ語では IAO と略称）もかかる専門機関の一つであって重要な国際法主体である。また、ヨーロッパ経済共同体（EC）などの組織体も同様である。

(3)　条約の意義の変遷

条約は、以前は「文書による国家間の合意」と理解されていたが、今日では「国際法主体間において、一定の権利・義務を発生させるための、文書による合意」と理解されるようになっている。そして、ある国家と他の国家との間に締結される契約型の条約は一般的に二国間条約と呼ばれる。他方で、国際組織も重要であり、総会その他の決議機関で採択されることにより成立する立法型の条約は、国際組織条約と呼ぶことも可能であるが、一般的には多数国間条約と呼ばれている。

二　沿　革

(1)　第二次大戦前までのＩＬＯの目的と任務

国際労働機関（ＩＬＯ）は、第一次大戦の終了直後の一九一九年に、ヴェルサイユ講和条約第一三編の労働編に基づいて設立された。この当時における国際労働機関は自治的な機関であるとはいえ「国際連盟」と有機的に結合しており国際連盟の組織の一部と見られる余地もあった。その目的と任務は、労使の利害を国際労働立法等の平和的手段で調整し、それによって社会的不正を是正しようとするものであった（高野雄一・国際組織法〈新版〉三二四頁。ここでは、ＩＬＯは国際連盟の組織の一部であったと表現されている）。

そして、ＩＬＯの設立された一九一九年から一九二一年までの三年間は「最も活動的な第一期」と呼ばれ（一九三九年までの二〇年間は四つの時期に区分けされる）、第一回から第三回までの総会で実に条約一六と勧告一八が採択された（菊池勇夫「国際労働法」労働法講座七巻〈上〉一七四八頁）。この時期までにおけるＩＬＯの目的と任務は主として非人道的な労働条件の排除による社会的不正の是正にあったということができる。

(2) 第二次大戦後におけるＩＬＯの目的・任務

第二次大戦が終了する直前の一九四四年五月一〇日にフィラデルフィアで開催されたＩＬＯ第二六回総会で「国際労働機関の目的に関する宣言」すなわちフィラデルフィア宣言（Declaration of Philadelphia）が採択され、ＩＬＯのその後の目的と任務が明確にされた。そして、一九四五年一〇月に、ＩＬＯと国際連合（国際連盟ではない）との協定が締結され、ＩＬＯは国際連合と密接に協力はするがそれからは独立した一国際組織になった。かかる新たなＩＬＯの目的と任務は、フィラデルフィア宣言により、従来までのＩＬＯの目的と任務を再確認しこれを承認するとともに、労働条件を改善し、社会正義を実現し、それによって恒久平和の確立に寄与すること等が新たな目的と任務として付け加えられた（高野・前掲書三二四頁以下参照）。

三　組　織

(1) 原加盟国と加入加盟国

(イ)　ＩＬＯは常設機関であり国際法人格を有する。その加盟国は、一九四五年一一月一日にこの機関の加盟国であった国（原加盟国）と、その後に加盟国になった国（加入加盟国）との二種類に分類される。このような二種類の加盟国を合わせて、二〇〇一年における加盟国の総数は一七五か国であり、二〇一一年における加盟国総数は一八三か国（二〇一一年家事労働条約は一八九号条約。なお、原加盟国は四三か国）であって、わが国は一九五一年六月二一日に再加入（国内的には一一月二六日に国会により承認）した加入加盟国である。

(ロ)　わが国のＩＬＯへの再加入は、一九四七年にインドのニューデリーで開催されたＩＬＯアジア地域予備会議が、「日本における労働基準に関する決議」を採択し、ＩＬＯ理事会に日本の再加入の考慮を要請したことに始まる。そして、わが国の政府が翌四八年に連合国総司令部に第三一回総会へのオブザーバーの派遣の斡旋を依頼したところ、総司令部はこれを認めなかったが、翌四九年に第三二回総会へのオブザーバーの派遣が総会から許可され、一九五一年（昭和二六年）の第三四回総会において再加入が認められることになったのである（菊池勇夫「国際労働法」労働法講座七巻〈上〉一七五七頁以下）。

(2)　現代におけるＩＬＯの目的・任務

(イ)　今日的なＩＬＯの目的と任務は基本的にフィラデルフィア宣言により規定されているが、その組織や作用（行為のこと）はＩＬＯ憲章すなわち国際労働機関憲章（Constitution of the International Labour Organisation）により規定されている。このＩＬＯ憲章は一九四八年四月二〇日に発効したものであるが、Constitution という言葉からも容易に理解しうるように、これはＩＬＯの基本法（根本規範）である。しかし、その改正は不可能ではなく、時として改正がなされている。たとえば、一九四六年にＩＬＯ憲章三七条に二項の追加されたのがその一例である。

(ロ)　フィラデルフィア宣言とＩＬＯ憲章との関係はやや複雑である。「宣言」も「憲章」も、ともにＩＬＯの目的・任務を規定しているからである。しかし、「宣言」はＩＬＯの組織に言及しないとともに、目的・任務に言及するところも、労働条件の改善による社会正義の実現のみならず、より広く、「経済的及び財政的要素に考慮を払〔うこと〕」つまり「経済的不安定の除去」に、したがって、労働条件に限らず生活条件の改善にも及んでいる。これに対して、「憲章」はＩＬＯの基本法としてその組織に言及するとともに、目的・任務に言及するところも、労働条件の改善（人道的な労働条件の採用）による社会正義の実現を中心にしている。もっとも、「宣言」も第二九回総会において「付属書」としてＩＬＯ憲章の正文の一部であることが承認されるに至っている。

(3)　ＩＬＯの各種の機関

(イ)　ＩＬＯの決議機関は総会（Conference）である。総会は加盟各国からの四名の代表によって構成される。

四名の内訳は、二名が政府代表であり、残りの二名がそれぞれ労働者代表と使用者代表である（憲章三条一項）。この三者の比率は現在においては二対一対一になっているが、政府代表が二名であることには問題がなくはなく、それを一対一対一にすべきことも十分に成り立ちうる見解である。

(ロ)　執行機関は理事会（Governing Body）である。理事会は、総会が加盟各国からの代表により構成されるのと相違して、一部の加盟国からの代表により、すなわち、政府代表二八人と労働者代表一四人と使用者代表一四人の合計五六人によって構成される（同七条一項）。理事会は執行機関であるが、総会の議事日程の決定・事務局長の任命・主要産業国の決定（日本もその一つに決定されている）・予算案の作成等をも行う（高野雄一・国際組織法〈新版〉二三六頁）。

(ハ)　事務機関（執行機関の手足として活動する機関）は国際労働事務局（International Labour Office　これもＩＬＯと略称する）である。事務局は事務局長と職員によって構成される（八条一項・九条一項）。事務局長は右に述べたように理事会により任命される。事務局（本部とも呼ばれる）はジュネーブに置かれ、各国に連絡事務所・地域事務所・地区事務所・支局（日本の場合には、渋谷区のＩＬＯ東京支局。現在の名称はＩＬＯ駐日事務所）・通信員などが置かれるが、各国に置かれるこれらの機関については憲章中に規定がない。事務局職員は事務局長によって国籍の異なる者から選任され、そのうちの若干名は女性でなければならない（同九条一項・二項・三項）。

四　条約および勧告

(1)　二種類の国際文書

(イ)　総会がある議題に関する提案（議案）を採択するにあたっては、総会は条約の形式をとるか勧告の形式をとるかを決定しなければならない。条約（convention）は、「国際法主体間において、一定の権利・義務を発生させるための、文書による合意」であって、関係当事者間に権利・義務を発生させるものである。これに対して、勧告（recommendation）は関係当事者に目標たる基準を設定するものである。

したがって、関係当事者に対し権利・義務を発生させる必要性が高い場合には、総会は条約の形式を採用し、必ずしも権利・義務を発生させる必要性が高くない場合（単に目標たる基準を設定することで足りる場合）には、総会は勧告の形式を採用する。しかし、総会における採択に必要な要件はいずれの場合にも出席代表の三分の二以上の賛成であり、条約と勧告とで差異はないのである。

(ロ)　条約も勧告も国際文書の一種であるが、権利・義務を発生させるか否かの相違に着目して、条約は義務創設文書（obligation-creating instrument）と呼ばれ、勧告は基準設定文書（standard-defining instrument　基準認定文章ともいう）と呼ばれることがある。しかし、このような権利・義務を発生させるか否かの区別はそれほど決定的なことではない。なぜなら、ＩＬＯの加盟国は条約を批准しなければ権利・義務の帰属主体にはならないからである（飼手真吾＝戸田義男・ＩＬＯ国際労働機関二八六頁）。

(2)　条約と勧告

(イ)　条約または勧告が総会において採択された場合には、総会議長と事務局長がそれぞれ二通に署名する。この認証行為は、条約または勧告が適式に成立したことと、内容が真実であることを公証する行為である。その後、一通はＩＬＯ事務局の記録に寄託され、他の一通は国連事務総長に寄託される。寄託は条約・勧告の効力発生要件ではないと解されている（飼手＝戸田・前掲書三〇一頁）。

(ロ)　条約または勧告が採択され寄託されたのちに、条約または勧告の認証謄本（certified copy）が賛成しなかった国をも含めてすべての加盟国に送付される。この送付は、条約に関しては批准のためになされるものであり、勧告に関しては国内立法その他の措置の目標を設定するためになされるものである。条約は総会において反対した国も批准することができる。

(3)　条約の批准

(イ)　条約の送付を受けた加盟国は、「立法又は他の措置」すなわち国内立法や行政措置等のために、原則として総会の会期の終了後おそくとも一年以内に、条約を「権限ある機関」に提出することを「約束」しなければならない、つまり、「約束」したものとして取り扱われる（ＩＬＯ憲章一九条五項(b)号）。加盟国が「約束」を履行して条約を「権限ある機関」に提出し「権限ある機関」がこれに同意（同意する義務はない）すると、批准手続（批准とは、条約を締結する旨の国の最終的な意思表示）に移行することになる。内閣その他の条約締結権限者が条約を批准した場合には、加盟国はこの事実を事務局長に通知しなければならない（同条同項(d)号）。

(ロ)　「権限ある機関」（competent authority）とは一般的に立法府であると解釈されており、この解釈がＩＬＯの確立した解釈にもなっている。すなわち、これが、専門家委員会（条約および勧告の適用に関する専門家委員会のこと。これは中立の専門家である委員によって構成される）と総会委員会（条約および勧告の適用に関する総会委員会のこと。これは政労使の委員によって構成される）の解釈であるとともに、総会および理事会の解釈でもある（飼手＝戸田・前掲書三〇二頁）。もっとも、第二次大戦前のわが国においては「権限ある機関」は天皇の諮問機関である枢密院《すうみついん》であると解釈されていたという（菊池勇夫「国際労働法」労働法講座七巻〈上〉一七七五頁）。

(4)　勧告の送付

勧告の送付を受けた加盟国も「立法又は他の措置」のために、条約の場合と同じく、原則として総会の会期の終了後一年以内に勧告を「権限ある機関」に提出することを「約束」しなければならない（ＩＬＯ憲章一九条六項(b)号）。加盟国はこの「約束」を履行して勧告を「権限ある機関」に提出する義務を負うが、「権限ある機関」

はこの勧告に従って国内立法その他の措置を実施する義務を負わない。「権限ある機関」が何らかの措置をとった場合にはその事実を事務局長に通知しなければならないが（同条同項(c)号）、何らの措置もとらなかった場合にも「理事会が要請する適当な間隔をおいて」状況を事務局長に通知しなければならない（同条同項(d)号）。

(5)　批准条約と未批准条約

(イ)　わが国における条約の批准数は決して多くなく、このことは「ＩＬＯに対する日本政府の消極的態度の反映」であると解されている（中山和久・ＩＬＯ条約と日本一七頁以下）。もっとも、これは「ある程度まで、日本の労働運動の姿勢をも反映している」とも指摘している）。しかし、これに対しては、批准数が少ないのは「わが国の政府は一貫して、条約に違反する国内法が存在する場合にはこれを改正し、また必要とされる制度を欠く場合には立法その他により必要な措置をとった上で批准を行なう立場をとってきている」ことによるものであり、また、「わが国の未批准条約のうちには実質的基準は達成されていながら、単に軽微な技術的要件を欠くために批准が不可能なものもあ〔る〕」との指摘もなされている（ニコラス・バルティコス＝国際労働基準とＩＬＯ〈花見忠監修・吾郷真一訳〉Ⅳ頁以下）。

(ロ)　ＩＬＯ条約には多数のものがあるが、そのうちのかなりのものはドイツにとって拘束的（verbindlich　拘束的とは批准しているという意味）であるといわれる。そして、このＩＬＯ条約（ドイツでは Übereinkommen der IAO という）はＩＬＯ総会という常設の機関により締結されるところに特殊性があると指摘されている。しかし、拘束的ではあっても、多くはさほど意味を有しないという。それは、重要な内容（sachlicher Gehalt）がすでにドイツの国内法により広く実現されているからである。もっとも、条約のうちの若干の規定については立法的措置の取られたものがあり、また、いくつかの条約（たとえば、八七号条約など）は一連の問題の問題解決にとり有意義であったといわれている（Wolfgang Zöllner, Arbeitsrecht 3. Aufl., S. 110 f.）。

五　条約の解釈

(1)　条約法に関するウィーン条約

(イ)　ＩＬＯ条約には意味の不明確な規定がある。これは、条約の採択に必要な出席代表の三分の二以上の賛成を獲得しやすいように、多義的な文言や表現が意図的に用いられることに原因するとともに、採択された条約の適用にあたり柔軟性をもたせる必要性があることによるものである。ＩＬＯ条約も国際労働法として法の一種であるから、不明確な規定は解釈操作によって意味が明らかにされることになる。たとえば、加盟各国の行う解釈や専門家委員会（条約勧告適用専門家委員会）の行う解釈や結社の自由委員会の行う解釈などである。

(ロ)　ＩＬＯ条約は「国際機関内において採択される条約」としてウィーン条約（条約法に関するウィーン条約。外交関係に関するウィーン条約ではない）の適用があるから（ウィーン条約五条参照）、その解釈にあたっては、「条約は、文脈によりかつその趣旨及び目的に照らして与えられる用語の通常の意味に従い、誠実に解釈するものとする」と規定する三一条一項に従って解釈されることになる。そして、通常の意味（ordinary meaning）の探求にあたっては文脈（context）が重要な意味を有し、しかも、同条二項により、文脈の中には正文の条約文や関係合意（ＩＬＯ条約の正文は、イギリス語とフランス語のもの）が含まれるから、ＩＬＯ条約の解釈にあたっては英米法やフランス法における法理論や法概念が参考に値することになる。また、フランス法と同様に大陸法であるドイツ法の法理論や法概念も意義を有することになる。

(ハ)　(i)　専門家委員会や結社の自由委員会の行う解釈は、国内労働法に関して言われる「行政解釈」に類似するものである。なぜなら、これらの委員会は執行機関（行政機関）であるＩＬＯ理事会により設置される委員会だからである。もっとも、これに対しては、「柔軟性をもたせるために近年ますます一般的表現を多く含む条約が採択される傾向がある中で……条約勧告適用専門家委員会は解釈を行い、その意味と範囲を確定する必要に迫られ」ており、また、「一九五一年の設置以来一〇〇〇以上のケースを取り扱ってきている結社の自由委員会……も、この判例法の形成に大きく貢献している」と指摘して、これらの委員会の解釈は「行政解釈」ではなく「判例法」である、とする見解もある（ニコラス・バルティコス＝国際労働基準とＩＬＯ六九頁）。

(ii)　条約の起草過程にある委員会の報告書（たとえば、総会起草委員会の報告書）の中においても、条約の解釈に役立つ提案理由などの説明のなされることがある。これは、国内労働法に関して言われる「立法者の意思」に近いものである。しかし、これらの委員会の解釈や説明はいずれもＩＬＯそれ自体の解釈・説明であって、第三者機関によるものではない。これらも「通常の意味」の探求にあたり意義を有するが（ウィーン条約三二条参照）、裁判所その他の第三者機関による客観的な解釈の方がより重要である。

(iii)　専門家委員会などの解釈（行政解釈に類似するもの）が、総会起草委員会の説明（立法者の意思）と牴触することがある。この場合には立法者の意思である総会起草委員会の説明が優位し、締結国は専門家委員会などの解釈には拘束されないことになる。なぜなら、締結国は条約の採択された当時の意味内容において条約を批准しているからである。採択後の関係機関の解釈により意味内容が変更される場合には、ウィーン条約三一条三項により、その解釈が「後に生じた慣行であって当事国の合意を確立するもの」といえる場合にのみ締結国を拘束することになる（大分県教育委員会事件：大分地判平成五・一・一九労働判例六二七号三四頁参照）。

(2)　国際司法裁判所以外の裁判所

(イ)　ＩＬＯ憲章は、三七条一項において「この憲章又は加盟国がこの憲章の規定に従って今後締結する条約の解釈に関する疑義または紛争は、決定のために国際司法裁判所に付託する」と規定している。これにより、加盟国は「疑義または紛争」に関して国際司法裁判所への裁判手続（勧告的意見を求める手続も可能といわれる）をとることができる。だが、加盟国は国際司法裁判所に訴えを提起することができるといっても訴えの数はそれほど多くなく、ＩＬＯ条約に関する国際司法裁判所の裁判はほとんど存在しない（ＥＣ裁判所の労働裁判は多数存在する）のである。

(ロ)　ところで、一九四六年の改正により、憲章三七条二項は、「理事会は、理事会によって又は条約の条項に従って付託される条約の解釈に関する紛争又は疑義をすみやかに解決すべき裁判所の設置に関する規則を作成し、且つ、承認のために総会に提出することができる」と規定して、国際司法裁判所（International Court of Justice）以外の裁判所（tribunal）の設置とそれによる迅速な紛争解決手続を予定している。しかし、今日までのところ、このような裁判所ないし審判所は設置されるに至っていない。

(3)　加盟国の裁判所による条約解釈

(イ)　ＩＬＯ条約の解釈は基本的にウィーン条約に従ってなされる。解釈の主体は加盟国のこともあればＩＬＯの専門家委員会のこともあれば結社の自由委員会のこともある。このうちの加盟国の行う解釈は加盟国の条約締結権者により行われることが多い。しかし、条約が公布されるなどして国内的効力を発生した後において、条約に関連する訴訟が加盟国の国内裁判所に係属する場合には、わが国をはじめ加盟国の裁判所が条約を解釈することが多い。この場合には、裁判所はウィーン条約に必ずしも従うことなく通常の国内法に関すると同様の方法で解釈することになる。このような傾向は条約規範が下位の法規範である場合に顕著に見られる。

(ロ)　しかし、条約の解釈が違憲審査との関係で問題になる場合に、その条約規範が上位の法規範であって高度の政治性を有するものであるならば、裁判所は条約の解釈をすることなく、また、違憲か否かの判断をすることもなく、司法審査の範囲外の事柄として問題を処理することもある。このような高度の政治性を理由に裁判所が司法判断を回避しうることは、最高裁が砂川事件において「本件安全保障条約は……高度の政治性を有するものというべきであって……司法裁判所の審査には、原則としてなじまない」と述べて承認しているところである（最大判昭和三四・一二・一六刑集一三巻一三号三二二五頁）。

六　条約の履行状況

(1)　批准条約の不履行

(イ)　国際文書の一種である条約は、ＩＬＯ加盟国が批准する場合には、加盟国に条約上の権利を付与し義務を負担させる。そして、権利者は一般的に権利を行使すべき拘束を受けることがなくこのことは条約上の権利に関しても同様に妥当すると考えられるから、ＩＬＯ条約を批准した加盟国は条約上の権利を行使する拘束を受けることがなく、権利を行使しないでも法的に非難されることはないことになる。

(ロ)　これに対して、義務者は一般的に義務を履行すべき拘束を受けるので（自然債務 obligatio naturalis は拘束を受けない）、義務者が義務を履行しない場合には法的に非難されることになる。このことはＩＬＯ条約に関しても同様であり、ＩＬＯ条約を批准した加盟国が条約上の義務を履行しないならば法的に非難されることになる。そして、批准した加盟国がそもそもいかなる義務を負担するのか必ずしも明確でない場合には、それは条約の解釈を通じて明らかにされることになる。

(2)　不履行の場合の不服手続

(イ)　ＩＬＯ加盟国が条約上いかなる義務を負担するのか即ちいかなる内容および範囲の義務を負担するのかは、専門家委員会（条約勧告適用専門家委員会）によって明確にされることが多く、ＩＬＯ加盟国が条約上の義務を履行しているか否かの判断も専門家委員会によってなされることが多い。そして、専門家委員会は、この判断を「政府報告、法律及び規則、その他適当な資料（たとえば使用者または労働者団体の意見書など）、および委員会の質問に対する政府の回答」によって年次的・定期的に行っている（ニコラス・バルティコス＝国際労働基準とＩＬＯ三六五頁）。

(ロ)　これに対して、条約上の義務の履行に関して個別的に苦情（complaint）または申立（representation）がなされる場合には、ＩＬＯ理事会が判断機関としてＩＬＯ加盟国の条約の履行状況について判断することになる。これらのうちの「苦情」は、「加盟国が……ともに批准した条約の実効的な遵守を……確保していない」と認められる場合に他の加盟国がＩＬＯ（ＩＬＯ事務局）に対してなすものであり、苦情がなされるとＩＬＯ理事会は審査委員会を設置し、審査委員会は審議して報告書を作成する。加盟国がこの報告書に含まれている勧告等を履行しない場合には、理事会は適当と認める措置を総会に勧告することができる（ＩＬＯ憲章二六条ないし三三条）。また、「申立」は、加盟国が「条約の実効的な遵守をその管轄権の範囲内において何らかの点で確保していない」と認められる場合に、「使用者又は労働者の産業上の団体」がＩＬＯ（ＩＬＯ事務局）に対してなすものであり、申立がなされるとＩＬＯ理事会がその対象とされた政府に通知し弁明の機会を与えることになる。そして、理事会は、「当該政府から相当な期間内に弁明を受領しなかった場合」には、申立のなされたことを公表することができ、また、弁明はなされたが「弁明を満足と認めなかった場合」にはこの弁明を公表することができる（同憲章二四条・二五条。なお、結社の自由に関する特別の不服手続については一二八頁以下参照）。

七　脱　退

(1)　脱退手続

(イ)　加盟国は、脱退する意思を事務局長に「通告」することによって脱退することができる（ILO憲章一条五項）。脱退する意思の通告すなわち脱退の意思表示それ自体は事務局長に到達（事務局長の了知しうる状態に置かれること）することにより効力を発生すると考えられる。しかし、脱退の意思表示に基づいて加盟国としての地位が消滅するのは、事務局長がその意思表示を実際に受領し了知した日から起算して二年を経過した時点である。しかも、かかる法的効果（加盟国としての地位の消滅という法的効果）が発生するためには、加盟国が「加盟国としての地位から生ずるすべての財政的義務を果していること」が要件とされている。

(ロ)　かつて原加盟国であったわが国が事務局長にILOを脱退する旨の意思表示をしたのは一九三八年一一月二日のことであり、それにより加盟国としての地位の消滅という法的効果が発生したのは翌々年の一九四〇年一一月二日のことである。そして、かりにわが国のILOに対する各種の財政的義務の履行に不履行があったとすれば、それが履行されるまで脱退の法的効果は発生しなかったのである。このような制度を定めるILO憲章一条五項には問題がなくはないが、かかる制度は人身の自由の保障される自然人に関しては少なくとも認めることができない。たとえば、組合費未納の組合員は組合費を完済するまで労働組合を脱退できない、という制度などである。

(2)　脱退後における加盟国の権利義務

(イ)　加盟国は脱退することによって加盟国としての地位を喪失するが、加盟国としての地位の喪失前に加盟国が批准した条約は脱退によっても影響を受けない。このことは、憲章一条五項が「脱退は、加盟国がいずれかの国際労働条約を批准しているときは、その条約で定めた期間中は、その条約から生じ又はその条約に関係するすべての義務の継続的効力に影響を及ぼさない」と明文で規定しているところである。この一条五項は「条約で定めた期間中」における「義務の継続的効力」を認めているが、ＩＬＯ条約は一般的には有効期間を定めないことが多い。

(ロ)　わが国は、強制労働の禁止に関するＩＬＯ二九号条約を一九三二年（昭和七年）一一月二一日に批准していたので、その後の一九三八年にＩＬＯ事務局長に対して脱退する旨の意思表示をしＩＬＯを脱退したけれども、二九号条約上の義務（この条約から生ずる義務およびこの条約に関係するすべての義務）はなお負担していたことになる。かくして、たとえば「従軍慰安婦」の使用が「純然たる軍事的性質をもつ兵役」に該当せず、これが禁止されるべき「強制労働」にあたるとすれば、わが国は第二次大戦中においてＩＬＯ二九号条約違反の行為を行っていたことになる。

第五章　労働者および外国人労働者

一　労働者の概念

(1)　他人による指揮命令性と報酬の対価性

(イ)　「労働者」とは、一般的に、他人の指揮命令下において労務を提供し、その対価として報酬を得る者のことである。「他人の指揮命令下において」とは、労務の提供に関して内容・時間・場所・相手方・方法（なにを何時どこで誰にどのようになすか）が他人により拘束されていることである。このことは、「他人から指揮命令されて」と表現されることもあれば、「他人の指揮命令を受けて」と表現されることもある。

また、「その対価として報酬を得る」とは、労務の提供を直接的・間接的原因として賃金その他の報酬を受けること、即ち、受けることが予定されていることである。したがって、その者が「他人」から報酬の支払を現実には受けていないとしても労働者性が否定されることにならないが、はじめから報酬の支払の予定されていない場合にはその者は労働者といえないことになる。

(ロ)　(i)　労務の提供は人の精神的・肉体的活動の一種であるから、労務の提供をなす労働者には、他人の指揮命令下において主として精神的活動をなす者と、主として肉体的活動をなす者とが存在することになる。前者は精神労働者と呼ばれ、後者は肉体労働者と呼ばれることがある。しかし、精神的活動と肉体的活動とは密接不可分の関係にあるからこれを判然と切り離すことはできず、精神労働者といいまた肉体労働者といっても相対的な区別であって、肉体的活動をしない精神労働者は存在しないし精神的活動をしない肉体労働者も存在しないのである。

(ii)　他人の指揮命令下において労務を提供する者としての労働者は、上級労働者とそれ以下の労働者に区別することができる。前者は職員と呼ばれ後者は単に労働者と呼ばれることがある。わが国の労基法も労組法も「労働者」という概念を用い「職員」という概念を用いていないが、公労法（旧公労法）・国営企業労働関係法や国家公務員法・地方公務員法は「職員」という概念を用いている。しかし、この「職員」は必ずしも上級労働者を意味するものではない。また、かりにわが国において労働者を職員と労働者に区別したとしても、職員が精神労働者に対応し労働者が肉体労働者に対応するものでもない。

(2)　ドイツにおける被用者概念

(イ)　ヨーロッパの資本主義国家においては、労働者が上級労働者とそれ以下の労働者に区別されることが多い。たとえば、ドイツにおいては、わが国での労働者に対応する概念である被用者（Arbeitnehmer）が職員（Angestellte）と労働者（Arbeiter）とに区別されている。この上位概念である被用者は、他人の指揮命令下において（in der Direktion eines anderen）労務を提供する者、と理解されるのが今日では一般的である。しかし、被用者の概念は法律によって概念規定されていないので、いくつかのマルクマールに関して見解の相違が見られる。たとえば、ライヒ労働裁判所は「他人の指揮命令下において」というメルクマールの代りに「他人の雇用において」（im Dienst eines anderen）というメルクマールを用い、「被用者とは、他人の雇用において労務を提供する義務を負う者であって、これによりその他人に対して人的従属関係（persönliches Abhängigkeitsverhältnis）に立つことになるもののことである」と理解していた（RAG vom 12. 12. 1931 Arbeitsrechtssammlung）。このような被用者概念に該当すれば、その者は被用者一般に関して認められる被用者保護を享受しうることになる。たとえば、被用者が複数の事業所で使用される場合に、すなわち、あい異なる労働関係において使用される場合に、その者はそれぞれの労働関係において解雇制限たる解約告知保護を享受しうることになる。したがって、被用者がある労働関係において単に従たる就労をなすにすぎず、他の労働関係において主たる就労をなす場合においても、その者はいずれの労働関係においても解約告知保護を享受しうることになる（Wilhelm Herschel - Georg Steinmann, Kommentar zum Kündigungsschutzgesetz 5. Aufl., S. 66)。

(ロ)（i）ドイツにおいて、被用者が職員と労働者に区別されることには各種の理由があるが、その一つに、それぞれに適用される法条の相違を指摘することができる。たとえば、解約告知期間（Kündigungsfrist）を定める法条が被用者のうちの労働者と職員とでは相違するのである。具体的にいえば、工業労働者（gewerblicher Arbeiter）の解約告知期間は、工業法一二二条によって一四日とされていた。もっとも、これに関しては、労働協約や経営協定や個別的合意によって、より短い又はより長い期間を定めることができ、場合によってはそもそもこれを排除する余地もあるとされていた。

しかし、この規定は被用者のための保護規定（Schutzvorschrift）であるから、通説によれば、使用者の行う解約告知に関する告知期間が被用者のそれより短いのは許されないと解されていた。そして、これは一九三二年一二月一〇日のライヒ労働裁判所判決の見解になるとともに、一九五六年二月九日の連邦労働裁判所判決においてもほぼ同様の見解がとられた。これに対して、工業法の規定の適用のない労働者の解約告知期間はＢＧＢの規定によることとされていた（Herschel - Steinmann, a. a. O., S. 43)。

(ii)　他方で、商業職員（kaufmännischer Angestellte）および工業職員（gewerblicher Angestellte）に関しては、通常の解約告知期間はそれぞれ商法六六条および工業法一三三条ａによって計算されていたが、いずれの解約告知期間も四分の一暦年の末日をもってする六週間であった。しかし、より短い又はより長い期間を合意することが可能であった。

だが、この場合に、商業職員および工業職員に関しては、商法六七条および工業法一三三条ａａにより一か月より短い期間を合意することは許されず、しかも、それは一暦月の末日をもってする解約告知が許されるにすぎなかった。なお、商法や工業法ではなくＢＧＢの適用のある職員には、かかる制限は存在しなかった（Herschel - Steinmann, a. a. O., S. 43 f.）。

(iii)　このように、ドイツにおける解約告知期間の制度はきわめて複雑であったところから、一九六九年八月一四日に第一次労働法整備法が制定（施行日は同年九月一日）され、解約告知期間に関して大幅な改正がなされるに至った。すなわち、雇用関係（Dienstverhältnis）を「労働関係にあらざる雇用関係」と「労働関係たる雇用関係」すなわち労働関係（Arbeitsverhältnis）とに大別し、労働関係にあらざる雇用関係の場合に、月をもって報酬を定めているときは、解約告知は遅くともその月の一五日において暦月の終了に対しなされるべきものとされた（ＢＧＢ六二一条二項。商業支配人については商法八九条が適用）。

また、労働関係の場合に、被用者が職員であれば解約告知は六週間の解約告知期間を遵守して四分の一暦年の終了に対してなされるものとされた。そして、職員にあらざる労働者であれば解約告知は二週間の解約告知期間を遵守してなしうるが、労働関係が同一の事業所または企業において五年のあいだ存続したならば、解約告知期間は月末をもってする一か月のものに、一〇年のあいだ存続した場合には解約告知期間は月末をもってする二か月のものになる等とされた（同条二項。なお、この時点では、解約告知期間の長さについて、原則として被用者による解約告知と使用者による解約告知とで区別はされていなかったと考えられる）。

さらに、その後、ドイツにおける解約告知期間の制度は改正され、一九九〇年六月二六日法により、労働者と職員とは平等の地位におかれ、労働者および職員の労働関係が月をもって報酬を定めているときは、解約告知は四週間の期間を遵守して月の一五日または末日に対してなされるものとされた（BGB六二二条一項）。しかも、使用者の行う解約告知については、たとえば、労働関係が一〇年のあいだ存続した場合には、解約告知期間は労働者・職員ともに月末をもってする四か月のものになるとされた（同条二項四号）。

(3)　フランスにおける被用者概念

(イ)　フランスにおいても、被用者（salarié）は職員（employé）と労働者（ouvrier）に区別されることがあるが、予告期間は必ずしも職員と労働者の区別に応じては定められておらず、それは被用者の辞職の場合と使用者による解雇の場合との区別に応じて定められている。すなわち、予告期間（durée du préavis）は、被用者の辞職の場合には、慣行（usage）および労働協約（convention collectif）によって定められるが、使用者による解雇の場合には、法律が勤務年数に応じて最低の予告期間を定めている。たとえば、勤務年数が六か月未満の場合には予告期間は慣行によって定められるが（Jean Rivero et Jean Savatier, Droit du tvavail 13e ed., p. 476）、同一の使用者のもとにおける勤務年数が継続して六か月以上二年未満である場合には法定による予告期間は一か月であり、勤務年数が二年以上の場合には予告期間は二か月である（Jean Perissier et Gilles Auzero et Emmanuel Dockès, Droit du travail 25e ed., p. 618）。

(ロ)　このような最低の予告期間はしばしば労働協約により（慣行によることもある）伸長される。職員のうちの幹部職員（cadre）にとっては、慣行により相互性のある三か月の予告期間の課せられることがあると一般的に理解されている。幹部職員のうちの上級幹部職員（cadre supérieur）にとっては、予告期間はしばしば六か月である。予告の権利に関する計算にあたっては、勤務年数は解雇が通告された日から起算されるのであって、契約が終了する日からではない。

予告期間中においても、労働契約は通常はなお存続する。とりわけ、労働者（ouvrier）は従業員の代表制度に関して選挙権を有するとともに被選挙権をも有する。かりに労働者が予告期間中において「重大な不法」(faute grave) を犯すならば、その者は即時に解雇されることがある。被用者 (salarié) は予告期間中において新たな雇用を探すための自由な時間 (heures libres) を有するが、これは慣行によって認められているものである (Rivero et Savatier, op. cit., p. 476)。

(ハ) 破毀院は、かつて、この被用者の「重大な不法」に関して、「労働契約または労働関係から生ずる義務の違反を構成する、被用者の責に帰すべき一個または複数の行為であって、当該被用者を予告期間中において維持すること (maintien) を不可能ならしめるほどに重要なもの」と定義していた。ところが、二〇〇七年に、これを若干修正して、「重大な不法とは、当該被用者を企業において維持することを不可能ならしめるごとき不法」と定義し直すに至った (Pélissier et Auzero et Dockès, op. cit., p. 616)。

二　外国人労働者の概念

(1) 日本国籍の有無

(イ) 外国人労働者とは、労働者であって日本国の国籍を有しないもののことである。すなわち、労働者であって外国の国籍を有するか無国籍のもののことである。このような外国人労働者のうちで、経済のグローバル化に伴い国際的な移動労働をしている外国人労働者は「移民労働者」と呼ばれ、全世界で約八六〇〇万人いると推計されている (二〇〇四年現在。二〇一一年時点における推計数は不明である)。また、優秀な外国人労働者は「高度外国人労働者」と呼ばれ、わが国はかかる外国人労働者に関して出入国管理上の優遇制度を取っている。これに対して、日本の国籍を有するとともに外国の国籍も有する労働者 (二重国籍の労働者) は一般的には外国人労働者と解されていない。そして、労働者が日本の国籍を有するか否かは、「日本国民たる要件は、法律でこれを定める」と規定する日本国憲法一〇条に基づいて制定された国籍法（昭和二五年法律一四七号）によって判断されることになる。

(ロ)　(i)　労働者が日本人労働者であるか外国人労働者であるかは、何よりもわが国の労働法がその労働者に適用されるか否かの判断にあたり意味を有する。そして、労基法や労災保険法が日本人労働者に対してのみ適用され外国人労働者には適用されないとすれば、労働者が日本人労働者であるか外国人労働者であるかは決定的に重要な意味を有することになる。これに対して、労基法・労災保険法や労組法のみならず労働判例法も国籍を問わずわが国の領土内において就労する労働者に広く適用されるとすれば、労働者が日本人労働者であるか外国人労働者であるかはそれほど重要でないことになる。

(ii)　労働法とくに労基法は一面において労働者と使用者との間の労働関係を規律するものとして私法の性質を有する。たとえば、年次有給休暇に関して定める労基法三九条は、労働者の使用者に対する年次休暇権を規定するとともに使用者の労働者に対する年休付与義務を規定している。その反面において、労基法は使用者の国に対する「年休付与義務を履行すべき義務」をも規定している。そして、このような労基法の規定は私法としての一面と公法としての一面のいずれの面においてもわが国の公序を構成すると考えられるから、労基法（労組法についても同様）は、原則として、日本国内で労務を提供する労働者にその国籍を問わず適用され、また、使用者にもその国籍を問わず適用されることになる。

(iii)　労働者が日本国内で労務を提供する（労務給付地が日本国内にある）のか、それとも外国で労務を提供する（労務給付地が外国にある）のかは、通常はさほどの困難を伴うことなく判断されうる。しかし、ステューアーデスなどの客室乗務員（機上勤務員とも呼ばれる）の場合には労務給付地を特定することがかなり困難であり、このことに関連して東京地裁はルフトハンザ事件において次のように述べている。「Xらの主たる勤務の内容は搭乗業務であり、成田、フランクフルト等の空港における勤務は待機時間も含めていずれも約二時間程度であって、Xらの勤務の大半はYの航空機内において、多国間の領土上空を通過しつつ実施されていることが認められ……単一の労務給付地というものはないというべきである」と（東京地判平成九・一〇・一労働判例七二六号七〇頁）。もっとも、ここでは、労務給付地は公序との関係ではなく、準拠法についての黙示の合意の認定との関係で問題にされている。

(ハ)　(i)　日本の国籍を有する日本人労働者が外国において労務を提供する場合に、外国の労働法がその国の公序を構成すると認められるならば、労働者と使用者が他国の労働法を準拠法とする旨を合意していても、「公序」の観点から、その国の労働法がそこで就労する日本人労働者にも適用があると解されることが多い。したがって、かかる日本人労働者をめぐって法的紛争が発生し、それについての争訟がその国の裁判所で裁判される場合には、争訟はその国の労働法に従って裁判されることが多い。

このことに関連して、日本人労働者が外国とくにアメリカで労務を提供する場合に、そこで発生した法的紛争については アメリカ合衆国の裁判所が専属管轄を有する旨が、労働契約の締結にあたり労使間で合意されることが多い。このような合意は事後になされることもありうるが、多くは事前に契約の締結に際してなされるといわれている。かりに日本人労働者がかかる専属管轄に合意しないならば、そもそも労働契約が締結されないことになるのであるから、日本人労働者（その他の外国人労働者についても同様）はやむを得ず専属管轄に合意するのが一般的であるといわれている。

これに対して、アメリカのある州（たとえば、ジョージア州など。州は国であるからそれ自体が法人格を有する）、日本国内に州法によって設立された行政機関の一事務所（州港湾局極東代表部など）を設置し、そこでの現地職員として日本人労働者を採用したが後に解雇したところ、その日本人労働者が州（ジョージア州）を被告として日本の裁判所（東京地裁など）に解雇無効確認請求訴訟を提起することがあり、このような場合にアメリカ合衆国の州は国家であるから日本国の裁判権は及ばない（州は外国の裁判権から免除される）と主張されることがある。しかし、解雇の意思表示のような私法的行為に関しては裁判権の免除は認められないとされている（アメリカ合衆国ジョージア州事件：最二小判平成二一・一〇・一六労働判例九九二号五頁）。

(2) 外国で労働する場合の適用法

(イ) わが国の労働法が、外国で労務を提供する日本人労働者にも適用される旨を規定しあるいは規定していると解釈されるならば、その者にもわが国の労働法とりわけ労基法が適用されることになる。たとえば、外国に所在する日本法人が日本人労働者に労働の対価たる賃金を支払う場合に労基法二四条の適用があると解釈されるならば、使用者は日本人労働者に賃金を「通貨」すなわち日本円の現金で支払わなければならないことになる。しかし、使用者が賃金をドルで支払う場合に、日本人労働者が労務給付地（労務提供地）の外国の裁判所に訴えを提起するならば、公序としてのその国の労働法の適用される可能性が高い。

そして、わが国の労基法が外国で就労する日本人労働者にも適用される旨を規定していると解釈しうるか否かが、労基法八条に例挙されていた適用事業所の概念をめぐって問題にされたことがある。たとえば、労基法八条三号が定めていた「土木建築事業」に関して、それが外国で行われる場合であって、労働者がそこに派遣されるなどして国内における事業と外国における事業が全体として一個の事業と認められるならば、すなわち、外国での事業が「国内事業から独立でないその一部」と認められるならば、外国での土木建築事業に就労する労働者に労基法が適用されると解釈される余地があったのである（花見忠・海外勤務の実態と法理一四頁参照）。しかし、この規定は、平成一〇年法律一一二号によって削除された（現在でも、労基法の一定の条文との関係で、別表第一の第三号にこれに対応する規定がある)。

(ロ)　(i)　ひるがえって、日本の国籍を有しない外国人労働者が日本国内において労務を提供する場合に、わが国の労働法はわが国における公序を構成すると考えられるから、外国法を準拠法とする旨の労使の合意にもかかわらず、わが国の公序としてその者に労基法等が適用されることになる。たとえば、労基法一四条・一八条の二・一九条・二〇条や労組法七条などである。それゆえ、労使が五年の期間の労働契約を締結しても原則として三年を超える部分については期間の定めのない契約になり、合理的理由のない解雇の意思表示は無効とされ（労基法一八条の二は現在は労契法一六条）、産前・産後の保護期間中における解雇は禁止され、解雇は三〇日前に予告されるか三〇日分以上の平均賃金が支払われるべきことになる。また、組合員であること等を理由にする解雇の意思表示は不当労働行為として無効であることになる。

この問題に関して、東京地裁は、かつてインターナショナル・エア・サービス事件において、次のように述べて解雇の意思表示を労組法七条により無効と判断した。「労働契約関係を律する労働法はひとしく労使の契約関係を規律する一般私法法規と異り、抽象的普遍的性格に乏しく各国家がそれぞれ独自の要求からその国で現実に労務給付の行われる労使の契約関係に干渉介入し、独自の方法でその自由を制限し規制しているので、労働契約に基づく現実の労務給付が……継続して日本国内で行われるようになった場合には、法例第七条の採用した準拠法選定自由の原則は属地的に限定された効力を有する公序としての労働法によって制約を受ける」と（東京地判昭和四〇・四・二六労民集一六巻二号三〇八頁）。

(ii)　しかし、その後、「法例」が改正されその改正法である法適用通則法（平成一八年六月二一日法律七八号）は、七条において「準処法選択の自由」を前提にしながらも、八条において当事者による準拠法の選択がない場合には法律行為の成立および効力は「当該法律行為の当時において当該法律行為に最も密接な関係がある地の法」

による旨を規定するとともに（一項）、「特徴的な給付を当事者の一方のみが行う」場合には、当事者の「常居所地」が「当該法律行為に最も密接な関係がある地」と推定すると規定した（二項）。しかも、労働契約については、一二条三項において労使による準拠法の選択がない場合には労務提供地が「最も密接な関係がある地」と推定すると規定するに至ったのである。

三　ＩＬＯ二号勧告

(1)　平等取扱原則と不平等取扱禁止原則

(イ)　国際社会を構成する各国とりわけ先進資本主義国家においては、一般的に、「人はすべて平等に取り扱われ、合理的理由なしに差別的に取り扱われてはならない」という法原則が承認されている。このうちの前段の「人はすべて平等に取り扱われなければならない」という法原則は平等取扱原則と呼ばれ、また、後段の「人は合理的理由なしに差別的に取り扱われてはならない」という法原則は不平等取扱禁止原則と呼ばれる。そして、この二つの法原則は総称して平等原則と呼ばれる。

(ロ)　したがって、平等原則と平等取扱原則と不平等取扱禁止原則とは、相互に密接に関係するけれどもそれぞれ別個の内容の法原則である。そして、わが国の憲法一四条一項は、「すべて国民は……人種、信条、性別、社会的身分又は門地により、政治的、経済的又は社会的関係において、差別されない」と規定して、すべての「国民」に対し不平等取扱禁止原則を保障している。また、国家公務員法二七条は、「すべて国民は、この法律の適用について、平等に取り扱われ〔る〕」と規定して、すべての「国民」に平等取扱原則を保障している。

(2)　平等原則の人的適用範囲

(イ)　(i)　国内法たる憲法・法律その他により保障される平等取扱原則や不平等取扱禁止原則は、その国の国籍を有する「国民」にのみ認められ、国籍を有しない「外国人」には認められないことがある。そして、このことが原因になって、労働者として就労する場合の労働条件に関し、国籍を有する自国民労働者の労働条件とそうでない外国人労働者の労働条件に差別的取扱がなされ、しばしば外国人労働者が労働条件に関して自国民労働者よりも不利益に取り扱われることになる。

(ii)　しかし、このような事態は決して承認しうることではなく、各国の国内労働法において自国民労働者と外国人労働者が平等に取り扱われるように、あるいは、外国人労働者が差別的に取り扱われることがないように、これらのことに関する法令の制定が望まれることになる。そして、国際社会において多数の外国人労働者が差別的に取り扱われているという社会的現実と、そのような事態は出来るかぎり改善されるべきであるという国際社会における社会的要請に基づいて、一九一九年一〇月二九日に開催された第一回ＩＬＯ総会において「外国人労働者の相互的待遇に関する勧告」(二号)が採択された。この勧告は、イギリス語によれば、R2 Reciprocity of Treatment Recommendation というものである。

(ロ)　この二号勧告は、重要ではあるがきわめて簡単な内容のものであって、「国際労働機関の締盟国(加盟国のこと)をして立法其の他の方法に依り之が実現を為さしむる目的を以て考慮せしむる為、国際労働機関憲章の規定に従ひ、千九百十九年の相互的待遇勧告と称せられるべき左の勧告を採択す」と述べたのちに、次のように規定している。

「総会は、国際労働機関の各締盟国が其の領土内に於て使用せらるる外国人(労働者其の家族とも)に対し、相互条件に依り且関係国間に於て協定せらるべき条件に依り、自国労働者の保護に関する法令上の利益及自国労働者の享有する適法の組合の権利を許与することを勧告す」と。

(ハ)　(i)　ここにいう「領土」（territory）とは、それぞれのＩＬＯ加盟国の主権の及ぶ領域のことであって、河川や湖沼を含んだものとしての陸地のみならず、海域と空域をも含む概念である。したがって、外国人労働者がＩＬＯ加盟国の主権の及ぶ海域や空域において就労する場合についても、二号勧告たる相互的待遇勧告が問題にされることになる。また、「使用せらるる」（employed）とは労働することと同義であり、他人の指揮命令下において労務を提供することである。

(ii)　「相互条件に依り且関係国間に於て協定せらるべき条件に依り」（on condition of reciprocity and upon terms to be agreed between the countries concerned）とは、ＩＬＯ加盟国が「保護に関する法令上の利益」を外国人労働者に保障することを勧告するが、その保障は相互性に基づいたものでなければならず（フランス語の正文では sur la base de réciprocité という表現がとられている）、また、その保障は、関係各国間の共通の了解により定められた諸条件（各種の要件や効果など）に従ったものでなければならない（フランス語の正文では dans les conditions arrêtées d'un commun accord entre les pays intéressés という表現がとられている）ということである。

(iii)　「自国労働者の保護に関する法令上の利益」（benefit of its law and regulations for the protection of its own workers）とは、ＩＬＯ加盟国の国内の労働保護法によりその国民たる労働者に保障される各種の恩恵（権利や利益など）のことである（「自国労働者の保護に関する法令」はドイツ語訳では die eigene Arbeitsschutzgesetzgebung と翻訳されている）。このような労働保護法はわが国における労基法のように法律の形式のものであることが多いが、法律を施行するための下位の法規範（わが国における労働基準法施行規則など）であることもある。以上に対して、かかる利益の中には労働組合法等の団体労働法による権利は含まれない。団体労働法による権利は、「適法の組合の権利」（the right of lawbul organisation）として、自国民労働者に適用される国内法の限度内において外国人労働者にも付与されるべきことになる。「適法の組合の権利」とは法律の制限内において認められる団結権（droit d'association reconnu dans les limites de légalité）のことであって、ドイツ語訳では単純に Vereinigungsrecht と表現されている

四　労基法三条

(1)　社会的身分による差別と性別による差別

わが国の国内労働法である労基法は、三条において「使用者は、労働者の国籍、信条又は社会的身分を理由として、賃金、労働時間その他の労働条件について、差別的取扱をしてはならない」と規定している。また、労基法四条は「使用者は、労働者が女性であることを理由として、賃金について、男性と差別的取扱いをしてはならない」と規定し、性別（女性）による賃金差別を禁止している。

これらの条項は労基法の総則中の規定であり、いずれの法条も労基法が昭和二二年四月七日に成立し同年九月一日に施行（労基法の規定の一部は昭和二二年一一月一日に施行）された当初から存在したものである。しかし、四条は平成九年法律九二号により一部改正がなされ、「差別的取扱」が「差別的取扱い」に変更された。

(2)　国籍を理由にする差別

(イ)　(i)　労基法三条の規定は使用者が「労働者の国籍」を理由に労働条件に関し差別的取扱をすることを禁止するものである。したがって、この規定により、使用者は労働者が外国人労働者であることを理由に賃金等に関して差別的取扱をすることが禁止されることになる。そして、「差別的取扱」の中には不利益取扱のみならず利益取扱も含まれると解されるから、使用者は労働者がイギリス人やフランス人であることを理由に賃金等に関し

不利益に取り扱うことができないとともに、これを理由に有利に取り扱うこともできないことになる。

(ii)　しかし、労基法三条は使用者が労働者の「労働条件」に関して差別的取扱をすることをもっぱら禁止するものである。したがって、労基法のこの規定によっては、使用者が労働者の「国籍」や「社会的身分」を理由に採用にあたって差別的取扱をすることは禁止されないことになる。だが、このことは、使用者が労働者の国籍や社会的身分を理由に採用拒否することは適法であるということを意味するものではなく、このような使用者の採用拒否は原則としてわが国における公序ないし良俗に違反して違法であり、それが適法とされるためにはそれに関する合理的理由（違法性阻却事由）の存在することが必要である。

(ロ)　(i)　これに対して、労組法は、五条二項四号において「何人も、いかなる場合においても、人種、宗教、性別、門地又は身分によって組合員たる資格を奪われない」と規定している。これにより、労働組合が適格組合と認められるためには、組合規約中に「人種」を理由に組合員資格に関して不利益に取り扱われない旨を規定しなければならない。そして、ここにいう「人種」の中には広く「国籍」も含めて理解すべきであるから、労働組合が労働者の国籍を理由に組合員になること（組合契約を締結すること）を拒否すれば、それは組合規約違反の行為であることになる（手塚和彰・外国人と法一九三頁参照）。もっとも、組合規約に違反して組合員になることを拒否された労働者が司法裁判所に訴えを提起し組合契約の締結を強制しうるかは疑問である。

(ii)　ところで、同じく労組法は、七条一号において「〔使用者は〕労働者が労働組合の組合員であること……の故をもって……不利益な取扱〔をしてはならない〕」と定めている。この規定により、使用者の採用時における不当労働行為が禁止され、使用者が労働者の組合員性を理由に採用を拒否すれば労働委員会は使用者に労働者を採用したものとして取り扱うべきことを命令できるか、という問題が生ずる。この問題に関しては最高裁判例がなくまた学説も一致していないが、近時においては、労働委員会の出す命令の中に採用時における不当労働行為の成立を肯定するものが徐々に増加しつつある。

たとえば、神奈川地労委は青山会（せいざんかい）事件において次のように述べている。「不当労働行為の救済制度が労働者の団結権を保障し、団結権の侵害に対する救済を目的としていることからすれば、組合活動を理由に労働者を採用しないという形で団結権の侵害が行われる場合に、これを看過すべきであるとする理由は見いだし難い。一般に言われるところの、経営者の採用の自由も、労働者の団結権を侵害する形で行使されることまでをも容認するものではないと言うべきである。そして、このように解したとしても、経営者の採用の自由を不当に制限するものとはならないと考える」と（神奈川地労委平成八・七・三一決定神奈川地労委不当労働行為事件命令集九集五四三頁、および、不当労働行為事件命令集平成八年二六七頁）。

そして、この事件の中労委命令についての取消訴訟において、東京地裁も次のように述べたのである。「憲法上、労働者保護のためその団結権を保障することとしていること（憲法二八条）からすれば、企業者に採用の自由があるからといって、労働者の団結権を侵害することが許されるとは考え難い。また、これを肯定するとすれば、労働者は、労働組合の組合員であること、労働組合に加入し、これを結成しようとすること、労働組合の正当な行為をすることをちゅうちょするおそれがあるが、そのような事態が生じることを容認することが適当であるとも考え難い。したがって、雇入れについても労組法七条一号本文前段が適用されると解するほうが、労働者の団結権を保障した憲法の趣旨にかなうものといえる」と（青山会事件東京地判平成一三・四・一二労働判例八〇五号五一頁）。

(3)　ＩＬＯ二号勧告と労基法三条

(イ)　(i)　ＩＬＯ二号勧告は、外国人労働者も原則として自国民労働者と同様の労働保護法上の利益を享有しうべきことを規定している。したがって、この勧告によれば、ＩＬＯ加盟国は労働者の国籍を理由に賃金等に関して外国人労働者を自国民労働者と差別的に取り扱ってはならない旨を規定する立法や行政をすることが要請されることになる。そして、わが国の国内労働法である労基法は、三条において「使用者は、労働者の国籍……を理由として、賃金、労働時間その他の労働条件について、差別的取扱をしてはならない」と規定している。

(ii)　このように、ＩＬＯ二号勧告と労基法三条とはこの点において内容的に類似するものである。しかし、労基法三条は差別的取扱を禁止する範囲がより広範であり、これは使用者が「労働者の……信条又は社会的身分を理由として」各種の労働条件に関して差別的取扱をすることも禁止している。しかも、労基法は、労働条件のうちでもとくに重要な「賃金」に関して、性（女性）による差別的取扱の禁止されるべきことを四条において規定している。これに対して、ＩＬＯ二号勧告は賃金と賃金以外の労働条件を区別することなく（単に「保護に関する法令上の利益」と表現している）、また、差別事由としては国籍のみを問題にしている。

(ロ)　(i)　昭和二一年四月一二日の「勞働保護法草案」には、労働最低年齢や年次有給休暇や労働時間に関する規定等が設けられていたが均等待遇に関する規定はなかった。ところが、同年四月二四日の「勞働保護法案要綱」は、二条において「何人ト雖モ勞働者ノ國籍、人種又ハ宗教ノ故ヲ以テ本法ニ規定スル勞働條件ニ付差別的取扱ヲ為スコトヲ得ズ」と規定した。しかも、この要綱は、二条ノ二において「何人ト雖モ法律ニ別段ノ定アル場合ノ外勞働者ノ意思ニ反シ処罰ノ脅威ノ下ニ勞働ヲ強制スルコトヲ得ズ」と、ＩＬＯ二九号条約と同様の「処罰ノ脅威」という文言を用いて強制労働の禁止されるべきことを規定した。

(ii)　その後に、昭和二一年五月一三日の「勞働保護法草案」も、二条において「何人も勞働者の國籍、人種、宗教又は社會的地位を理由として本法に規定する勞働條件に附て差別的取扱をしてはならない」と規定した。この草案は、従来までの片仮名を平仮名に変更するとともに、新たに「社會的地位」を付け加えたという特徴を有していた。しかも、これは「國籍」のほかに「人種」をも禁止されるべき差別事由として規定した。なお、この草案は一七条において「解雇の予告」について規定したが、その欄外注記に「予告ナキ解除――ソ連聯四七、八八條」という記載がなされていた。

(iii)　さらに、その後に、第五次修正案の「勞働最低基準法草案」を経た第六次案において「勞働基準法草案」という名称が用いられるようになった。そして、昭和二一年一〇月三〇日に作成された第七次案である「勞働基準法草案」の三条はなお「國籍」のほかに「人種」に関しても規定していたが、昭和二一年一一月五日以前に作成されたと推定される第七次案修正案は「何人も勞働者の國籍、信條又は社會的身分を理由として賃金、勞働時間その他の勞働條件について差別的取扱をしてはならない」と規定した。そして、ついに、昭和二一年一二月一三日の第八次案修正案が、ほぼ現行法と同様に「使用者は勞働者の國籍、信條、又は社會的身分を理由として賃金、勞働時間その他勞働條件について差別的取扱をしてはならない」と規定するに至った（渡辺章・日本立法資料全集(51)一七九頁以下）。

したがって、労基法三条中の「使用者は、労働者の国籍（外国人労働者であること）……を理由として、賃金、労働時間その他の労働条件について、差別的取扱をしてはならない」という部分は、ＩＬＯ二号勧告を考慮したものといって大過ないと考えられる（憲法一四条には「国籍」の文言はない）。これに対して、「信条又は社会的身分」を理由にする差別的取扱の禁止の部分は、それまでのわが国の国内社会において各種の労働条件に関して合理性のない差別的取扱がなされてきたという社会的現実に照らし、このような不合理な差別は禁止されるべきであるという国内社会における社会的要請に基づいて立法されたものということができる。

(iv)　しかし、このように述べることは、労基法三条の「国籍」を理由にする差別的取扱禁止の部分の立法にあたり、立法者がＩＬＯ二号勧告のみを考慮したということを意味するものではない。「信条又は社会的身分」を理由にする差別的取扱禁止の立法と同様に、立法者がそれまでのわが国の国内社会において外国人労働者が国籍を理由に差別されてきた事実を考慮したことは疑いもない事実である。このことは、「質疑応答集」の労基法三条に関する箇所に「戦時中に行われた中国人労働者、台湾省民労働者、朝鮮人労働者に対する差別的取扱は、再建日本の労働立法に当っては特に反省せらるべ〔きである〕」と記されていることからも明らかである（渡辺・前掲書一三〇頁）。

(4)　二号勧告と一一一号条約

(イ)　このＩＬＯ二号勧告の採択された約四〇年後の一九五八年に、ＩＬＯ第四二回総会において「雇用及び職業についての差別待遇に関する条約（一一一号）」（Convention（No.111）concerning Discrimination in Respect of Employment and Occupation）が採択された。この条約は一条から一四条までの一四か条からなる比較的簡単な内容の条約である。しかし、二号勧告が国籍による差別的取扱を禁止し平等取扱を規定しているのに対して、一一一号条約は広く「人種、皮膚の色、性、宗教、政治的見解、国民的出身又は社会的出身」による差別的取扱を問題にしているのである。

(ロ)　一一一号条約は、二条において「この条約の適用を受ける加盟国は、雇用及び職業についての差別待遇を除去するために、国内の事情及び慣行に適した方法により雇用又は職業についての機会及び待遇の均等を促進することを目的とする国家の方針を明らかにし、かつ、これに従うことを約束する」と規定している。しかも、条約は、三条(c)号において「〔この条約の適用を受ける加盟国は〕前記の方針と両立しない全ての法令の規定を廃止し、かつ、行政上のすべての命令又は慣行を修正すること」と規定している。

これは、二号勧告と相違して、外国人労働者であること即ち労働者の国籍を理由にする差別的取扱の禁止されるべきことには言及していない。しかし、「国民的出身」（national extraction, ascendance nationale, nationale Abstammung）には言及しており、この中に国籍の含まれる余地がなくはないのである。だが、この「国民的出身」とは特殊な概念であって、労働者の両親や祖先がある特定の国の国民であったということである。したがって、労働者の国籍それ自体はこの中には含まれないのである（山口俊夫「国際労働基準と基本的人権」芦部信喜先生古稀記念・現代立憲主義の展開(上)七六七頁〈七九五頁〉以下）。

(ハ)　(i)　第二次大戦後のわが国において、使用者が労働者の採用をその者が外国人であることを理由に拒否する事例が多数あり、このような事例の中には外国人労働者が採用拒否を違法として司法裁判所に救済を申し立てた事例も存在した。その典型的な一例が日立製作所事件である。ここにおいて、横浜地裁は、次のように述べて労働者の主張をほぼ全面的に認容した。「XがY会社に就職したい一心から、自己が在日朝鮮人であることを秘匿して、日本人らしく見せるために氏名に通用名を記載し、本籍に出生地を記載して申告したとしても……Xを含む在日朝鮮人が置かれていた状況の歴史的社会的背景、特に、我が国の大企業が特殊の例外を除き、在日朝鮮人を朝鮮人であるというだけの理由で、これが採用を拒みつづけているという現実や、Xの生活環境等から考慮すると、Xが右詐称に至った動機には極めて同情すべき点が多い」と（横浜地判昭和四九・六・一九労民集二五巻一・二号二七七頁）。

(ii)　この事件で問題にされた外国人労働者は定住外国人労働者（在日朝鮮人労働者）であり、かかる事例が発生したことは当時のわが国の使用者が定住外国人労働者とりわけ在日朝鮮人労働者および在日韓国人労働者の採用を希望しなかったことに起因するものと理解することができる。しかも、第二次大戦後において、わが国の使用者は定住外国人労働者に限らず外国人労働者一般の採用にも消極的だったのである。これは、第二次大戦後の国内経済の復興にあたりドイツ等のヨーロッパ諸国が積極的に外国人労働者（ドイツでは Gastarbeiter と呼ばれる）を採用したこととときわ立った対象をなすものである。

その原因には各種のものを指摘することができるが、中心的なものの一つは「農村からの急速かつ大規模な人口流出」が可能であったことであり、これにより第二次大戦後のわが国の経済は復興を遂げるとともに、一九六〇年代以降における高度成長も達成されたのである。ところが、一九八〇年代後半（昭和六〇年ごろ）から、定住外国人ではないアジア諸国からの外国人が労働者として大量にわが国に移住するようになった。そして、これに伴ってさまざまな法的・事実的問題が発生することになり、かかる問題は「戦後の日本が経験する初めての外国人労働者問題」であったのである（勇上和史「日本の労働市場における移民の差別と同化」日本労働研究機構雑誌一九九九年一一月号七八頁）。

(iii)　外国人労働者の中には、滞在資格がないにもかかわらず就労する不法就労者が存在するとともに、滞在資格のある正規就労者も存在する。このうちの不法就労者の人数がどの程度であるか正確な人数は不明であるが、平成五年の約三〇万人をピークにして徐々に減少し平成一六年には約二二万人になったと推計されている（平成二一年には約一一万人。これは日本政府の不法滞在者五年半減計画による）。これに対して、正規就労者の人数は正式な統計をとることが可能であって、平成五年以降においてはかなり正確な人数が明らかにされており、それは平成二一年現在において約五六万人（平成一一年現在では約四五万人。この時点での不法就労者は約二五万人）といわれている。

そして、正規就労者である外国人労働者のうちの直接雇用労働者（このほかに、派遣労働者などの間接雇用労働者もいる）の人数は、平成二一年六月一日現在で一一万五〇三八人であり対前年比で〇・二パーセント増加している。産業別では製造業・サービス業・飲食店が上位三位であり、これらにおいて全体の約九割の外国人労働者が就労している。国別では中南米・東アジア・東南アジアが上位三位である（労働省外国人雇用対策課「外国人雇用状況報告の結果概要」職業安定広報平成一二年一月号三頁）。

(iv)　わが国の国内には、不法就労者にせよ正規就労者にせよ、外国人労働者の多数居住する都市がある。たとえば、群馬県の太田市や長野県の上田市や静岡県の浜松市であり、これらの都市は「外国人集住都市」と呼ばれている。この三市は外国人集住都市の典型例であるが、ほかにも二十数か所の外国人集住都市（二五都市ともいわれる）が存在している。ところが、平成二三年三月一一日に発生した東日本大震災により、多数の事業所が閉鎖されたことの直接的・間接的な影響を受けて、これらの外国人集住都市に居住する外国人労働者の中で本国に帰国することを希望するものが増加してきたといわれている。

第六章　パートタイム労働者

一　パートタイム労働者の概念

(1)　パートタイマー概念の多義性

(イ)　「パートタイム労働者」とは、一般的に、その労働者の所属する事業所の他の通常の労働者よりも労働時間が短い労働者のことである。「労働者」とは使用者の指揮命令下において労務を提供し、その対価として賃金を得る者であるから、「パートタイム労働者」とは、自己の所属する事業所において通常の労働者よりも短時間のあいだ使用者の指揮命令を受けて労務を提供し、その対価として賃金を支払われる者のことになる。そして、賃金は賃金額を定める賃金規定（賃金規程）に基づき、労働時間の長さをも加味して計算されるのが一般的であるから、パートタイム労働者（短時間労働者　パートタイマー）の取得する賃金額は、通常の労働者よりも低額であるのが一般的である。しかも、賃金規定は、付加的な賃金、たとえば住宅手当や家族手当等をパートタイマーには支払わないものとしており、また、一時金（ボーナス）も支払わないものとしていることが多いから、パートタイマーの賃金総額は通常の労働者のそれよりもかなり低額であることになる。

(ロ)　パートタイマーの概念は一般的に言って短時間労働者の概念と一致するけれども、時には一致せず「フルタイマーのパートタイマー」というパートタイム労働者も存在する。これは、その労働者が通常の労働者と同様の労働時間（たとえば、一日につき七時間や八時間。一週間につき四〇時間）にわたり使用者の指揮命令を受けて労務を提供するにもかかわらず「パートタイマー」と呼ばれる労働者であり、「擬似パートタイマー」（擬似パートと略称される）と呼ばれることもある。

使用者がこのようなフルタイマーの労働者であるにもかかわらずパートタイマーと呼ぶことには一定の目的があり、その労働者に低賃金であることを納得させるためであり、労働契約が期間の定めのある有期労働契約であることも止むを得ないと思わせるためであり、使用者が容易に解雇しうると思い込ませるためなのである。しかし、パートタイマーにも労働契約法一六条の解雇制限の規定等は適用されるのである。

(ハ)　本来のパートタイマーにせよ、擬似パートタイマーにせよ、労契法の規定が適用されまた労契法と不可分一体の関係にある労基法の規定も適用されるが、社会保障法に属する法律の規定は適用されないことがある。たとえば、健康保険法の規定であり、一日または一週間の所定労働時間や、一か月の所定労働時間が同種の労働者の労働時間（労働日数）のおおむね四分の三未満の場合には適用が実務上除外されている。また、雇用保険法の規定も、一週間の所定労働時間が二〇時間以上三〇時間未満の短時間労働者には適用が除外されていたが、平成二二年の法改正により一週間の所定労働時間が二〇時間以上であり、「三一日以上雇用見込み」のある者には適用されることになった（雇用保険法六条）。

(2)　パートタイマーと外国人労働者

(イ)　パートタイマー（本来のパートタイマーおよび擬似パートタイマー）が日本人労働者の中に多数存在することはいうまでもないが、外国人労働者の中にも多数存在している。しかし、これまでにおいては、パートタイマーをめぐる各種の問題は主として日本人のパートタイマーに関して検討されてきたのであり、外国人のパートタイマーについては、たとえば賃金の低額性の問題であれば、外国人であるという国籍による差別の問題としてその適否（合理的理由の在否）が議論されてきたのである。

そして、パキスタン回教共和国の国籍を有する労働者（パートタイマーであったか否かは正確には不明である）が製本等の業務の従事中に災害に遭遇し、使用者が支払うべき損害賠償金の算定にあたり、その者がパートタイマーであったのかフルタイマーであったのかという観点は問題にされることなく、パキスタン人であったという観点が主として問題にされたのである（改進社事件：最三小判平成九・一・二八民集五一巻一号七八頁。事実関係の詳細は東京地判平成四・九・二四労働判例六一八号一四頁参照）。

(ロ)　この事件における被災労働者は外国人（パキスタン人）であったが、労災保険法は適用事業所に就労する労働者であれば、国籍を問わず法の適用が認められるとともに、不法就労者であっても法の適用が認められ補償を受けられるのである（密入国者の場合には問題がある）。むろん、雇用保険法や健康保険法などと相違して、その労働者の一日・一週間・一か月あたりの労働時間の長短によって別異に取り扱れることもない。

このパキスタン人は観光目的の在留資格で日本に入国し製本業を営む「改進社」に雇用され就労していた者であって密入国した者ではないから、事故後に労災保険による給付として一三万二九七二円の休業補償給付と一六四万四七二五円の障害補償給付を受けたが、このほかに、使用者である改進社から損害賠償金として一七万八一三三円の支払を受けたのである。しかし、この被災労働者は損害賠償額が不当に低額である（国籍による差別的取扱である）として不法行為を理由に東京地裁に損害賠償請求訴訟を提起したのである。

(ハ)　日本国籍を有する男女のパートタイマーが労働条件に関して不当な取扱を受ける場合に、その者が女性パートタイマーであれば女性であることを理由にする差別的取扱であるとして使用者の行為の違法性を主張する余地がある。しかし、女性パートタイマーの労働条件が男性パートタイマーとの比較において差異がない場合には、その女性パートタイマーはパートタイマーであることを理由に通常の労働者との比較において差別的に取り扱われていると主張せざるをえないことになる。だが、正規労働者でなくパートタイマーであることは本人の自由意思によるものであるから、労働者の主張が裁判によって肯定されることは極めて困難なことである。

しかし、まったく不可能なわけではない。とくに、男女を問わずパートタイマーと正規労働者とがほぼ同様の仕事（同一価値の労働。同一価値労働と略称する）を行っており、かかる同一価値労働に対する対価としての賃金がパートタイマーと正規労働者との間できわめて大きな隔たりがある場合などである。これと類似する問題が、かつて「男女同一価値労働・同一賃金の原則」の観点から国際社会においても問題にされ、このような差別は禁止されるべきであるとして一九五一年六月六日に開催されたＩＬＯ第三四回総会においてＩＬＯ一〇〇号条約が採択されたのである。この画期的な条約については後に詳述する（本書の二〇七頁以下を参照）。

だが、男女のパートタイマーが自己の自由意思により正規労働者ではなくパートタイマーとしての途を選んだとしても、その時点においては止むを得なかった事情が多くの場合に存在するものである。このような場合のあることを考慮して、使用者は自己が負う配慮義務（使用者は労働者の利益を不当に侵害してはならないという義務）の履行として労働者に企業内におけるパートタイマーから正規労働者への登用（転換と呼ばれることもある）の制度を設けることがある。けれども、問題がこれによってすべて解決されるわけではなく、同一価値労働ないしほぼ同一価値労働であれば、使用者はパートタイマーと正規労働者とを同一ないしほぼ同一の労働条件で取り扱うべき義務を負うのではないか、という問題がなお残るのである。そして、このようなことと類似する事件が発生し事件は訴訟にまで発展したのである。

(二)　この事件は厳密にはパートタイマーに関する事件ではなく、「臨時社員」と「正社員」との賃金差別についての事件であるが、その判決の中で展開されている理論には参考に値するものが含まれていたのである。判決を言い渡した裁判所は長野地裁上田支部（長野地裁の六か所ある支部のうちの一つ。松本支部・諏訪支部に次ぐ規模の支部）であり、被告である丸子警報機器株式会社（ここにいう「警報器」とは自動車用の警報器すなわち「ホーン」のこと）が上田市の丸子町に所在するところから、長野地裁上田支部が管轄裁判所になったのである（上田支部の管轄区域は、上田市のほかに、千曲市・東御市・小県郡・埴科郡の四地域）。

そして、この判決（三人の裁判官により構成された合議体によるもの）は、まず、一九五一年六月二九日にＩＬＯ第三四回総会で採択されたＩＬＯ一〇〇号条約に言及して次のように述べた。「『同一価値労働に対する男女労働者同一賃金に関する条約』が昭和二六年にＩＬＯで採択され、昭和四二年に日本も批准するなど、これを初めとする男女差別をなくそうとする動きは国際的な流れであることは公知の事実であり、最近ではいわゆる男女雇用機会均等法が立法化されるなど、男女平等については雇入れについても法的な規制をすることが要請されつつあると見られるが、募集・採用については未だ事業主の努力義務を定めたに留まるものと理解され、これに反することが直ちに違法であると言うことはできない」と（なお、平成九年法律九二号による均等法の改正に基づき、使用者の努力義務は実行義務に変更された。本書の二八四頁を参照）。

ついで、この判決は、その後の理由中において次のような理念を述べたのである。「労働基準法三条、四条のような差別禁止規定は、直接的には社会的身分や性による差別を禁止しているものではあるが、その根底には、およそ人はその労働に対し等しく報われなければならないという均等待遇の理念が存在していると解される。それは言わば、人格の価値を平等と見る市民法の普遍的な原理と考えるべきものである。前記のような年齢給、生活給制度との整合性や労働の価値の判断の困難性から、労働基準法における明文の規定こそ見送られたものの、その草案の段階では、右の如き理念〔およそ人はその労働に対し等しく報われなければならない、という理念のこと〕に基づき同一（価値）労働同一賃金の原則が掲げられていたことも想起されなければならない」と（丸子警報器事件：長野地裁上田支判平成八・三・一五労働判例六九〇号三二頁）。この理念を発展させれば、パートタイマーと正規労働者との不平等な取扱いを是正すべき余地もあることになる。

(3) ドイツのパートタイマー法

(イ) ドイツにおけるパートタイム・有期労働法（Teilzeit-und Befristungsgesetz　正式の名称は、パートタイム労働および有期労働契約に関する法律）は、二条において、「一週間の通常の労働時間が、比較可能なフルタイムで就労する被用者（der vergleichbare vollzeitbeschäftigte Arbeitnehmer）の労働時間よりも短い場合には、その被用者はパートタイムで就労する（teilzeitbeschäftigt）ものである。一週間の通常の労働時間が合意されていない場合には、その者の通常の労働時間であって一年に至るまでの全就労時間の平均によるものが、比較可能なフルタイムで就労する被用者のそれを下まわるときは、その被用者はパートタイムで就労するものである」と定めている。

このパートタイム・有期労働法は、パートタイムで就労する被用者と、有期労働で就労する被用者の両方についての差別（Diskriminierung）を防止することを目的として二〇〇〇年一二月二一日に制定された法律であるが、従前において、パートタイム労働（Teilzeitarbeit）に類似する概念として時間労働（Zeitarbeit）という概念が用いられたことがあった。この後者の概念は被用者派遣（Arbeitnehmerüberlassung）との関係でしばしば用いられ、「限られた時間での労働」（Arbeit auf begrenzte Zeit）を意味するものであった。そして、派遣元企業（überlassendes Unternehmen）は時間労働企業（Zeitarbeitunternehmen）と呼ばれることもあった（Wolfgang Zöllner, Arbeitsrecht, S. 201f.）。

ここにいう「限られた時間での労働」とは、短時間の労働のことではなく、また、通常の時間の労働のことでもなく、「一時的な労働」のことであって、イギリスにおける temporary work に対応する概念であり、また、フランスにおける travail temporaire に対応する概念である。この temporary work 等は「一時的労働」と翻訳されることが多いが、派遣労働と翻訳することも可能である。そして、わが国においては、派遣会社の社名に

「マンパワー」という五文字を挿入する株式会社が存在するとともに、「テンポスタッフ」という七文字を挿入する株式会社も存在するのである（テンポスタッフとはテンポラリー・スタッフのこと）。

(ロ)　ある被用者がパートタイム被用者であるか否かは、その者の労働時間が個別に合意された労働時間であれ法律や労働協約で規定されたものであれ、他の者の労働時間との相互の比較（Vergleich）によって決定される。したがって、パートタイム労働法は労働保護法でもあるが、労働時間法の発展したものでもあることになる。そして、このような比較にあたり基準とされる労働時間は、個別に合意されたものであれ法律等により規定されたものであれ、事業所ごとに問題にされるものであるから、被用者によってはある事業所においてはパートタイム就労者であるが、同じ企業の他の事業所においてはフルタイム就労者である、ということもありうるのである（Günter Schaub, Arbeitsrechtshandbuch 10. Aufl., S. 365f.）。

(ハ)　(i)　パートタイム・有期労働法は、四条一項において「パートタイム被用者が、パートタイム労働（Teilzeitarbeit）であることを理由にして、比較可能なフルタイム被用者より不利益に（schlechter）取り扱われることは許されない。ただし、客観的な理由（sachliche Gründe）が差別的取扱（unterschiedliche Behandlung）を正当化する場合はこの限りでない」と規定している。

この規定はいうまでもなく使用者がパートタイム労働であることを理由にして（wegen der Teilzeitarbeit）フルタイム被用者に対比してパートタイム被用者を差別的に取り扱うことを禁止するものであるが、差別的取扱を正当化しうる客観的な理由がある場合は例外が認められるとするものである（Schaub, a. a. O., S. 372）。しかし、パートタイム・有期労働法それ自体は何が「客観的な理由」に該当するかに関しては明文の規定を置いていない。

(ii)　この法律は、四条二項において、「期間を定めて就労する被用者（ein befristetbeschäftigter Arbeitnehmer）が、労働契約に期間の定めがあることを理由にして（wegen der Befristung des Arbeitsvertrage）、期間の定めなく就労する比較可能な被用者より不利益に取り扱われることは許されない。ただし、客観的な理由が差別的取扱を正当化する場合はこの限りでない」と規定している。そして、ここでも、法律それ自体は何が客観的な理由に該当するかについては明文の規定を置いていない。

しかも、この法律は、五条において「使用者が、この法律による各種の権利（Rechte nach diesem Gesetz）を被用者が行使したことを理由にして、被用者に不利益を課すことは許されない」と規定している。ここでは、「被用者」という表現によって、パートタイム被用者と有期労働被用者の双方が意味されている。それは、形式的にいってこの法律がパートタイム被用者のための保護法でありまた有期労働被用者のための保護法であることによるとともに、実質的にいってもパートタイム被用者と有期労働被用者とは密接な関係があることによるものである。たとえば、パートタイム被用者は有期労働被用者であることが多いことなどである。

二　ＩＬＯ一七五号条約

(1)　パートタイマーと女性労働者

(イ)　わが国の戦後経済が高度成長期に入った昭和三〇年代の後半において、すでにわが国には多数のパートタイマー（短時間労働者）が存在していた（昭和三八年に出版された西尾実＝岩淵悦太郎・岩波国語辞典には、すでに「パートタイム」という項目が設けられていた）。しかし、パートタイマーをめぐる賃金差別などが現実にあったにもかかわらず、パートタイマーに関する法的問題はあまり意識されることなく、これが強く意識されるようになったのは昭和の時代が平成の時代に移り変わろうとしていた昭和六〇年代の前半ごろであった。

その理由にはさまざまなものが考えられるが、その一つはこの頃にわが国のバブル景気が崩壊し多くの正規労働者が解雇されるとともに、再就職にあたりパートタイマーとして再雇用され、その中に多くの中高年の男性労働者が含まれていたことによるものである（中高年労働者の概念については、本書の二九五頁以下を参照）。それまでは、パートタイマーの多くは女性労働者であり、擬似パートタイマーに特徴的に見られるように、女性パートタイマーの多くは賃金差別や各種の差別を止むを得ないものと受け止めていたのである。

(ロ)　ドイツ（東西ドイツが統一されたのは一九九〇年八月三一日の統一条約による）においては、第二次大戦によって多くの男性労働者が死亡したことから、女性が早くから労働者として稼働するようになった（本書の二四八頁以下を参照）。このような女性労働者の中にはタクシーやバスの運転手のようにフルタイム労働者として就労する者もいたが、パートタイム労働者として就労する者もいた。たとえば、女性装飾品店店員（Putzfrauen）であり、筆耕従事者（Schreibkräfte　半日就労の場合には半日筆耕従事者 Halbtagsschreibkräfte と呼ばれる）であり、小規模事業所における簿記係り（Buchhalter im Kleinstbetrieben）などである（Wolfgang Zöllner, Arbeitsrecht, S. 34）。

そして、「パートタイム就労者は、多くの点においてフルタイム就労者よりも保護の必要性が低いとされることがある。だが、パートタイム就労者の保護の必要性が止揚されたわけではない（Teilbeschäftigte können in mancher Hinsicht weniger schutzbedürftig sein als Vollbeschäftigte . Ihre Schutzbedürftigkeit ist aber nicht aufgehoben.）。したがって、原則として、労働法令は完全な適用をみている。しかし、もとより、若干の法律は一定の請求権の付与を通常の最低労働時間（eine regelmäßige Mindestarbeitszeit）に係らしめている。たとえば、賃金継続支払法一条二項二号などである」（Zöllner, a. a. O., S. 34　この Zöllner 教授の著書は一九七七年に出版されたものである）。

その後、一九九〇年に東西ドイツは統一されたが、パートタイム被用者数は減少するよりもかえって増加したと考えられる。これは、旧東ドイツ領に所属するラント（たとえば、ブランデンブルク州やザクセン州やチューリンゲン州など。このブランデンブルク州にはポツダム市が所在し、ザクセン州にはマイセン市が所在し、チューリンゲン州にはワイマール市が所在している）においては正規雇用の機会が十分に存在せず。男女被用者ともに非正規被用者の一種であるパートタイム被用者として就労していたといえるからである。

このように、旧東ドイツ領に属するラントにおいては多数のパートタイム被用者が存在していたと考えられるが、その中には外国人労働者はあまり含まれていなかったといってよい。これに対して、旧西ドイツ領に属するラント（たとえば、バーデン・ブュルテンベルク州など。ここにはシュトゥットガルト市やチュービンゲン市やフライブルク市などが所在している）においては、多数の外国人被用者がフルタイム被用者として就労している。このうちの多くはトルコ系の労働者である。これは第二次大戦終了後の西ドイツが正規雇用労働力を多くのトルコ人労働者に依存したからである。また、日本人労働者の中にもルール地方の炭鉱（ルール炭田）で正規労働者として就労していたものがいるといわれている。

(ハ)　(i)　外国人労働者についていえば、かつてのイギリスにおいても多数の外国人労働者が雇用されていた歴史的事実がある。その一例が医療従事者とりわけ医師についてであり、外国人医師や看護師などが医療機関において雇用されていたのである。これは、第二次大戦終了後のイギリスにおいて病院等の医療機関が国営化され、それに伴って医師（看護師も同様）が公務員化されて賃金その他の労働条件が悪化し、それが原因して多数の医師がアメリカに移住し、不足した医師を外国（かつてのイギリス植民地）から招いたことによるものである。

このような医師などの外国人労働者は特定資格を有する専門職の正規労働者であるが、イギリスではその後二〇〇五年から「入国管理五か年計画」が実施され、「第一層」に属する「高度技術者」（看護師は「第二層」に属する「労働専門者」）が積極的に受け入れられたのみならず、外国企業からの派遣労働者も「第五層」に属するものとして受け入れられた（労働政策研究・研修機構＝諸外国の外国人労働者受入制度と実態二〇〇八　七頁〈天瀬光執筆部分参照〉）。そして、この中に相当数のパートタイム労働者が含まれていたと考えられている。

しかし、イギリスは、EUへの加盟にあたり、マーストリヒト条約中の「労働政策および社会政策」に関する部分については、加盟国の主権が尊重されるべきであるとして署名を留保した経緯があり（本書の一二一頁以下を参照）また、ILO条約についても、パートタイム労働者の平等取扱に関しては加盟国の独自の権限が承認されるべきであるとして、パートタイム労働者の平等取扱条約には必ずしも積極的ではなかったのである。

(ii)　これに対して、フランスにおいては、一九七四年以降は就労を目的とした外国人の受入れを原則として実施していないが、フランスでもかつては労働力の不足を背景にして多くの外国人労働者を受け入れた。これは、一九世紀後半から出生率が低下しはじめ、第一次大戦以降に人口が著しく減少したことに原因するものである。そして、第二次大戦後の経済成長期において「安価な労働力」としてスペイン・ポルトガル・マグレブ（とくにアルジェリア）から多数の労働者を受け入れ、これらの労働者の多くは炭鉱（ルール炭田など）や自動車工場などで就労したのである（労働政策研究・研修機構＝前掲書三五頁〈町田敦子執筆部分〉参照）。この中にパートタイム労働者も含まれていたと考えられるのである。

フランスが一九七四年以前において受け入れた多数の労働者の中には右に見たようにパートタイム労働者も含まれていたと考えられるが、フランスにおいてパートタイム労働者とフルタイム労働者との平等取扱の法的問題がどのように解決されてきたかは必ずしも明らかでない。しかし、フランスの第五共和国憲法は、その二条において「フランスは、不可分の非宗教的、民主的かつ社会的な共和国である」と規定したのちに、「フランスは出生、人種または宗教の差別なく、すべての市民に対し法律の前の平等（égalité devant la loi）を保障する」と規定して広く平等原則を保障している（これに続けて、二条は「フランスはすべての信条を尊重する」とも規定している。宮沢俊義・世界憲法集二〇三頁の訳文による）。

しかも、フランスでは、このような憲法規定の下に、実定法の次元においても平等原則（principe d'égalité　平等権は droit à l'égalité）が承認されており、これによって内国人労働者と外国人労働者の差別の禁止に関して厳格な態度がとられている。また、内国人・外国人を問わずフルタイム労働者（フルタイム被用者　salarié à temps plein）とパートタイム労働者（パートタイム被用者　salarié à temps partiel）との平等性も尊重されており、パートタイム労働者はフルタイム労働者と同一の権利を享有すべきものとされている。そして、フランスはイギリスと相違して、ＩＬＯなどの国際組織やＥＣ・ＥＵなどの超国家的組織の設立や運営に積極的に取り組んできた歴史があり、パートタイム労働者の平等取扱についてのＩＬＯ条約の採択にも積極的であったのである（フランスは年次有給休暇制度についても積極的に取り組んできた。本書の二四三頁以下を参照）。

(2)　ＩＬＯ一七五号条約とドイツのパートタイマー法

(イ)　フランスはＩＬＯでのパートタイム労働者の平等条約の採択に積極的であったが、ドイツは必ずしも積極的ではなかった。このことを推測させる事実として、西ドイツ・ドイツにおける労働法理論のオピニオン・リーダーであった Zöllner 教授の次のような見解を指摘することができる。「パートタイム就労者は、多くの点においてフルタイム就労者よりも保護の必要性が低いとされることがある。だが、パートタイム就労者の保護の必要性が止揚されたわけではない」と（本書の九五頁を参照）。この見解は、パートタイム就労者とフルタイム就労者の差別的取扱を一定の限度において是認するものであると理解することができる。

(ロ)　ドイツは、二〇〇〇年一二月二一日にパートタイム・有期労働法を制定し、その四条一項は「パートタイム被用者が、パートタイム労働であることを理由にして、比較可能なフルタイム被用者より不利益に取り扱われることは許されない。ただし、客観的な理由が差別的取扱を正当化する場合はこの限りでない」と規定した。この連邦法は、Zöllner 教授の主張にかかる見解とかなり相違する画期的な内容のものであったが、この立法がなされる約六年前の一九九四年のＩＬＯ第八一回総会において、すでにパートタイム労働に関するＩＬＯ一七五号条約が採択されていたのである。

この二〇〇〇年一二月二一日法がＩＬＯ一七五号条約に強く影響されたことは異論のないところである。しかし、パートタイム・有期労働法は、ＩＬＯ一七五号条約にのみ影響されたものではなく、一九九七年一二月一五日のＥＵ理事会命令九七／八一と、一九九九年六月二八日のＥＵ理事会命令九九／七〇とが、ドイツを含むＥＵの各加盟国に対して、パートタイム労働者と有期労働者のそれぞれについて、二年以内に不平等取扱禁止の国内立法をすべきことを命令していたことにも影響されたものである（川田知子「ドイツにおけるパートタイム労働並びに有期労働契約をめぐる新動向」中央学院大学法学論叢一五巻一・二号一六一頁以下参照）。ＥＵ命令が「向けられた」加盟国は、そこに定められた期間内に法律を制定するなどしてＥＵの政策を国内制度化する義務を負っているのである（本書の三〇頁以下を参照）。

(ハ)　ヨーロッパの先進資本主義国家たとえばドイツにおいては、パートタイム労働者とフルタイム労働者の労働条件の差異は、それぞれの労働者の意思により締結された労働契約内容の相違によるものであるから違法ではない、と永いこと受け取られてきた。そして、ＩＬＯも、フルタイム労働者の典型的労働関係については多数の条約を採択したが、パートタイム労働者などの非典型的労働関係については条約を採択することに消極的であった。たとえば、労働関係の期間の付与や、パートタイム労働や、賃貸労働すなわち派遣労働などに関してである（このことについては、本書の一三頁の Däubler 教授等の指摘を参照）。

(3)　ＩＬＯ一七五号条約の成立とその内容

(イ)　一九八〇年代も終わりに近づいた頃（これは Zöllner 教授の著書である Arbeitsrecht が出版された約一〇年後の時期である）から、ドイツではパートタイム労働者の平等取扱に関する国内社会での社会的要請が強くなり、このことはイギリスやフランスにおいてもほぼ同様であった。そして、これらを基礎にする国際社会での社会的要請が強くなったことに対応して、ＩＬＯも一九九〇年代に入る頃からパートタイム労働に関心を示すようになった（一九八四年に出版されたニコラス・バルティコス＝国際労働基準とＩＬＯの第二編第七章の「雇用における差別待遇」の箇所においては、パートタイム労働者の差別問題は触れられていない）。

かくして、このような国際社会における社会的要請を契機にして、一九九四年六月七日に開催されたＩＬＯ第八一回総会（開催地はジュネーブ）において、二回討議により「パートタイム労働に関する条約（一七五号）」が採択されたのである（採択日は一九九四年六月二四日）。

この条約は、イギリス語によれば、Convention (No. 175) concerning Part-Time Work（ドイツ語訳では、Übereinkommen über die Teilzeitarbeit 1994 というものである）。そして、同日に「パートタイム労働に関する勧告（一八二号）」(Recommendation (No. 182) concerning Part-Time Work) も採択された。この条約は一条から一九条までの一九か条からなる比較的簡単な内容の条約であり、これに伴う勧告も一から二二までの二二項目からなる比較的簡単な内容のものである。

(ロ)　このパートタイム労働条約は、一条一項(a)号において、「[この条約の適用上]『パートタイム労働者』(part-time Worker) とは、通常の労働時間が比較可能なフルタイム労働者の通常の労働時間よりも短い被用者をいう」と規定する。ここにいう、「この条約の適用上 (for the purposes of this convention) とは、「この条約の意味における」すなわち「この条約にいう」という意味である（フランス語の正文では、aux fins de la presente convention　ドイツ語訳では im Sinne dieses Übereinkommens)。

また、「通常の労働時間が……フルタイム労働者の通常の労働時間よりも短い被用者」(an employed person whose normal hours of work are less than those of full-time workers) とは、使用されている者すなわち就労者であって、その者の「通常の労働時間」すなわち一週間などにおける通常労働時間（ドイツ語訳ではNormarbeitszeit）が同一種類の就労関係等にあるフルタイム労働者のそれより短い労働者のことである。そして、ここにいう「労働時間（hours of work）」とはＩＬＯ一号条約である「工業的企業に於ける労働時間を一日八時間かつ一週四八時間に制限する条約」にいう労働時間（この条約においてもhours of workという概念が用いられている）にいう「労働時間」と同義と考えられる（本書の二二〇頁以下を参照）。

さらに、「比較可能なフルタイム労働者」（comparable full-time worker）とは、第一に、フルタイム労働者であって、その者の「雇用関係」がパートタイム労働者と「同一の種類の雇用関係（the same type of employment relationship　ドイツ語訳ではdie gleiche Art von Beschäftigungsverhältnis）」すなわち「同一種類の就労関係」にある場合のことである。また、第二に、フルタイム労働者がパートタイム労働者と「同一の又は類似の種類の労働又は職業」（the some or a similar type of work or occupation）すなわち「同様ないし類似の労働、又は、同様ないし類似の職業」を行っている場合のことである。

そして、第三に、フルタイム労働者が、パートタイム労働者と「同一の事業所」（the same establishment）、または、「同一の企業」（the same enterpriss）、または、「同一の活動部門」（the same branch of activity）に雇用されている場合のことである。ここにいう「活動部門」の「活動」とは広い意味における活動（産業のこと）ではなく、狭い意味での活動（業種のこと。業種とは同一産業における種類の相違する活動部門のこと。たとえば、運輸産業における旅客業務や貨物業務など。本書の一九一頁以下を参照）のことである。また、「雇用されている」とは「就労している」という意味である。

(ハ)　この一七五号条約は、五条において「パートタイム労働者が、パートタイムで働いているという理由のみによって、時間、生産量、又は出来高に比例して計算される基本賃金であって、同一の方法により計算される比較可能なフルタイム労働者の基本賃金よりも低いものを受領することがないことを確保するため、国内法及び国内慣行に適合する措置を取る」と規定する。ここにいう「パートタイム労働者が……時間、生産量、又は出来高に比例して計算される基本賃金であって、同一の方法により計算される比較可能なフルタイム労働者の基本賃金よりも低い」とは、パートタイム労働者の基本賃金（a basic wage）が、フルタイム労働者について同様に、時間給ベース・成績給ベースあるいは出来高給ベース（an hourly, performance-related, or piece-rate bases）で比例配分的に計算された場合に（which, calculated proportionately　フランス語の正文では qui, calculé proportionnellement）、フルタイム労働者の基本賃金よりも低額である、という意味である。

そして、パートタイム労働者が、かかる低額の基本賃金を「パートタイムで働いているという理由のみによって……受領することがないことを確保するため、国内法及び国内慣行に適合する措置」が取られなければならないのである。これは、パートタイム労働者が、低額の基本賃金を、単にパートタイムで就労している（teilzeitbeschäftigt）という理由のみで受領することがないことを保障するために（um sicherzustellen）、国内の立法（Gesetzgebung）や判例等（Praxis）に適合した各種の措置が取られなければならない、ということである。

三　パートタイム労働法八条

(1)　パートタイム労働法の制定および改正

わが国において、平成五年に至り、パートタイム労働法（パート労働法とも略称する。正式の名称は「短時間労働者の雇用管理の改善等に関する法律」というもの）が制定された。これは一条から三五条までの法律であってさほど短い内容の法律ではなかったが、主としてパートタイム労働者の雇用管理の改善についての使用者の努力義務を規定したものであって、それほど実効性のあるものではなかった。

そのため、平成一九年に、このパートタイム労働法は平成一九年法律七二号によって改正され（施行日は基本的に平成二〇年四月一日）、労働条件に関する文書の交付等を定める六条と就業規則の作成手続を定める七条の規定はそのままにしながら、八条において「通常の労働者と同視すべき短時間労働者」の差別的取扱の禁止に関して次のように規定した。なお、この改正法はその一条あとの九条に賃金に関する一か条を設け、「通常の労働者と同視すべき短時間労働者」でない一般のパートタイム労働者については、通常の労働者と同一の方法によって賃金を決定すべき使用者の努力義務を定めた。

「事業主は……職務内容が……当該事業所に雇用される通常の労働者と同一の短時間労働者……であって、当該事業主と期間の定めのない労働契約を締結しているもののうち……職務の内容及び配置が……通常の労働者の職務の内容及び配置の変更の範囲と同一の範囲で変更されると見込まれるもの（以下、『通常の労働者と同視すべき短時間労働者』という。）については、短時間労働者であることを理由として、賃金の決定、教育訓練の実施、福利厚生施設の利用その他の待遇について、差別的取扱いをしてはならない」と。

(2)　通常の労働者との同視可能性

(イ)　ここにいう「通常の労働者と同視すべき短時間労働者」とは、「短時間労働者」であって「通常の労働者と同視すべき〔もの〕」のことである。そして、「短時間労働者」とは、二条が規定するように「一週間の所定労働時間が同一の事業所に雇用される通常の労働者……の一週間の所定労働時間に比し短い労働者」のことである。しかし、この法律は、一週間を超える期間（たとえば、一か月の期間など）における労働時間を平均した労働時間を比較して、ある労働者が「短時間労働者」であるか否かを判断する規定を設けていない。

(ロ)　この点に関して、ドイツのパートタイム・有期労働法二条は、一週間の通常の労働時間を基準にしてパートタイム労働者であるか否かを判断するとしながらも、一週間の通常の労働時間が合意されていない場合には、一年に至るまでの全就労期間における労働時間を平均したものによって判断するとしている。また、ＩＬＯ一七五号条約の一条一項(b)号も、「(a)に規定する通常の労働時間は、一週間当たりで、又は一定の雇用期間の平均により計算することができる」としている。すなわち、(a)号にいう通常の労働時間は一週間によって計算することもできるし、一定の就労期間の平均によって計算することもできるとしているのである。

(3) 同視可能性の判断基準

(イ)　「通常の労働者と同視すべき〔者〕」とは、① 職務内容が通常の労働者と同一であり、② 労働契約の期間が通常の労働者であれば一般的にそうであるように無期であることであり、かつ、③ 職務と配置の変更の範囲が通常の労働者と同一である者、のことである。したがって、「通常の労働者と同視すべき短時間労働者」であるか否かの判断にあたっては、何よりも一週間における労務提供の時間的長さが問題にされ、その上で、提供すべき労務の内容すなわち職務の内容と労働契約の期間の無期性が問題にされ、さらに、職務・配置の変更の態様が問題にされることになる。しかし、このような多数の事情を総合して判断すべきものとすれば、パートタイム労働者が「通常の労働者と同視すべき短時間労働者」と判断される余地はきわめて少ないものになる。

(ロ)　わが国のパートタイム労働法における「通常の労働者と同視すべき短時間労働者」すなわち「フルタイム労働者と同視可能なパートタイム労働者」の判断の仕方は、パートタイム労働者を基底に据えた上で、職務内容の同一性その他からそのパートタイム労働者をフルタイム労働者と同様に取り扱いうるか否かを判断しようとするものである。

これに対して、ドイツのパートタイム・有期労働法はフルタイム被用者を基底に据えた上で、あるフルタイム被用者について「労働関係の種類の同一性、および、職務の同一性ないし類似性」(dieselbe Art des

Arbeitsverhältnisses und die gleiche oder eine ähnliche Tätigkeit）が認められれば、そのフルタイム被用者をパートタイム被用者との関係において「比較可能なフルタイムで就労する被用者」とするものである（パートタイム・有期労働法二条一項参照）。

この点に関して、ＩＬＯ一七五号条約の一条一項(c)号も「比較可能なフルタイム労働者」（comparable full-time worker　ドイツ語訳では vergleichbarer Vollzeitarbeinehmer　ドイツのパートタイム・有期労働法では vergleichbarer vollzeitbeschäftigter Arbeitnehmer）という概念を用いている。そして、一七五号条約の一条一項(c)号は、比較可能性の判断にあたり、「雇用関係」の同一性（ドイツ法の場合には労働関係の種類の同一性）と、従事している「労働又は職業」の同一性ないし類似性（ドイツ法の場合には職務の同一性ないし類似性）と、雇用されている事業所・企業・活動部門の同一性（ドイツ法でも活動部門すなわち業種部門に言及されている）とを問題にしている。

(ハ)　あるパートタイム労働者が「通常の労働者と同視すべき短時間労働者」と認められる場合には、使用者はそのパートタイム労働者に関して「短時間労働者であることを理由として」賃金の決定・教育訓練の実施・福利厚生施設の利用等につき「差別的取扱い」をしてはならない義務を負う。これに対して、あるパートタイム労働者が「通常の労働者と同視すべき短時間労働者」と認められない場合には、使用者はそのパートタイム労働者の賃金について「職務の内容、職務の成果、意欲、能力又は経験等」を勘案して決定する努力義務を負うにとどまることになる（パートタイム労働法九条）。

このことに関して、ドイツのパートタイム・有期労働法四条は、「パートタイムで就労する被用者が、パートタイム労働を理由にして、比較可能なフルタイムで就労する被用者より不利益に取り扱われることは許されない。ただし、客観的な理由が不利益取扱を正当化する（rechtfertigen）場合はこの限りでない」と規定している。したがって、この「客観的な理由」は正当化事由すなわち違法性阻却事由であることになる。

(ニ)　(i)　わが国は平成一九年にパートタイム労働法を改正し、その八条において、通常の労働者と同視すべき短時間労働者に関して、使用者が「賃金の決定」その他について差別的取扱をすることを禁止した。また、一二条において、使用者が短時間労働者を通常の労働者に「転換」する各種の措置を講ずべきことを義務づけた。しかし、わが国は、ＩＬＯ一七五号条約の五条が要求する「〔低い基本賃金を〕パートタイムで働いているという理由のみによって……受領することがないことを確保するための……措置」を十分に行っているとはいえない状況にある。このために、わが国は平成二三年現在でもＩＬＯ一七五号条約を批准していないのである。

また、ＩＬＯ一七五号条約は「フルタイム労働者」を基底に据えた上で、あるパートタイム労働者との関係で比較可能なフルタイム労働者といえるか否かを判断しようとするものであるのに対して、わが国のパートタイム労働法は「パートタイム労働者」を基底に据えた上で、あるパートタイム労働者がフルタイム労働者との関係で比較可能なパートタイム労働者（フルタイム労働者と同視すべきパートタイム労働者）といえるか否かを判断しようとするものであって、この二つの法は基本的な法的構造を異にするものである。したがって、このような観点からも、わが国はＩＬＯ一七五号条約を批准することがかなり困難であると考えられる。

(ii)　パートタイム労働者は人員整理（人員削減）の場合においてフルタイム労働者よりも不利益に取り扱われることがあり、とくに整理解雇の場合にはパートタイム労働者がフルタイム労働者より先行して被解雇者として選択されることが多い。そして、このようなことは、パートタイム労働者がその旨を了承して労働契約を締結しているのであるから止むを得ないことであると考えられてきた。しかも、かかる見解は平成の現代においてもなお有力な見解であるということができる。

しかし、昭和の時代が平成の時代に入って約一五年を経過した平成一五年七月四日に、平成一五年法律一〇四号による労基法の改正がなされ、新たに一八条の二が新設されて「解雇は、客観的に合理的な理由を欠き、社会通念上相当であると認められない場合は、その権利を濫用したものとして、無効とする」と規定されるに至った。しかも、それから約四年半を経過した平成一九年一二月五日に労働契約法が制定・公布され、労基法一八条の二は全く同文のまま労契法一六条に編入されることになった。

(iii)　この労基法一八条の二（したがって、労契法一六条）は従来までの判例法によって承認されてきた解雇権濫用禁止の法理を制文法化したものであったが、権利濫用禁止の法理によっていた当時においては、パートタイム労働契約の締結当事者の内心の意思を解雇権の行使が濫用か否かを判断する事情の一つとして考慮する余地があった。しかし、労基法一八条の二（労契法一六条）により、解雇権の行使が濫用か否かを判断する基準は「客観的に合理的な理由〔の有無・存否〕」という客観的な基準に定式化された。それゆえ、今後は、パートタイム労働者がフルタイム労働者より先行して被解雇者として選択されることの適否を、パートタイム労働契約の締結当事者の内心の意思を考慮して判断する余地はなくなったということができる。

第七章　職業仲介

一　職業紹介および労働者派遣の概念

(1)　職業紹介と労働者供給

(イ)　「職業紹介」とは、一般的に、求人と求職の申込をそれぞれ受け、求人者と求職者との間における労働契約の成立を斡旋（あっせん）することである。「求人」とは、人（自然人）を求めること、すなわち、労働契約の一方当事者である使用者になるべきものが、他方当事者である労働者になるべきものを捜し求めることである。また、「求職」とは、職を探し求めること、すなわち、自然人が労働契約の一方当事者である労働者になることを真剣に願い求めることである。さらに、「斡旋」とは、ある者が複数当事者の間を取り持つこと、すなわち、国その他の者が求人者と求職者との間で労働契約が成立するように努力することである。

(ロ)　職業紹介に類似する概念に「労働者供給」という概念がある。これは、求人と求職の申込を受け、求職者を求人者に提供するが、求人者と求職者との間において労働契約を成立させないものである。この場合においても、求人とは人を求めることであり、求職とは職を求めることではあるが、求職者（職を求める者）は労働者を供給する者（労働者供給者。労働者提供者ともいう）とすでに労働契約その他の契約を締結（全く契約関係のないこともある）しており、求職者は労働契約その他の契約上の義務の履行として求人者の下で労務の提供を行うことになる。そして、このような労務提供の対価として、求人者は労働者供給者に一定の金員を支払い、労働者供給者はこれを元にして求職者に賃金その他の報酬を支払うことになる。

(ハ)　ドイツにおいて、労働行政の一部（自治行政。Selbstverwaltung）は、三段階の組織によって即ち労働事務所（Arbeitsamt）とラント労働事務所（Landesarbeitsamt）と連邦労働公社（Bundesanstalt für Arbeit）とによって任務を担われている。労働事務所はこれらのうちの最も下位の組織であり（各地に多数のものがある）、これに対して、連邦労働公社（住所地はニュールンベルク）は最も上位の組織である。これらの機構（Organe）はそれぞれ三者構成であって、使用者代表（Vertreter der Arbeitgeber）と被用者代表（Vertreter der Arbeitnehmer）と公益代表（Vertreter der öffentlichen Hand）とによって構成されている。

労働事務所は労働紹介（Arbeitsvermittlung）の任務を負っている。この労働紹介とは失業者に「あいている職場」（freie Arbeitsplätze）の割当をするのではなく、単に失業者に「あいている場所」（freie Stelle）の紹介をするにすぎない。この労働紹介に当たっては、労働事務所に紹介の独占（Vermittlungsmonopol）が認められたが、職業助言（Berufsberatung）も労働紹介の一種である。連邦労働公社とその下部機構の担う他の重要な任務（最も重要な任務）に失業者保険（Arbeitslosenversicherung）を行うことがある（Franz Gamillscheg, Arbeitsrecht 4. Aufl., S.68. なお、この書は一九七六年の刊行であり、現在では一九九五年の就業促進法により私的な労働紹介も許可制の下に認められている）。

(2)　労働者供給の一種としての労働者派遣

(イ)　「労働者派遣」とは、一般的に、労働者が労働契約を締結している使用者と法的人格を異にする他の使用者の指揮命令下において労務を提供し、このような労務の提供が「労働契約を締結している使用者」による対価獲得を目的にするもののことである。「労働契約」とは、ある者（労働者）が他の者（使用者）の指揮命令下において労務を提供し、その対価として報酬を得ることを内容にする契約であるが、派遣の場合の労働契約は、派遣される労働者（派遣労働者）と派遣する使用者（派遣元使用者）との間で締結され、派遣を受ける使用者（派遣先使用者）との間では締結されないのが通常である。

(ロ)　派遣の場合には、派遣労働者と派遣元使用者との間で労働契約が締結され、派遣労働者と派遣先使用者との間では原則として労働契約が締結されず、しかも、派遣元使用者は派遣先使用者から対価を得ることを目的として労働者を派遣するのであるから、派遣は労働者供給の一種であることになる。なぜなら、すでに述べたように、労働者供給の場合には、求職者である労働者と労働者供給者（多くの場合には労働者供給の事業者）とが労働契約その他の契約を締結しており、また、求人者である事業主は労務提供の対価として労働者供給者に一定の金員を支払うからである。しかし、派遣は理論的には労働者供給の一種であるが、現実的には「派遣」と呼ばれる場合は一定の要件の下に禁止の対象から除外され特別な取扱いのなされるものを意味することが多い。

(ハ)　フランスにおいて、派遣ないし派遣労働は「一時的労働」（travail temporaire　ドイツでは被用者移譲Arbeitnehmerüberlassung）と呼ばれ、派遣労働者は「一時的労働者」（travailleur temporaire）と呼ばれる。この一時的労働者に類似する概念に「一部時間労働者」（travailleur à temps partiel）という概念があるが、これは短時間労働者すなわちパートタイム労働者のことである。また、一部時間労働者（短時間労働者）に類似する概念に「時季的労働者」（travailleur saisonnier）もあるが、これは一年のうちの限られた期間だけ労働する季節労働者のことである。そして、フランスでは、企業（entreprise）が一時的労働者を使用する場合には、法律（労働法典L.一二五一の四六条以下の規定）の定める一定の要件によらなければならない（Jean-Claude Javillier, Droit du travail, p.204）。

二　ＩＬＯ一八一号条約

(1)　契約自由の原則と職業選択の自由

(イ)　使用者は労働者と労働契約を締結し労働者に労務の提供の対価として一定の賃金を支払うが、他方において、使用者は労務の提供を受けることを通じて使用者自身の利潤も追求する。このこと自体は資本主義国家においては許容された事柄であり、それはわが国においてもドイツにおいてもフランスにおいても同様である。けだし、資本主義国家においては、内容決定の自由を包含する「契約自由の原則」が妥当し、また、営業の自由を含む「職業選択の自由」が承認されているからである。

(ロ)　使用者が労働者の労務の提供を通じて使用者自身の利潤を獲得しようとする場合に、使用者は企業努力等の公正な方法によりこれを実現しようとすることもあるが、不公正な方法によりそれをなそうとすることも多い。その典型が労働者に不当な低賃金を支払う方法である。そのため、一九世紀末から二〇世紀の初めにかけてニュージーランド等のいくつかの国々において最低賃金立法がなされるとともに、ＩＬＯも一九二八年の第一一回総会において「最低賃金決定制度の設立に関する条約（二六号）」を採択した（本書の一九四頁以下を参照）。

(ハ)　使用者は、このような典型的な不公正な方法によるほかにも、様々な不公正な方法によって利潤を獲得しようとすることがある。第一は、使用者が労働者に強制労働をさせる方法である。強制労働には政治的目的からの強制労働もあるが、開発目的等を含む経済的目的からの強制労働もあり、これらの場合には使用者はそもそも賃金の支払をしないことが多い。そして、ＩＬＯは一九三〇年の第一四回総会において経済的目的からの強制労働の段階的廃止に関する「強制労働ニ関スル条約（二九号）」を採択するとともに、一九五七年の第四〇回総会においては政治的目的からの強制労働の禁止に関する「強制労働の廃止に関する条約（一〇五号条約）」を採択したのである（本書の一六〇頁以下を参照）。

第二は、使用者が年少者を労働者として使用する方法である。年少労働者はわが国においても第一次大戦の前後にあっては多数存在していたが、発展途上国においては今日でもなお多数の年少労働者が存在している。たとえば、親の債務の弁済のために労務を提供する年少労働者であり、プランテーション農場でのプランテーション労働に従事する年少者であり、路上で花などの物品を販売する者などであり、使用者はこれらの年少労働者にそもそも賃金を支払わず、支払うとしても低額の賃金であるにすぎない。そして、ＩＬＯはつとに一九一九年の第一回総会において「工業ニ使シ得ル児童ノ最低年齢ヲ定ムル条約」（五号）を採択し、また、一九九八年の第八一回総会において「児童労働の効果的廃止」等に関する「宣言」を採択したのである（本書の二七二頁以下を参照）。

(2)　有料職業紹介の弊害とその禁止

(イ)　使用者の労働者に対する不公正な方法による利潤の追求や獲得は、最低賃金や公正賃金を公的に規定し、政治的・経済的目的からの強制労働を廃止し、年少労働者の児童労働を禁止することによってかなりの程度において回避することができる。しかし、使用者の不公正な利潤の追求・獲得はこれらの各種の規制だけではなお不十分であり、使用者の労働者に対する不当な賃金の控除（いわゆるピンはね）も規制の対象にすることが必要である。そして、このことに関しては、賃金からの控除を規制する規定を包含する「賃金の保護に関する条約（九五号）」がすでに一九四九年のＩＬＯ第三二回総会において採択されている（本書の一七七頁以下を参照）。だが、賃金からの控除ではないが、有料の職業紹介によっても同様の結果が発生する余地があるのである。

(ロ)　そこで、ＩＬＯは同じく一九四九年の第三二回総会において、「有料職業紹介所に関する条約（九六号）（一九四九年の改正条約）」すなわち「有料職業紹介所条約（改正）」を採択した。この条約は、総則を定める第一部のほかに、営利を目的として経営される「有料職業紹介所」を漸進的に廃止し職業紹介については公共機関（公共職業安定機関）に行わせることを定める第二部と、営利を目的として経営される「有料職業紹介所」を一定の公的な規制の下に置く第三部とからなっており、わが国は昭和三一年六月一一日にこの条約のうちの第三部を批准した。このように、この条約は原則としては民間の有料職業紹介事業を禁止し、職業紹介事業は基本的に国家の「独占」によるものとしていたのである（Gamillscheg 教授の著書も「紹介の独占」に言及している。本書の一一〇頁を参照）。

(ハ)　ところが、それから約半世紀が経過するに及んで、わが国を始めとする先進資本主義国家の国内における社会的現実の変化（民間の職業紹介所の増加など）に伴って国際社会における社会的現実も変化し、民間の職業紹介事業にも期待しうる役割があると考えられるようになった。すなわち、「〔有料職業紹介所条約（改正）〕」が採択された時に一般的であった状況と比較して、民間職業仲介事業所（private employment agencies）の運営を取り巻く環境が大きく異なっていること」を考えると、「適切に機能する労働市場において民間職業仲介事業所が果たしうる役割」が認識されるべきである、とされることになった（条約の前文による）。

かくして、このような社会的現実と、民間の事業所による職業仲介（仲介とは広く人と人との間を取り持つこと）の果たしうる役割が認識されるべきである、という国際社会における社会的要請を契機にして、一九九七年（平成九年）六月一九日に開催されたＩＬＯ第八五回総会において、一回討議により、「民間職業仲介事業所に関する条約（一八一号）」が採択された。この条約は　イギリス語によれば、Convention（No.181）concerning Private Employment Agencies というものである。これは、一条から二四条までの二四か条からなる包括的な内容の条約であって、わが国はこの条約に賛成の投票をしその後の平成一一年七月二八日にこれを批准したが、各国のこの条約についての投票の内訳は賛成三四七票・反対五票・棄権二〇票であったという。

(3)　二種類の職業仲介事業

(イ)　(i)　一九九七年に採択された民間職業仲介事業所条約は、一条一項柱書において「この条約の適用上、『民間職業仲介事業所』とは、公の機関から独立した自然人又は法人であって、労働市場における次のサービスの一又は二以上を提供するものをいう」と規定した上で、(a)号において「求人と求職とを結び付けるためのサービスであって、民間職業仲介事業所がその結果生ずることのある雇用関係の当事者とならないもの」と規定する。ここにいう「雇用関係」(employment relationship)とは、広く雇用契約を含む労働契約によって基礎づけられる労働関係のことである。

(ii)　「雇用関係の当事者」(a party to the employment relationship)とは労働関係の一方当事者のことであり、労働者または使用者のことである。したがって、職業紹介事業(求人者・求職者との間での労働契約の成立の斡旋事業)は一般的に職業仲介事業であるが、民間職業紹介事業所を運営する自然人が自ら労働者になる場合におけるサービスは(a)号にいう職業仲介事業とは認められず、民間職業紹介事業所を運営する自然人・法人が自ら使用者になる場合のサービスも職業仲介事業とは認められない。これらの場合の自然人や法人は「〔サービス〕の結果生ずることのある雇用関係の当事者」に該当することになるからである。

(ロ)　(i)　また、民間職業仲介事業所条約は、一条一項(b)号において「労働者に対して業務を割り当て及びその業務の遂行を監督する自然人又は法人である第三者(以下「利用者企業」という)の利用に供することを目的として労働者を雇用することから成るサービス」について規定し、さらに、同条約は(c)号において「求職に関連する他のサービス」にも言及している。ここにいう「労働者に対して業務を割り当て〔る〕」(assign their tasks)とは、労働者に対して「利用者企業」のもとで労務を提供すべきことを命令することである。また、「業務の遂行を監督する」(supervise the execution of these tasks)とは労働者に利用者企業の指揮監督下(指揮命令下)において労務を提供させることである。さらに、「労働者を雇用する」(employing workers) とは労働契約を締結することである。したがって、派遣を含む「労働者供給事業」に関するサービスも「職業仲介事業」であることになる。

(ii) 民間職業仲介事業所条約は、これらのサービスのほかに、(c)号において「求職に関連する他のサービス」、すなわち、「情報の提供等」のサービスであって「特定の求人と求職とを結びつけることを目的〔としないもの〕」についても規定している。そして、このような「情報の提供」(provision of information) などのサービスを行う自然人または法人も、「民間職業仲介事業所」であることになり、そのサービスは職業仲介事業であることになる(自然人も、民間職業仲介事業所になりうることについては、一条一項柱書を参照)。

(ハ) (i) 民間職業仲介事業所の「法的地位」(legal status) がいかなるものかは各国の国内法や国内慣行に従って判断されるが、この判断は「最も代表的な使用者団体及び労働者団体」(the most representative organizations of employers and workers) と協議してなされなければならない。そして、加盟国は、「許可又は認可の制度」(system of licensing or certification) により、民間職業仲介事業の「運営を規律する条件」(conditions governing the operation) を決定しなければならない(三条一項・二項)。

(ii) しかし、民間職業仲介事業所は、「いかなる手数料又は経費」(any fees or costs) も労働者に課してはならず、これは直接的であるか間接的であるかを問わない(七条一項)。だが、このことは、民間職業仲介事業所が利用者企業 (user enterprise) から「手数料又は経費」を徴収することを禁止するものではない。また、民間職業仲介事業所は「児童労働」(child labour) を利用しまたは提供することはできない。したがって、加盟国は、民間職業仲介事業所が「児童労働を利用せず及び提供しない」(child labour is not used or supplied) ことの確保されるべき措置を講じなければならないことになる(九条)。

三　職業安定法三〇条

(1)　旧職安法による有料職業紹介の禁止

(イ)　労働者や労働者になろうとする者に対する職業紹介（職業仲介には、職業紹介のほかに派遣などに関するサービスも含まれる）は、伝統的な考え方によれば、国その他の公共機関が「独占」することが望ましくまた必要でもあると考えられてきた。そして、わが国の改正前の職業安定法（旧職安法）は、八条において「政府は、職業紹介、職業指導、雇用保険その他この法律の目的を達成するために必要な事項を行わせるために、無料で公共に奉仕する公共職業安定所を設置する」と規定していた。このような公共機関による職業紹介の「独占」は、すでに触れたようにドイツにおいても認められていた。

(ロ)　旧職安法三二条一項は、そのうえで、有料職業紹介事業に関して、「何人も、有料の職業紹介事業を行ってはならない。但し、美術、音楽、演劇その他特別の技術を必要とする職業に従事する者の職業をあっ旋することを目的とする職業紹介事業について、労働大臣の許可を得て行う場合は、この限りでない」と規定して原則として有料職業紹介事業を禁止した。また、同法三三条一項は無料職業紹介事業について、「無料の職業紹介事業を行わうとする者は……労働大臣の許可を受けなければならない」と規定したが、学校教育法の規定する学校の長は労働大臣に「届け出て」無料職業紹介事業を行うことができると規定した。

(2)　新職安法による有料職業紹介の法認

(イ)　わが国の国内社会において民間の有料職業紹介事業所が増加し、しかも、その社会的役割が評価されるに及び、わが国は平成一一年七月七日に平成一一年法律八五号によって旧職安法を改正し、有料職業紹介事業禁止の原則を廃止した。すなわち、新職安法は、八条において「公共職業安定所は、職業紹介、職業指導、雇用保険その他この法律の目的を達成するために必要な業務を行い、無料で公共に奉仕する機関とする」と規定しながらも、三〇条一項において「有料の職業紹介事業を行おうとする者は、事業所ごとに、厚生労働大臣の許可を受けなければならない」と規定した（「事業所ごとに」の文言は平成一六年法律一四七号により削除された）。

(ロ)　そして、三二条の三において、「厚生労働省令で定める種類及び額の手数料」等を除き、有料職業紹介事業者は「職業紹介に関し、いかなる名義でも、実費その他の手数料又は報酬」を受け取ってはならないと規定した。だが、この除外規定部分により、有料職業紹介事業者は、求人者からのみならず求職者からも一定の限度において「手数料」を徴収しうることになった。

(3)　ＩＬＯ一八一号条約の批准

(イ)　わが国は「職業仲介」の一種である労働者派遣に関しても平成一一年に法改正を行った。すなわち、労働者派遣法（旧労働者派遣法）は四条一項において港湾運送業務などの「派遣労働者に従事させることができるようにすることが適当でないと認められる業務」をそもそも除外し、しかも、「労働者派遣により派遣労働者に従事させることができるようにする必要があるもの」（適用対象業務）に限定して労働者派遣を認めた。しかし、平成一一年法律八五号による法改正（その後、平成一八年にも法改正）により、新派遣法は、「港湾運送業務」等に関して労働者派遣を行うことができないことに変りはないものの、五条において「一般労働者派遣事業を行おうとする者は、事業所ごとに、厚生労働大臣の許可を受けなければならない」と規定して適用対象業務の法定化を廃止した。

(ロ)　これらの法改正によって、わが国における職業紹介と労働者派遣すなわち「職業仲介」に関する法制度は整備され、その内容がＩＬＯ一八一号条約の内容に整合することになった。そこで、政府は平成一一年七月二八日にＩＬＯ一八一号条約を批准するとともにＩＬＯ事務局長に批准書を寄託した。その後、ＩＬＯ一八一号条約は「平成一一年七月三〇日条約第九号」として官報に掲載されて国内的効力を発生するに至った。一八一号条約は一九九七年六月一九日に開催されたＩＬＯ第八五回総会において採択されたものであるから、この条約は批准され国内的効力を発生するまでに約二年の歳月を要したにすぎなかった。そして、派遣労働者の数は徐々に増加し、条約を批准して約五年を経過した平成一六年には約二二七万人に達したのである。

第八章　団結の保護

一　団結および団結権の概念

(1)　団体と集団との差異

「団結」とは、一般的に、労働者や使用者が労働組合その他の継続的な団体を結成し或いはそれに加入することである。また、団結には、加入・結成した継続的な団体を維持・発展させる行為も含まれる。「労働組合」とは労働者の経済的地位の向上等を目的にして労働者が組織する継続的な団体であり、「その他の団体」としては交渉団体・争議団体や使用者団体などがある。いずれの場合においても問題になるのは一定の者が「団体」を結成し加入することであり、単なる「集団」の結成やそれへの加入では足りない。団体と集団との限界は曖昧なことも多いが、団体は集団（複数の人々の集り）の一種であり、名称・目的・規約・機関・構成員等が明確な継続性のある集団のことである。

(2)　労働者個人の団結権と労働者団体の団結権

団結権とは、団結することに関する権利である。このうちの労働者個人の団結権は、労働者が労働組合その他の団体を結成・加入し、それを維持・発展させる権利である。これに対して、労働者団体がいったん結成されたのちに、団体それ自体がその組織を維持・発展させる権利もある。労働者が団体を結成し或いは団体に加入する権利、および、団体の構成員になった後に、労働者が団体のなす組織の維持・発展のための行動に関与する権利は労働者自身に認められるものであるから個別的団結権と呼ばれ、労働者団体それ自体に認められるものは集団的団結権と呼ばれる。

(3) 組合選択の自由と組合員選択の自由

個別的団結権には、労働者がいかなる団体を結成するか或いはいかなる団体に加入するかの自由が含まれる。このような自由は「組織選択の自由」ないし「組合選択の自由」と呼ばれる。これに対して、集団的団結権の中には団体が構成員を選択する自由が含まれる。けだし、団体を維持・発展させるためにはいかなる者を構成員として承認するかが重要な問題になるからである。そして、かかる自由も、組織選択の自由にならって、「構成員選択の自由」と呼ぶことができる。このことを労働組合に関していえば、労働組合は、いかなる者を組合員として募集し加入を承認するかの自由すなわち「組合員選択の自由」を有するということになる。

(4) 個別的基本権としての積極的団結権

(イ) ドイツにおいては、ボン基本法九条三項により被用者個人に団結の自由（Freiheit des Zusammenschlusses）すなわち団結権が保障されていると理解されている。そして、この権利には、団結体（Koalition）を基礎づける権利のみならず、現に存在する団結体に加入しその構成員（Mitglied）になる権利も含まれる。このような考え方は一般的な見解であるが、かかる被用者個人の権利は、「個別的基本権としての積極的団結権」（positive Koalitionsfreiheit als Individualgrundrecht）つまり「積極的団結権」と呼ばれる。かかる基本権たる積極的団結権の帰属主体は現在または将来の団結体の構成員である。これはすべての者に帰属するものであるから、ドイツ人のみならず外国人にもまた故郷を喪失した外国人にも認められるものである（Wolfgang Zöllner, Arbeitsrecht 3. Aufl., S. 104）。

(ロ) 団結体を形成しそれに加入しうる積極的団結権の保障は、かりに国その他の者が団結体の存続を弱めたり目的を遂行する活動を妨げるならば、十分に意味のあるものにはならない。それゆえ、かかる基本権の保障から、団結体それ自体のために一連の保障が認められるべきことになる。第一に、存続の保障であり、国は団結体の存在に干渉し必要な程度を超えてそれを弱体化してはならない。第二に、団結促進活動の可能性の保障であり、これによって、労働組合は使用者の意思に反してでも事業所において組合員募集（Mitgliederwerbung）を行うことができることになる。この保障の中には組合員選択の自由も含まれる。第三に、最も重要なものであるが、団結体目的の遂行の保障であり、これは、通常、単に活動保障（Betätigungsgarantie）と呼ばれる（Zöllner, a. a. O., S. 104 f.）。

(ハ)　ボン基本法九条は三項において労働者の団結権を保障しているが、一項においては結社の自由を保障している。このような団結権と結社の自由との並列的な保障はボン基本法の「暫定的憲法」としての性質に関係があるという。すなわち、「〔憲法制定者は〕基本法に対し将来独立の統一国家が再建されるまでの暫定的立法という位置づけを与え、とくに将来の社会・経済秩序に関する規定をすべて回避しようとした」のであり、その結果、「最初のヘレン・キムゼー草案には団結権を保障する明文の規定は含まれていなかった」が、「審議の過程において団結権規定の採用が決定」され、二つの権利が並列的に保障されることになったのである（西谷敏・ドイツ労働法思想史論五二一頁）。

二　ＩＬＯ八七号条約

(1)　組合員選択の自由とその制限

(イ)　労働組合は一般的に「組合員選択の自由」を有する。このことに関して、わが国の国内労働法である労組法は何ら明文でかかる労働組合の自由を規定していない。むしろ、労組法は、組合員選択の自由に関連して、五条二項四号において「何人も、いかなる場合においても、人種、宗教、性別、門地又は身分によって組合員たる資格を奪われないこと」と規定し、「いかなる場合においても」という包括的な基準により、労働者が組合員になることを希望した段階（労働者が労働組合に加入契約締結の申込をした段階）においても性別等の五種類の事由を理由に組合員になることを拒否されない旨を規定し、かえって労働組合の「組合員選択の自由」を制限している。しかし、労組法のこの規定による要請は、労働組合がこのような文言を組合規約中に定めれば足りるという形式的な要請にすぎず、実質的に「組合員選択の自由」を制限しようとするものではない。だが、かかる法の要請により、少くとも労働組合はその組合規約中に「何人も……性別……によって組合員たる資格を奪われないこと」という条項を規定しなければならないのである。かりにこれを規定しなければ、その労働組合は「法律の規定に適合する」労働組合とはいえないことになるので、労働委員会による適格組合である旨の証明を受けることができない。たとえば、「男のユニオン」や「女のユニオン」という名称の労働組合が、組合規約中に性別によって組合員資格を奪われない旨を規定しない場合などである。

(ロ)　しかも、わが国の国内労働法である旧公共企業体等労働関係法（旧公労法。昭和六二年に国営企業労働関係法と改称）は、四条一項において「職員は、組合を結成し、若しくは結成せず、又はそれに加入し若しくは加入しないことができる」と規定して、労働者たる職員の団結権（個別的団結権）を保障したのちに、四条三項において「公共企業体等の職員でなければ、この公共企業体等の職員の組合の組合員又はその役員となることができない」と規定することによって、労働組合の「組合員選択の自由」を明瞭に否定していたのである。

(2)　ＩＬＯと国連の経済社会理事会

(イ)　ＩＬＯは、一九四八年六月一七日に開催された第三一回総会において、「結社の自由及び団結権に関する条約（八七号条約）」を採択した（採択日は同年七月九日）。この条約は、日本を含む当時の国際社会において団結権が十分に保障されていないという社会的現実と、団結権は十分に保障されるべきであるという社会的要請を契機にしたものである。より具体的にいえば、それは、国際連合の経済社会理事会が、かかる社会的現実と社会的要請に基づく「世界自由労働組合連盟」と「アメリカ労働総同盟」の依頼により、労働組合権の問題をＩＬＯ総会の議題にのせるようにＩＬＯに要請したことによるものである（ニコラス・バルティコス＝国際労働基準とＩＬＯ一一三頁以下）。この条約は、イギリス語によれば、Convention（No.87）concerning Freedom of Association and Protection of the Right to Organise というものであり、一条から二一条までの二一か条からなる通常の分量の条約である。

(ロ)　(i)　この条約は、二条において「労働者及び使用者は、事前の許可を受けることなしに、自ら選択する団体を設立し、及びその団体の規約に従うことのみを条件としてこれに加入する権利をいかなる差別もなしに有する」と規定して、労働者の組織選択の自由を含むものとしての団結権を保障した後に、三条一項において「労働者団体及び使用者団体は、その規約及び規則を作成し、自由にその代表者を選び、その管理及び活動（administration and activities ドイツ語訳では Geschäftsführung und Tätigkeit）について定め、並びにその計画を策定する権利を有する」と規定する（軍隊と警察については、九条において例外が認められている）。

「事前の許可」とは、労働組合が適法に設立されるのに必要な公的許可のことである。たとえば、その旨の労働省（厚生労働省）や労働委員会や裁判所の許可などである。これに対して、公的機関への「事前の届出」は原則として「事前の許可」とは解されない。もっとも、「事前の届出」が実質的に「事前の許可」と同様に機能している場合には、それも「事前の許可」である。この点に関して、わが国の国内労働法である労組法は許可設立主義ではなく自由設立主義に基づいて立法されている。また、労働組合の「管理」（administration）とは労働組合の組合大会の開催などの運営のことであり、「活動」（activities）とは組合活動や争議行為などのことである。

(ii)　「規約に従うことのみを条件として」とは、労働者および使用者が団体に加入する場合に、その規約を遵守するという「条件」のみは適法であるがそれ以外の「条件」は違法である（ドイツ語訳では、wobei lediglich die Bedingung gilt, daß sie deren Satzungen einhalten）、ということである。これによって、労働者は、組合選択の自由を行使して労働組合に加入する場合に、一般的に組合規約を遵守しなければならないことになる。そして、労働組合が「組合規約」において組合員たりうる資格を制限的に規定している場合（適法に制限的に規定している場合。性別による組合員資格の制限は違法である）には、資格に適合しない労働者はその労働組合との関係では加入する権利を有しないとともに、このような労働者の加入を拒否する労働組合もＩＬＯ八七号条約の違反ではないことになる。

(ハ)　労働者団体（worker's organisation）とは、一〇条において規定されているように、「労働者……の利益を増進し、かつ、擁護することを目的とする労働者団体」のことである（ドイツ語訳では、jede Organisation von Arbeitnehmern, welche die Förderung und den Schutz der Interessen der Arbeitnehmer zum Ziele hat）。ここにいう「労働者……の利益」とは経済的利益その他の各種の利益のことであり、「労働者団体」とは労働組合を含む労働者のさまざまな団体のことである。また、「自由にその代表者を選〔ぶ〕」とは、完全な自由のもとに労働組合の委員長その他の役員を選出することである。したがって、この三条一項は労働組合の「組合員選択の自由」を前提した上で「組合役員選出の自由」も規定するものである。かくして、わが国がＩＬＯ八七号条約を批准しそれが国内的効力を有するに至れば、公労法四条三項はこれに違反する違法な国内労働法であることになったのである。

三　公労法四条三項

(1)　逆締めつけ条項としての旧公労法四条三項

わが国の国内労働法である公労法（旧公労法）は、四条三項において「公共企業体等の職員でなければ、その公共企業体等の職員の組合の組合員又はその役員となることができない」と規定していた。この条項（逆締めつけ条項と呼ばれた）は、公労法が昭和二三年一二月二〇日に公布され、翌年の昭和二四年六月一日に施行された当初から存在していたものである。そして、同様の逆締めつけ条項は、地方公営企業労働関係法（旧地公労法）五条三項にも規定されていた。

(2)　藤林あっせん案

(イ)　日本国有鉄道は、昭和三二年の春季闘争（春闘）における争議行為を理由に、国鉄労働組合（国労）と機関車労働組合（機労。のちの動労。今日では、動労の組合員の相当部分が、国労組合員の一部と、鉄労組合員と一緒になってＪＲ総連を結成している）の役員を解雇した。この両組合が解雇された職員を組合役員にしたまま国鉄当局に解雇処分の撤回を求め団体交渉を申し入れたところ、国鉄当局は合法的な代表者を欠く労働組合すなわち「首なし組合」であるとして団体交渉を拒否した。

(ロ)　国労と機労の両組合の公共企業体等労働委員会（公労委。当時の会長は藤林敬三）への斡旋申請に対し、公労委が斡旋案（藤林あっ旋案と呼ばれた）を提示したところ、国労はあっ旋案を受諾し東京地裁への「団体交渉拒否に対する禁止仮処分命令申請」を取り下げたが、機労はこのあっ旋案の受諾を拒否し、東京地裁に「団体交渉義務確認請求の訴」を提起した。しかし、敗訴し、その後、東京高裁へ提起した控訴を取り下げ、解雇された役員を入れ換えて団体交渉を開始することになった。

(ハ)　しかるに、昭和三三年四月三〇日に、総評と機労は連名で、ＩＬＯに対して、日本政府が結社の自由および団結権を侵害している旨の申立をした（全逓も総評と連名で九月二八日に申立。「申立」については本書の六一頁を参照）。この申立を受けたＩＬＯ理事会は申立の審査を理事会が設置する「結社の自由委員会」に付託した。付託を受けた結社の自由委員会は、一一月一〇日・一一日・一三日の三日間にわたり審議し、その結論を理事会に報告し、理事会は一一月二〇日の第一四〇回ＩＬＯ理事会において日本政府に対して四項目からなる勧告をすることを採択した。

(ニ)　この勧告の第一項は、「労働組合の役員または執行部員で公共企業体または国有企業の経営者から解雇される者はその職を失うばかりでなく、労働組合の管理に参加する権利をも失うという事実は、完全な自由のもとに選出するという労働者の結社の自由の最も本質的な側面の一つである権利に対する経営者の介入であるという委員会（結社の自由委員会のこと）の見解に対し政府の注意を喚起する」というものであった。もっとも、この勧告はＩＬＯ八七号条約の批准の問題には何ら触れてはいなかった。

(3)　ドライヤー委員会

(イ)　ＩＬＯ理事会が日本政府に対して右のような勧告をするに至った約一年前に、すでに当時の労働大臣であった石田博英労相は「労働問題懇談会」にＩＬＯ八七号条約の批准の可否に関して諮問していた。この労働問題懇談会は、その委員の一員である石井照久教授の作成した「労働問題懇談会石井委員の報告」を基礎にして、昭和三四年二月一八日に「ＩＬＯ第八十七号条約（結社の自由及び団結権の擁護に関する条約）は、批准すべきものである」との答申を決定した（以上の⑵および⑶の記述は、峯村光郎・団結と協約の法理二四二頁以下による）。

その後、ＩＬＯの「結社の自由に関する実情調査調停委員会」はドライヤー（Erik Dreyer）を委員長とする三名の委員からなる小委員会（ドライヤー委員会）を設け、この委員会は昭和四〇年一月一〇日に来日した。同委員会は同月二六日に離日したが、その間の二三日にいわゆる「ドライヤー提案」を石田労働大臣と岩井章総評事務局長に提示した。これには日本政府がＩＬＯ八七号条約を速やかに批准すべきことの提案が含まれていた。そして、日本政府はこの提案を受諾し、同年五月一七日に公労法四条三項を削除するとともに、同年六月八日にＩＬＯ八七号条約を批准した（戸田義男・ＩＬＯにおける労働組合権の保障三一頁参照）。

(ロ)　このようにして公労法四条三項は削除されるに至ったが、ＩＬＯへの申立以前において、労働組合は、国労にしろ機労にしろ全逓（全逓信労働組合のこと）にしろ、公労法四条三項の問題性に関してほとんど認識していなかったといわれる。すなわち、「その時分、公労法四条三項はけしからん規定だというと、組合の人は怒りましたよ、あいつは外国かぶれだといって」という認識状況であったといわれており、これは「組合自体が考えが足りなかったからだ」と指摘されている（座談会「ＩＬＯ団結権条約をめぐって」ジュリスト一七五号二頁以下における石川吉右衛門教授の発言部分参照）。

(ハ)　わが国以外のかなりの多数の国々においても、法律で労働組合の役員になりうる条件を定めていることがある。たとえば、国籍や職業の種類（職種）や政治的信条などの条件である。このように組合役員をその国の国籍を有する者に限定するなどの規定はしばしば見られるが、「職員でなければ〔ならない〕」という規定はあまり例がないといわれる。これらの条件を定める規定がＩＬＯ八七号条約に違反するか合致するかは、「実際にそれがどのように実施され、その地域の特色がどうであるか」等を斟酌して総合的に判断されることになる（ニコラス・バルティコス＝国際労働基準とＩＬＯ一一五頁）。

四　国公法九八条二項

(1)　全農林警職法事件

わが国の国内労働法である国家公務員法（国公法）は、九八条二項において「職員は、政府が代表する使用者としての公衆に対して同盟罷業、怠業その他の争議行為をなし、又は政府の活動能率を低下させる怠業的行為をしてはならない。又、何人も、このような違法な行為を企て、又はその遂行を共謀し、そそのかし、若しくはあおってはならない」と規定している。この規定に関しては、憲法二八条に違反するのではないかという問題があり、従来から憲法学や労働法学の領域において激しく議論されてきたところであるが、最高裁大法廷は、昭和四八年の全農林警職法事件において、「労働基本権は……国民全体の共同利益の見地からする制約を免れない」と述べて、国公法九八条二項も違憲ではないと判断した（最大判昭和四八・四・二五刑集二七巻四号五四七頁）。

(2)　仙台管区気象台事件

国公法九八条二項が憲法二八条に違反しないとしても、さらに、ＩＬＯ八七号条約（同様に九八号条約）には違反するのではないか、という問題がある。しかし、最高裁第三小法廷は、平成五年の仙台管区気象台事件において、「所論引用の経済的、社会的及び文化的権利に関する国際規約（昭和五四年条約第六号）八条一項(c)、結社の自由及び団結権の保護に関する条約（昭和四〇年条約第七号。いわゆるＩＬＯ八七号条約）三条並びに団結権及び団体交渉権についての原則の適用に関する条約（昭和二九年条約第二〇号。いわゆるＩＬＯ九八号条約）三条は、いずれも公務員の争議権を保障したものとは解されず、国公法九八条二項が右各条約に抵触するものとはいえない」と述べた（最三小判平成五・三・二労働判例六二九号七頁）。

(3)　ＩＬＯ八七号条約とストライキ権

(イ)　ＩＬＯ八七号条約は明瞭には労働者のストライキ権を保障していない。しかし、ＩＬＯの「専門家委員会」（条約勧告適用専門家委員会）は、三条・八条・一〇条の規定を根拠にストライキ権が保障されていると解釈している。また、ＩＬＯ理事会の設置する「結社の自由委員会」も同様の結論を承認している。だが、この二つの委員会とも、一定の場合にはストライキ権の制限が可能なことも肯定している。すなわち、公務あるいは基幹産業についてであり、非常事態の発生した場合であり、交渉や斡旋や仲裁がなされるまでの間などである。そして、結社の自由委員会は、かかる制限が可能なためには、労働者の基本的な手段が奪われることに対する十分な補償措置が講じられなければならないとしている（ニコラス・バルティコス＝国際労働基準とＩＬＯ一一八頁以下）。

(ロ)　(i)　ＩＬＯは、八七号条約に先立ち、一九四七年六月一九日に開催された第三〇回総会において結社の自由等に関し一つの決議をしていた。その内容は二つの部分からなり、第一部は「結社の自由」に関するものであり、第二部は「団結権及び団体交渉権の保護」に関するものであった。そして、一般的には、八七号条約はこの決議のうちの第一部たる「結社の自由」の部分が具体的に条文化されたものであり、第二部の「団結権及び団体交渉権の保護」の部分は九八号条約で具体的に条文化されたものと理解されている。

(ii)　ところで、八七号条約は、一一条において「この条約の適用を受ける国際労働機関の各加盟国は、労働者及び使用者が団結権を自由に行使することができることを確保するために、必要にしてかつ適当なすべての措置をとることを約束する」と規定して不当労働行為制度にも言及している。しかし、この部分は、団結権の保障されるべきこととそのための制度が必要であることを一般的に宣言したものであり、そのための具体的な条文は九八号条約によっているのである（座談会「ＩＬＯ団結権条約をめぐって」ジュリスト一七五号二頁以下における石井照久教授の発言部分参照）。

第九章　団体交渉の保護

一　団体交渉および団体交渉権の概念

(1)　協議としての団体交渉

「団体」とは、一般的に、複数の人（自然人または法人。自然人の場合には社団とも呼ばれる）による継続的な団結体のことである。このような団体は労働者団体のこともあれば使用者団体のこともあるが、労働者団体のうちで中心的なものはいうまでもなく労働組合である。また、「交渉」とは、一般的に、ある者が他の者と一定事項に関して協議すなわち相互に発言し慎重に検討することである。そして、交渉事項たる一定事項にはさまざまなものがあるが、労働条件や労働者の対遇に関する事項（広義の労働条件）は最も重要なものの一つである。

(2)　労働者の団体交渉権と労働組合の団体交渉権

団体交渉権とは、ある団体が他の団体と交渉をすることに関する権利である。このうちの労働者側の団体交渉権（以下、単に、団体交渉権という）は、労働組合その他の労働者団体（たとえば、争議団など）が一定の目的のために使用者又は使用者団体と一定事項に関して協議する権利である。このような団体交渉権の中には、団結権に関すると同様に、第一に、労働組合その他の労働者団体が使用者等と交渉する権利が含まれ、第二に、組合員等の団体の構成員が団体のなす団体交渉に関与する権利が含まれる。前者の権利は、団体それ自体に認められるものであるから集団的団体交渉権と呼ばれ、後者のそれは構成員個人に認められるものであるから個別的団体交渉権と呼ばれる。

(3)　個別的団体交渉権とその行使権限

(イ)　個別的団体交渉権は組合員等の構成員個人に認められるものであるが、組合員等は当然にはそれを行使して現実の団体交渉に出席し使用者等と協議しうるものではない。組合員等が個別的団体交渉権を行使しうるためには、労働組合等の労働者団体からその旨の指示ないし許諾がなされ、組合員等が個別的団体交渉権を行使する権利を有することが必要である。このような権利は現実の団体交渉に出席し相互に発言し慎重に検討するという一定の限られた事柄に関する権利であるから、団体交渉権限（権限とは、限られた事柄に関する権利のこと。裁判所の権限という場合などは、裁判所の有する権利と義務の両方のこと）と呼ばれる。

(ロ)　これに対して、集団的団体交渉権は労働組合等の労働者団体それ自体に認められるものであり、労働組合等の団体が自己の判断により原則として自由にこれを行使し、使用者等に団体交渉を申し込むことができる。すなわち、労使間において一定事項（団交事項）が発生し存在するに至ると、労働者団体の有する団体交渉権から団体交渉請求権が発生し、これに対応して、使用者は団交応諾義務を負担することになる。そして、労働組合等が使用者に団体交渉を申し込んだのに対し使用者が正当な理由なしにこれに応ぜずかかる義務に違反するならば、団体交渉拒否すなわち団交拒否を犯すものとして非難されることになる。また、労働協約に規定がある場合には、使用者の団体交渉権が承認され、そこから団体交渉請求権の発生することもある。

(4)　イギリスの団体交渉制度とアメリカの団体交渉制度との差異

(イ)　イギリスにおいては、団体交渉の手続（プロセス）への法の介入を差し控える制度が伝統的に取られている。これに対して、アメリカでは、一九三五年にワーグナー法（Wagner Act　National Labor Relations Act）によって不当労働行為（unfair labor practices）の制度が導入され、使用者の不当労働行為が禁止されたが、その後の一九四七年に、ワーグナー法による労働組合の助成によって労働組合が強化され、労使間の実質的な対等関係が確保しがたくなったところから、タフト・ハートレー法（Taft - Hartley Act　Labor Management Relations Act）により労働組合の不当労働行為も禁止されるに至った。

(ロ)　(i)　このタフト・ハートレー法においても、使用者の不当労働行為は禁止されている。すなわち、タ・ハ法は、七条において、被用者に、労働組合を結成し加入し援助する権利と、自ら選出した代表者を通じて団体交渉する権利と、団体交渉や相互扶助のためにその他の団体行動をする権利を保障した上で、八条において、使用者がこれらの権利の行使について干渉し妨害し強制することを禁止し、労働組合の結成や運営に支配介入することを禁止し、被用者の代表者との団体交渉を拒否することを禁止している（東京大学労働法研究会・注釈労働組合法〈上巻〉三二五頁以下）。

(ii)　ここにいう「〔被用者が〕自ら選出した代表者を通じて団体交渉する権利」は、被用者の「団体交渉する権利」であるとともに、代表者が「団体交渉する権利」でもある。前者は、組合員等の団体の構成員個人に認められるものであるから個別的団体交渉権であり、後者は、労働組合という「代表者」に認められるものであるから集団的団体交渉権である。しかし、被用者は当然には個別的団体交渉権を行使しうるものではない。

また、すべての「代表者」すなわちすべての労働組合が集団的団体交渉権を行使しうるものでもなく、交渉単位（bargaining unit）における選挙とその結果に関する国家労働関係局（National Labor Relations Board　NLRB と略称）の認証（certification）により排他的代表権限の認められた労働組合のみがこれを行使することができる（排他的代表権限については、中窪裕也・アメリカ労働法〔第二版〕一二〇頁以下参照）。

二　ＩＬＯ九八号条約

(1)　使用者の反組合的感情

現在のわが国の社会においては、あからさまに労働組合に嫌悪の情を示し、団体交渉に応じない旨を公言する使用者はいない。しかし、大正・昭和の初期の時代はいうまでもなく、第二次大戦の終了した昭和二〇年から三〇年頃までの時期においては、反組合的な言辞を公然と（たとえば、裁判官の面前で）弄する使用者がいたといわれている。しかも、今日においても、労働組合運動の好きな使用者はほとんどいないといわれている（労働組合の存在それ自体を認める使用者は多い）。そして、このような事情は、発展途上国においてはいうまでもなく、わが国以外の先進資本主義国家においても類似するものがあるといって大過ない。

(2)　団体交渉手続保護条約としてのＩＬＯ九八号条約

(イ)　このような社会的現実と、団体交渉の拒否をはじめとする使用者の反組合的行為は不当であって禁止されるべきであるという国際社会における社会的要請を契機にして、一九四八年の八七号条約を補足するものとして、一九四九年六月八日に開催されたＩＬＯ第三二回総会において「団結権及び団体交渉権についての原則の適用に関する条約（九八号）」が採択された。この条約は、イギリス語によれば、Convention (No.98) concerning the Application of the Principles of the Right to Organise and to Bargain Collectively というものである。これは一条から一六条までの一六か条からなる比較的少ない分量の条約である。

(ロ)　(i)　この条約は、四条において、「労働協約により雇用条件を規制する目的をもって行う使用者又は使用者団体と労働者団体との間の自主的交渉のための手続の充分な発達及び利用を奨励し、且つ、促進するため、必要がある場合には、国内事情に適する措置を執らなければならない」と規定している。ここにいう「労働協約」

（collective agreement　ドイツ語訳では Tarifvertrag ではなく Gesamtarbeitsvertrag）とは、ＩＬＯ九一号勧告にいう労働協約のうちの、労働者団体と使用者・使用者団体とが労働条件等に関して締結する団体協定のことである（九一号勧告にいう「労働協約」の中には、労働組合ではない労働者代表と、使用者・使用者団体とが、労働条件等について締結する団体協定も含まれる）。

また、「使用者又は使用者団体と労働者団体との間の自主的交渉」（voluntary negotiation between employers or employers' organisation and workers' organisation）とは、使用者（使用者団体）と労働組合等が労働条件を規律するために行う自主的な協議すなわち団体交渉のことである。さらに、「自主的交渉のための手続の充分な発達及び利用を奨励し、且つ、促進する」（encourage and promote the full development and utilisation of machinery for voluntary negotiation　ドイツ語訳では、im weitesten Umfang Entwicklung und Anwendung von Verfahren zu fördern, durch die Arbeitgeber……und Organisation von Arbeitnehmern……freiwillig……verhandeln können）とは、労使の自主的な団体交渉手続の「発達と利用」を最大限度に促すことである。

(ii)　そして、四条は、このような団体交渉手続の「発達と利用」を最大限度に促すために、ＩＬＯ加盟国が必要な範囲において「国内事情に適する措置」（measures appropriate to national conditions）を取るべきことを規定している。「国内事情に適する措置」を取るとは、各国の諸事情に応じ、労働裁判所（通常裁判所の労働部も含む）や労働審判所や労働委員会等の救済機関を設け、それにより救済措置を取るということである。したがって、四条は、労使の団体交渉権を保障するとともに、団交拒否にあたっての救済機関とそれによる救済措置をも要請するものである。かくして、この条項により、団体交渉権の保障と、救済制度創設のための国内法の整備が必要とされることになるのである。

しかも、労働裁判所等の救済機関が救済措置をとる場合には、これらの救済機関は国家機関として国際法であるＩＬＯ九八号条約（ＩＬＯ八七号条約についても同様）に拘束されることになる。したがって、労働裁判所等は、ウィーン条約の定める解釈方法によってＩＬＯ九八号条約を解釈することは可能であるが、国家機関としてこれを遵守する国際法上の義務を負うことになる。そして、わが国の通常裁判所の労働部も国家機関としてＩＬＯ九八号条約に拘束されるとともに、労働部の裁判官も、日本国憲法九九条・九八条二項により「裁判官その他の公務員」として日本国憲法を「尊重し擁護する義務」を負うのみならず、国家機関の一員として「日本国が締結した条約」であるＩＬＯ九八号条約を「誠実に遵守する義務」も負うことになるのである。

(3)　団体交渉手続保護のための新たな条約

(イ)　このような規定だけではなお団体交渉の保護のために十分でないとして、約三〇年を経過した一九八一年六月三日に開催されたＩＬＯ第六七回総会において、新たに「団体交渉の促進に関する条約（一五四号）」が採択された。この条約は、イギリス語によれば、Convention（No.154）concerning the Promotion of Collective Bargaining というものである。そして、ここにおいて、「国内事情に適する措置」は団体交渉を促進するために取られるものであって、「団体交渉の自由を阻害する」（hamper the freedom of collective bargaining）ものであってはならないことが注意的に規定されるとともに（八条）、かかる「国内事情に適する措置」の目的となしうる事柄が具体的に定められたのである（五条）。

(ロ)　このほかに、九八号条約は、一条一項において「労働者は、雇用に関する反組合的な差別待遇に対して充分な保護を受ける」と規定している。「反組合的な差別待遇」（acts of anti-union discrimination）とは、組合活動を理由にする解雇等を含む、団結権（広義の団結権）を侵害するあらゆる差別的行為のことである。また、この条約は、二条一項において「労働者団体及び使用者団体は、その設立、任務遂行又は管理に関して相互が直接に又は代理人若しくは構成員を通じて行う干渉に対して充分な保護を受ける」と規定している。

ここにいう「その設立、任務遂行又は管理」（their establishment, functioning or administration）とは、労働組合等の結成や活動や運営のことである。また、干渉（interference）とは、一方当事者の他方当事者に対するあらゆる介入行為のことであり、団体それ自体の行為のみならず代理人（代表者のこと。ドイツ語訳では　Vertreter）や構成員の行為も含まれる。かくして、二条は、使用者（労働組合についても同様）の支配介入を広く禁止するとともに、これらの行為に対し相当な保護の与えられることを保障しているのである。そして、わが国は昭和二八年にこの九八号条約を批准し、そののち昭和二九年一〇月二〇日にこれを官報で公布したのである。

三　労組法七条

(1)　不当労働行為の禁止制度と救済制度

わが国の国内労働法である労組法は、七条において、使用者の労働者ないし労働組合に対する不利益取扱と団体交渉拒否と支配介入を不当労働行為として禁止するとともに（七条の不当労働行為という見出しは法律の条文の一部である）、二七条一項において、「労働委員会は、使用者が第七条の規定に違反した旨の申立てを受けたときは、遅滞なく調査を行い、必要があると認めたときは、当該申立てが理由があるかどうかについて審問を行わなければならない」と規定し、また、二七条の一二第一項において、「労働委員会は……申立人の請求にかかる救済の全部又は一部を認容し、又は申立を棄却する命令を……発しなければならない」と規定している。

(2)　旧労組法一一条

(イ)　この現行の労組法が昭和二四年六月一〇日に施行されるに先立ち、昭和二〇年にすでに労働組合法（旧労組法）が制定されていた。そして、これは、一一条一項において「使用者ハ労働者ガ労働組合ノ組合員ナルコト、労働組合ヲ結成セントシ若ハ之ニ加入セントスルコト又ハ労働組合ノ正当ナル行為ヲ為シタルコトノ故ヲ以テ其ノ労働者ヲ解雇シ其ノ他之ニ対シ不利益ナル取扱ヲ為スコトヲ得ズ」と規定し、また、同条二項において「使用者ハ労働者ガ組合ニ加入セザルコト又ハ組合ヨリ脱退スルコトヲ雇用条件ト為スコトヲ得ズ」と規定していた。

(ロ)　この旧労組法の不当労働行為に関する規定はアメリカにおけるワーグナー法（Wagner Act）を参考にして作られたものといわれている。また、現行労組法の七条の規定は同じくアメリカのタフト・ハートレー法（Taft-Hartley Act）を参考にして作られたものといわれている。したがって、わが国の国内労働法である労組法七条はＩＬＯ九八号条約や一五四号条約の採択を契機にして制定されたものではないのである。このことは、現行労組法が昭和二四年六月一日に公布され、ＩＬＯ九八号条約が一九四九年七月一日（なお、ＩＬＯ一五四号条約の採択日は一九八一年六月一九日）に採択され、わが国は昭和二九年に批准したという時間的関係からも明らかである。

(ハ)　しかし、この九八号条約が採択された第三二回総会は、理事会（Governing Body）により、一九四九年（昭和二四年）六月八日の会議の開催日の前にすでにジュネーブに招集（convene ドイツ語訳では einberufen）せられ、団結権および団体交渉権の諸原則の適用に関する議案を採択するか否か、採択する場合に条約の形式をとるか勧告の形式をとるかについて審議されていた。しかも、この案件は、前年度の第三一回総会の会議（昭和二三年六月一七日開催）においても、いわゆる二回討議の制度により討議の対象にされていた。この「二回討議」の制度とは、総会（年次総会）の会議において二年連続して討議した後に総会で採択するという制度である（R・ブランパン＝労働問題の国際比較〈花見忠監訳〉五〇頁参照。ＩＬＯ一八一号条約の場合のように一回討議のこともある）。

他方において、労組法が昭和二四年五月二一日に参議院で可決（衆議院は五月一三日）されるに先立ち、昭和二四年二月一四日に労働省事務当局の試案が発表され、引き続いて東京その他七か所において一五回にわたって労働省主催の公聴会が開催された。このような労働省の一連の行動は「〔連合国〕総指令部当局の強力なる援助のもと」に行われたものであった（富樫總一・改正労働組合法解義一九頁）。そして、このＧＨＱの「強力なる援助」の中に九八号条約の条約案が含まれていた可能性を否定しえないのである。

(3) アメリカのタフト・ハートレー法の重要性

不当労働行為の禁止に関して規定する労組法七条は、数多い国内労働法の諸規定の中でも、労基法五条と並びきわめて重要な規定の一つである。そして、不当労働行為に関する法は、アメリカのタフト・ハートレー法にも見られるものであり（これがわが国の現行不当労働行為法の母法である）、しかも、国際社会においても一般的に妥当する法であると理解することができる。したがって、国際労働法は国内労働法であって国際社会において一般的に妥当するもの（労働に関する国内法と国際法の総合されたもの）という見解に立っても、労組法七条の不当労働行為禁止法（および、二七条以下の不当労働行為救済法）は国際労働法であるということができるのである。

第一〇章　労働協約の規制

一　労働協約の概念

(1) 労働協約締結の目的

「労働協約」とは、一般的に、労働組合その他の労働者団体が使用者又は使用者団体と構成員の労働条件その他の労働関係に関連する事項について締結する協定のことである。労働組合等がこのような労働協約を締結する主たる目的は、国家法である労働法によるだけでは労働者の保護が十分でないので、労働者団体が使用者・使用者団体と団体交渉を行ない、協定を締結してその構成員の保護をはかろうとするところにある。ここにいう「労働関係」とは、労務の提供に関する法律関係のことであり、労働者と使用者との間の法律関係である個別的労働関係のみならず、労働組合その他の労働者団体と使用者との間の法律関係である集団的労働関係をも含むものである。

(2) 労働協約の直接性

労働関係に「関連する事項」とは、個別的又は集団的労働関係に直接的・間接的に関係する事項のことである。たとえば、賃金・労働時間・解雇・福利厚生等に関する事項であり、あるいは、団体交渉手続・争議行為手続・組合活動手続・協約解釈手続・協約解約手続等に関する事項である。これらの各種の事項は、基準設定的なもののみならず個別具体的なものをも含むのであり、しかも、反覆継続的なもののみならず一回的なものも含むが、労働協約はこのような事項に関して直接的に規定するものでなければならず、間接的に規定するにすぎないものは一般的に労働協約とは理解されないことが多い。

(3) **労働協約の書面性**

(イ) 労働協約は書面に作成されることもあれば作成されないこともある。書面とは文書のことであり、労働協約の文書は労働協約書と呼ばれる。しかし、「労働協約」という言葉によって労働協約書の意味されることもあれば、労働協約の内容の意味されることもある（たとえば、ドイツにおけるTarifvertragについても同様）。そして、わが国の国内労働法である労基法が規定する就業規則という言葉もその書面を意味することもあれば、就業規則の内容を意味することもあるが、就業規則に関して「就業規則書」という言葉の使用されることはあまりない（就業規則集という言葉はしばしば使用される）。

(ロ) 労働協約は、右に述べたように、書面に作成されることもされないこともあるが、現実的には、労働契約と相違してほとんどの場合に書面に作成されるといってよい。この違いは、労働契約はその内容が白地的であるいは白地的でなくても抽象的であり、それが労働関係の展開過程で補充されあるいは具体化されることが当然に予定されているのに対して、労働協約は団体交渉の結果として作成されるものであり、その内容が白地的であったり抽象的であることは少なく、また、協約の文言は慎重に検討されて選択されるので、書面に作成しないと意味の大半が失われてしまう、という性質の違いによるものである。

(4) **ドイツにおける労働協約の法規範性**

(イ) ドイツの労働協約法（Tarifvertragsgesetz）は、一条一項において、「労働協約は、協約の双方当事者の権利と義務を規定し、および、労働関係の内容・締結・終了を規律しうる法規範（Rechtsnormen）を包含し、ならびに、事業所および事業所組織法上の諸問題を規律しうる法規範を包含する」と規定したのちに、同条二項において、「労働協約は書面による方式（Schriftform）を必要とする」と規定して書面性を要求している。この書面性の要件は効力要件であり、方式を遵守しない労働協約は無効（nichtig）である。しかし、労働協約は締結地を管轄する労働裁判所に寄託する必要はない（Wolfgang Zöllner, Arbeitsrecht 3. Aufl., S. 223）。ここにいう「事業所組織法」とは Betriebsverfassungsgesetz のことであり、一般的には経営組織法と呼ばれている法律である。

(ロ)　労働協約に関する法はドイツにおいて発達しているが、EC労働協約法は現在のところ存在しないといわれている。そして、これまで労働協約法への積極的な取組みがなされなかったので、近い将来においてもEC労働協約法の形成される可能性は少ないと指摘されている。このようにEC労働協約法について積極的な取組みがなされなかったのは、賃金・労働時間その他の労働条件に関する団体交渉が各加盟国の領域内部で行われており、ECサイドで行われて来なかったことによるものである（籾山錚吾・EC労働法の展開と現状一一〇頁）。また、イギリスやフランスにおける労働協約法がドイツのそれときわめて相違することにもよるものである（イギリスにおける労働協約には法規範性がない。フランスの労働協約法については、外尾健一「フランスの労働協約」労働法講座七巻〈上〉一八八六頁以下参照）。

二　ＩＬＯ九一号勧告

(1)　ドイツの労働協約法の先進性

現在の国際社会においては、多くの国の労使間で労働協約が締結されている。とりわけ、先進資本主義国家においてはそうであるということができる。したがって、今日までにおいては、労働協約法制を促進することに関するＩＬＯ条約は存在しない。また、締結された労働協約の法的効力の理解の仕方が各国において相違することも原因して（たとえば、フランスでは、労働協約の平和義務 devoir de paix は認められない）、締結された労働協約の法的効力や効力の拡張適用についてのＩＬＯ条約も存在しないのである（ドイツの平和義務である Friedenspflicht については、中嶋士元也「平和義務の契約法論的構成㈠」法学協会雑誌九二巻七号二七頁以下参照）。

(2) 各国における労働協約法の相違性

(イ) 一部の国は例外として、第二次大戦の終了した直後にあっては、労働協約法制の整備されていない国が多かったのである。たとえば、わが国において、労働協約法制が定着し発達するようになったのは、昭和二四年六月一〇日に現行労組法が施行された以後であったということができる（日本で労働協約が見られるようになったのは、明治三〇年頃からであるという。東京大学労働法研究会・注釈労働組合法〈下巻〉六七一頁）。かかる労働協約法制が不十分であるという国際社会における社会的現実とそれに基づく社会的要請を契機にして、一九五一年（昭和二六年）六月六日に開催されたＩＬＯ第三四回総会において、労働協約の拡張適用をも内容にする「労働協約に関する勧告（九一号）」が採択されるに至った。この勧告はイギリス語によれば Recommendation（No.91）concerning Collective Agreement というものである。

(ロ) これに対して、ドイツにおいては、すでに第二次大戦前においても、労働協約（Tarifvertrag）に関する制度や理論が十分に定着し発達していた。そして、ロトマール（Phillip Lotmar）はつとに Der Arbeitsvertrag I. S. 773 において労働協約の法的効力に関し代理説を主張していた。このロトマールの見解のほかにも労働協約の法的効力に関し各種の見解が主張されたが、それらは意見の一致をみるに至らなかった。そこで、一九一八年一二月二三日に「労働協約・労働者職員委員会および労働紛争の処理に関する命令」（Verordnung über Tarifverträge, Arbeiter-und Angestelltenausschüsse und Schlichtung von Arbeitsstreitigkeiten）が制定され、労働協約に関する規範的効力と地域的一般的拘束力（平和義務については理論的に認められていた）とが法認されるに至った（東京大学労働法研究会・前掲書六七七頁)。

(3) 協約概念の不明確性

(イ) 労働協約に関するＩＬＯの最初の国際文書である九一号勧告(九一号条約ではない)は、「Ⅱ 労働協約の定義」(definition of collective agreements, définitions des conventions collectives, begriffiche Bestimmung des Gesamtarbeitsvertrages)の個所の二項の⑴号において、「この勧告の適用上、『労働協約』とは、一方は使用者、使用者の一団又は一若しくは二以上の使用者団体と、他方は一若しくは二以上の代表的労働者団体又は、このような団体が存在しない場合には、国内の法令に従って労働者によって正当に選挙され且つ授権された労働者の代表との間に締結される労働条件及び雇用条項に関する書面によるすべての協約をいう」と規定する。

(ロ) (i) この概念規定によれば、労働協約(collective agreement, convention collective, Gesamtarbeitsvertrag)の一方当事者は、「使用者、使用者の一団又は一若しくは二以上の使用者団体」(an employer, a group of employers or one or more employers' organisations)である。すなわち、個々の使用者・使用者集団または一ないし二以上の使用者団体である。ここにいう「使用者団体」とは、複数の使用者の結合体(使用者集団)であってそれ自体で規約等を有し権利能力を有する或いは有しない団体のことである。使用者集団または使用者団体は、代理権の存在を前提に集団・団体に加入している個々の使用者自身の名において労働協約を締結することができ、また、使用者団体(使用者集団の場合には不可)は規約の目的の範囲内において団体自体の名においてそれを締結することもできる。

(ii) 他方当事者は、「一若しくは二以上の代表的労働者団体」と、かかる団体が存在しない場合の「国内の法令に従って労働者によって正当に選挙されかつ授権された労働者の代表」である。「代表的労働者団体」(representative workers' organisation)とは、過半数組合などのごとく、労働協約を締結するに適しい資格を有すると認められる代表的な労働者団体のことではなく、「労働者を代表しうる団体」のことと理解することができる。このことは、フランス語の正文が une ou plusieurs organisations représentatives de travailleurs と表記していることからも結論することができる。これに対して、これを標準的な労働者団体（ドイツでは「代表的労働者団体」とは標準的被用者団体 maßgebende Arbeitnehmerverbände のことと把握されている）と理解する余地もある。いずれに解しても、労働組合がその中心的な存在であることに変わりはない。

この「代表的労働者団体」の概念が不明確であることに関連して、次のような指摘がある。「国際的なヴァリエイションを前提にしての国際基準設定は困難な作業である。九一号勧告の場合は、国による差異の大きさから、条約ではなく、勧告の形をとった」が、「事実、勧告の内容で条約として成立していたならば、その批准に当たり、『代表的労働者団体』の中身の確定は大問題になったことであろう。日本の場合、現在理解されているような『複数組合主義』を前提とするならば、その意味は労働組合法の規定する要件を充足した組合といった程度を大きく超えることは難しい」と（秋田成就・国際労働基準とわが国の社会法二七七頁〈諏訪康雄執筆部分〉参照）。

(iii)「国内の法令に従って労働者によって正当に選挙されかつ授権された労働者の代表」(representatives of the workers duly elected and authorised by them in accordance with national laws and regulations) とは、労働組合などの「代表的労働者団体」が存在しない場合に認められる労働協約の他方の締結主体であり、利害関係を有する全労働者（travailleures intéressés）の代表者のことである。別言すれば、利害関係を有する全従業者により構成される従業員団体の代表者のことである。このような「従業員団体」は取り立てて各称も規約も機関（代表者は別である）も有しないが、そのような団体が存在すると観念されるのである。

(ハ)(i) 労使間の協定が労働協約と言いうるためには、それが「労働条件及び雇用条項」を包含するものであることが必要である。「労働条件」(working condition, condition de travail, Arbeitsbedingung) とは、労働すなわち労務提供に関する各種の条件（これについての各種の権利・義務が雇用関係ないし労働関係を構成する）のことであり、賃金や労働時間に関する事項が中心的なものである。「雇用条項」（term of employment, condition d'emploi, Anstellungsbedingung）とは、雇用関係ないし労働関係の成立・展開・終了等に関する条件のことであり、たとえば、採用や配転や解雇に関する事項である。

(ii)「労働協約」は書面による合意でなければならない。「書面による」（in writing, écrit, schriftlich）とは文書によることであり、協約の締結主体たりうる労使が「労働条件及び雇用条項」に関して協定を締結しても、書面によらない場合には「労働協約」ではない。したがって、労使が合意の内容を書面に作成することは、労働協約の効力要件ではなくそもそもの成立要件である。しかし、このような理解の仕方はヨーロッパ各国（たとえば、ドイツやフランスなど）においては必ずしも一般的でなく、また、わが国においても一般的ではない。

(4)　労働協約の法的効力

(イ)　九一号勧告は、「Ⅲ　労働協約の効果」（effects of collective agreements, effets des conventions collectves, Wirkungen der Gesamtarbeitsverträge）の個所の三項の(1)号において、「労働協約は、その署名者及びそのために協約が締結される者を拘束すべきである」と定めたのちに、(2)号において、「労働協約に反する雇用契約の規定は、無効とみなし、且つ、自動的に労働協約の……相当規定によって置き替えられるものとみなすべきである」と定めている。「雇用契約の規定」（stipulation in contracts of employment）とは個別的労働契約の各種の規定のことであり、「無効」（null and void）とは存在はするけれども法的に効力がないということである。また、「自動的に労働協約の相当規定によって置き替えられる」（automatically replaced by the corresponding stipulations of the collective agreement）とは、無効になった部分は「自動的に」（d'office）すなわち「直ちに」（ohne weiteres）その労働協約の規定によって補充されるということである。

したがって、労働協約は、使用者と労働組合との間に締結される労働協約のみならず、使用者と労働者代表との間に締結されるものにも強行的効力と補充的効力が認められることになる。この二つの効力は併せて規範的効力（normative Wirkung）と呼ばれるが、わが国においてもドイツにおいても、使用者と労働者代表との間に締結される団体協定にこのような法的効力の認められることはない。しかし、ドイツにおいては、使用者（Arbeitgeber）と経営協議会（Betriebsrat　これは労働組合ではない）との間に締結される団体協定である経営協定（Betriebsvereinbarung）は規範的効力を有すると認められている。すなわち、「経営協定は直接的かつ強行的に適用される」とされている（経営組織法七七条四項）。

(ロ)　九一号勧告は、「Ⅳ　労働協約の拡張」（extension of collective agreements）の箇所の五項の(1)号において、「適当な場合には……労働協約の産業上及び領域上の適用範囲内に含まれるすべての使用者及び労働者に対しその協約の全部又は一部の規定の適用を拡張するため、国内の法令によって決定され、且つ、国内事情に適する措置をとるべきである」と定めている。「労働協約の産業上及び領域上の適用範囲内に」（within the industrial and territorial scope of the agreement, dans le champ d'application professionnel et territorial de la convention, in den beruflichen und räumlichen Geltungsbereich des Vertrages）とは、労働協約の適用範囲が産業別（職業別）に定められているとともに場所的にも定められている場合には、協約の適用範囲はそれによることになるということである。したがって、適用範囲が場所的なものである（場所的でないこともありうる）ならば、協約の適用範囲は同一地区における同一産業（同一職業）であることになる。わが国の事業所別一般的拘束力の場所的適用範囲は事業所（事業所の区域）である。

また、「協約の全部又は一部の規定の適用を拡張する」（extend the application of all or certain stipulation of a collective agreement）とは、労働協約の規定の全部又は一部を協約の適用範囲内に存在するあらゆる使用者と労働者に拡張適用することである。そして、ここにいう「労働協約」とは、「労働条件及び雇用条項に関する書面による……協定」であるから、全面的に拡張適用される場合にも、拡張適用されるのは当然に規範的効力を有する規定だけであることになる。労働協約の拡張適用のための措置（measures, mesures, Maßnahmen）は、ドイツにおいては一般的拘束力宣言（Allgemeinverbindlicherklärung）であるが、わが国の事業所別一般的拘束力については特別の措置は必要とされていない（地域的一般的拘束力に関しては、労働委員会の決議と厚生労働大臣または都道府県知事の決定である。労組法一八条一項。地域的一般的拘束力についての実証的研究として、古川景一＝川口美貴・労働協約と地域的拡張適用がある）。

三　労組法一四条

(1)　労働協約についての署名と記名押印

わが国の国内労働法である労組法は、一四条において、「労働協約の効力の発生」という見出しのもとに、「労働組合と使用者又はその団体との間の労働条件その他に関する労働協約は、書面に作成し、両当事者が署名し、又は記名押印することによってその効力を生ずる」と規定している。この規定は昭和二七年法律二八七号により改正されたものであるが、改正前の規定に「署名」と並んで「記名押印」を付加したにすぎないものであるから、これは昭和二四年六月一日に公布された当時の条文と本質的な点においては変りないものである。

(2)　わが国の労働協約法とドイツの労働協約法

(イ)　わが国の労組法一四条は、ＩＬＯ九一号勧告との関連において、この勧告にかかる「立法又は他の措置」の実施として立法されたものではない。けだし、ＩＬＯ九一号勧告は昭和二四年から二年後の一九五一年の第三四回総会において採択されたものだからである。むしろ、これらの労組法の規定は、第一次大戦の終了する以前の一九一八年に労働協約に関する法（労働協約令 Tarifvertragsverordnung）を制定し、労働協約法制に関し高度な発達を遂げていたドイツの協約法制（とくに、一九一八年法制）を参考にして作成されたものである。そして、ドイツにおいては、第二次大戦後の一九四九年四月九日に、一九一八年法を発展させた労働協約法（Tarifvertragsgesetz）が制定された。

(ロ)　労組法一四条は、労働協約の書面への作成を明瞭に協約の効力要件（効力発生要件）として規定している。それゆえ、労使が労働条件等について労働協約を締結したが、それに関して書面を作成しない場合（署名または記名押印しない場合も同様）には、それは労働協約ではあるが法的効力を有しないということになる。そして、これは、労働協約の締結当事者双方のその旨の意思の合致が認められる場合は別にして、そもそも一種の契約としての法的効力も有しないと解される。このことに関して、ドイツにおいても、書面による方式をとらない労働協約は無効（nichtig）であるとされている。このことはすでに前述したところである。

(3)　**労基法上の書面協定**

(イ)　労組法と同じくわが国の重要な国内労働法である労基法は、二四条・三六条・三九条などにおいて、過半数組合やそれが存在しない場合の「労働者の過半数を代表する者」（過半数代表者）は使用者と書面による協定（二四協定・三六協定・三九協定など）を締結しうる旨を規定し、このような労基法上の書面協定に一定の法的効力（免責的効力など）を付与している。わが国において、かかる労基法上の書面協定は一般的に労働協約とは別個の性質のものと理解されているが、「労働条件及び雇用条項」に関して締結される労基法上の書面協定はＩＬＯ九一号勧告にいう「労働協約」の一種であることになる。

(ロ)　(i)　これらの労使協定のうちの三六協定に関しては、すでに昭和二二年に制定された労基法が過半数組合による労使協定のみならず過半数代表者によるそれをも規定していた。これに対して、二四協定については、当初は二四条が「法令又は労働協約に別段の定がある場合においては、賃金の一部を控除し、又は通貨以外のもので支払うことができる」と規定していたのを、昭和二七年法律二八七号（三九協定については昭和六二年法律九五号）が、通貨払いの原則の例外をそのままにした上で、全額払いの原則の例外につき「労働協約に別段の定がある場合」という部分を現行法のように過半数組合又は過半数代表者との書面による労使協定によるものと改正したのである。

(ii)　しかし、労基法二四条が昭和二七年に改正されたのは、前年の一九五一年にＩＬＯ九一号勧告が採択され「労働協約」中に使用者と従業員代表との書面協定も含むとされたことによるものではない。労基法二四条が改正されたのは、平和条約の締結を目前にして、昭和二六年五月一日にリッジウェー声明が発表され、その中において「日本政府は総指令部からの指令実施のために公布された諸政令に再検討を加え、過去の経験ならびに現在の情勢に照らし必要かつ望ましいとみられる修正を既定の手続きによって加えることを許された」とされたことに端を発し、国内における労使の動きやイギリスを中心とする国外の動きに影響を受けながら、中央労働基準審議会が「法第二十四条中賃金の一部控除は、法第三十六条と同様に、労使の協定によってなしうるようにすること」と建議したことに基づくものである（廣政順一・労働基準法六九頁ないし七五頁、および、四二四頁参照）。

第二編　各論

第一章　強制労働の禁止

一　労働および強制労働の概念

(1)　他人による指揮命令性

「労働」とは、一般的に、ある者が他の者の指揮命令下において労務を提供することである。「ある者」は労働者と呼ばれ、「他の者」は使用者と呼ばれる。労働者が使用者の「指揮命令下」にあるとは、労務の内容や労務を提供すべき時間・場所・相手方や方法（なにを何時どこで誰れにどのようになすか）が使用者により拘束されていることである。「労務の提供」とは、労働者が使用者の指揮命令に従って各種の精神的・肉体的活動をなすことの申出をし、それが使用者によって受領されることである。

(2)　労働者の意思の自由な発現

(イ)　労働すなわち労務の提供はこのように労働者という「人」の行為であるから、それが労働者の精神的・肉体的活動と評価しうるためには、労働者の意思の自由な発現（表現ないし実現のこと）といいうるものでなければならない。かりに、労働者の使用者の指揮命令下における何らかの身体の動静（身体の動静としては、単に動くことや、体系的に運動することや、一定の目的のために闘争することなどもある）が、労働者の意思の自由な発現といいうるものでない場合（たとえば、無意識中の身体の動静）には、使用者の指揮命令に従ったものであったとしても、それは労働者の労働とは評価しえないことになる。

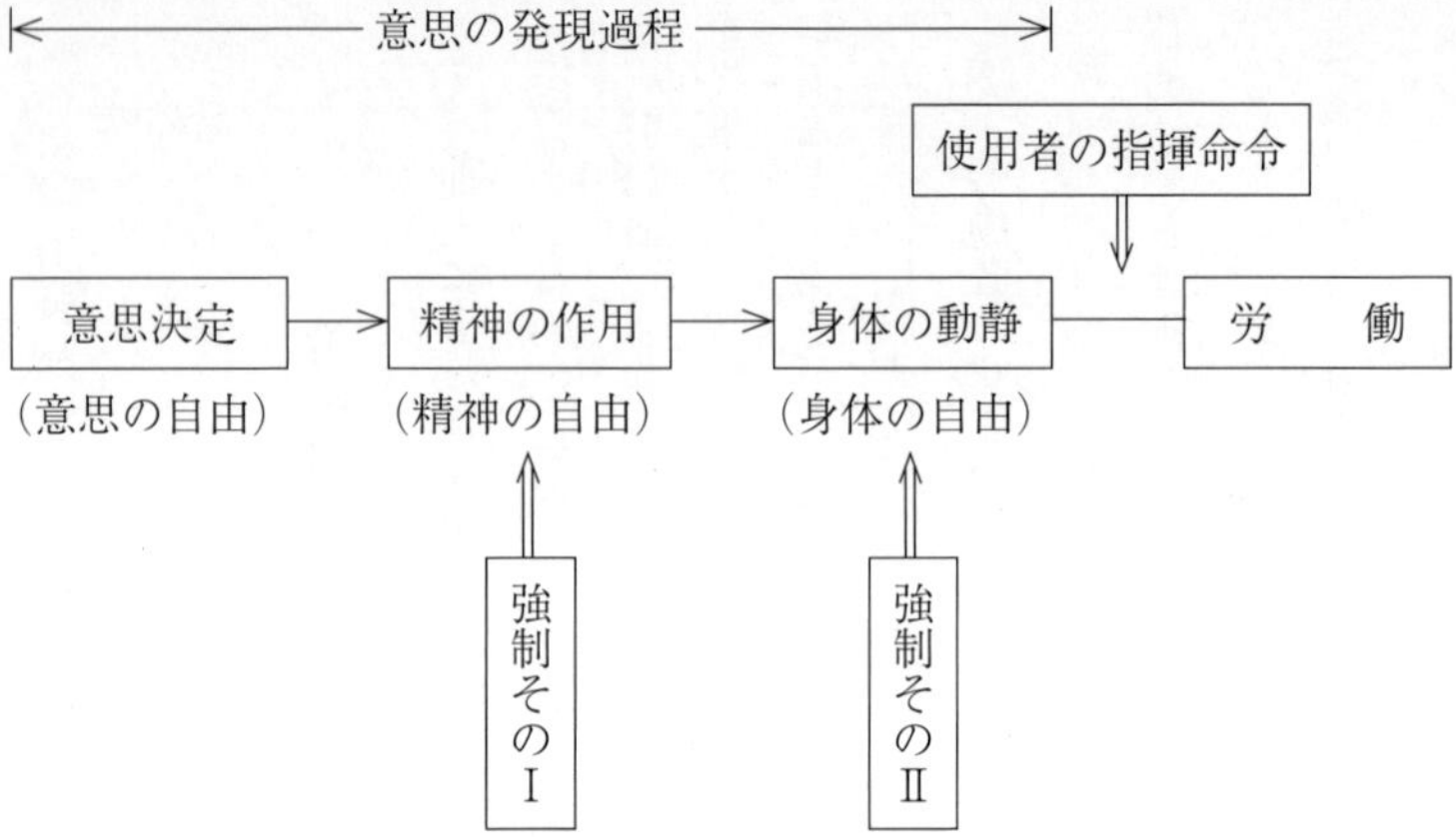

(ロ)　また、使用者の指揮命令下における労働者の身体の動静が、労働者に対する重大な不利益の威嚇や労働者にとって抗拒（抵抗）しえない程度の実力の行使によりなされており、労働者の意思の自由な発現といいうるものでない場合も何ら労働ではない。そして、労働者への不利益の威嚇や実力の行使その他により、労働者の意思の自由な発現を抑圧することは「強制」と呼ばれ、それによる使用者の指揮命令下における労働者の身体の動静は強制労働（強制作業）と呼ばれる。したがって、強制労働とは、「労働」という言葉を用いているにもかかわらず、本来の意味における労働ではないのである。

(3)　二種類の強制

(イ)　強制労働に関して問題になる「強制」は、大別して二つの態様においてなされる。第一に、それは労働者の精神に働きかけ労働者の意思の自由な発現を不当に抑圧する態様においてなされる（意思の発現には精神の作用が必要である）。たとえば、暴行・脅迫による強制はこのような態様における強制の典型である。「暴行」とは人に向けられた有形力の行使であり、「脅迫」とは人に恐怖心を生じさせるに足りる害悪の告知である。暴行その他の有形力の行使による第一の態様の強制は、同時に、第二の態様の強制になりうるとともに、その逆の関係も成り立ちうるという特徴が認められる。

第二に、それは労働者の身体に働きかけ労働者の意思の自由な発現を不当に抑圧する態様においてなされる。たとえば、監禁による強制である。「監禁」とは一定の場所から出ることを不可能ないし著しく困難ならしめることである。かつてのわが国において行われていた労働者を「たこ部屋」に居住させ且つ作業場所から外出することを禁止することは、かかる意味における監禁の典型的な一例である。あるいは、「監獄部屋」に居住させることも同様である。そして、「たこ部屋」や「監獄部屋」や「鳥かご」（芸娼妓の場合に使用された表現といわれる。芸娼妓自身は「かごの鳥」といわれた）ではない通常の寄宿舎であっても、労働者の外出を禁止すれば監禁の一種になる。

(ロ)　このような各様の強制による労働は、労働者と使用者との間に締結された雇用契約その他の労働契約に基づいて行われることもあれば、労働契約のない法律関係において行われることもある。たとえば、第二次大戦中においてわが国の鉱山等で行われた強制労働は前者の一例であり、懲役刑の受刑者の強制労働は後者の一例（しかし、裁判による受刑者の強制労働は許容されることが多い）である。これに対して、禁錮刑の受刑者の労働は強制労働ではないが、禁錮刑それ自体が強制労働と解されることがある。

また、かかる強制労働は、使用者がその経済的利益を増加させるという経済的目的からなされることもあれば、一定の政治的な思想をいだいている者に思想を変更させるという政治的目的からなされることもある。そして、第二次大戦後においては、ソ連（旧ソ連）におけるスターリン時代の政治的圧制手段としての強制労働やその他の国における同様の強制労働が原因になって、経済的目的からの強制労働よりも政治的目的からの強制労働の方が国際的に注目されるようになったのである。

(4)　ドイツにおける強制労働の禁止

(イ)　ドイツにおいては、強制労働の問題が一般的に労働保護法の領域で論じられることは少ない。しかし、ドイツのボン基本法は、一二条二項において、「何人も……一定の労働を強制されることは許されない」と規定したのちに、三項において、「強制労働は、裁判所で命ぜられた自由剥奪の場合にのみ、許される」と規定して、強制労働（Zwangsarbeit）を原則として禁止している。「一定の労働を強制されること」の中には、労働場所（Arbeitsplatz）を変更することの制限も含まれる。そして、強制労働の「強制」とは、人の意思に対し肉体的または精神的手段（physisches oder psychisches Mittel）によりあらゆる影響を与えることである。もっとも、これは、国家当局によりなされ、しかも、人が法的に義務を負っていない行為に関しなされるものでなければならない（Ingo von Münch, Grundgesetz Kommentar I, S. 424 f.）。

(ロ)　フランスにおいても、強制労働（trvail forcé ou obligatoire　travaux forcés とは懲役のこと）の問題が一般的に労働保護法の領域で論じられることはない。しかし、制裁の脅威の下になされる労働である強制労働それ自体に関するものではないが、期間の定めのない労働契約（contrat du travail à durée indéterminé）を終了せしめうる一方的解約告知（résiliation unilatérale）について、「〔一方的解約告知の権能は〕民法典の制定された時代には、隷従の体制（régime de servage）の合意による復活を阻止するものと考えられたのである。かりに労働者が無限に労働契約に関係づけられるとすれば……そこには個人的自由に対する重大な侵害が存在しよう」という指摘がなされている（小西「解雇の自由とその制限」季刊労働法別冊第一号・労働基準法一一二頁〈一一五頁〉以下参照）。

二　ＩＬＯ二九号条約および一〇五号条約

(1)　植民地等における今日的な強制労働

今日のわが国においては、いわゆる「たこ部屋」や「監獄部屋」などの利用による強制労働はほとんど皆無に近い。しかし、北海道開拓時代や、昭和の初めや、第二次大戦の時期に、わが国においてこのような施設の利用による強制労働が存在したことは疑いのない事実である。また、植民地においては、自発的な労働を期待することが困難であったところから、第二次大戦後においても強制労働が行われてきたのである。そして、現在でも、発展途上国においては同様の事情をなお窺い知ることができるのである。

(2)　開発目的からの強制労働

(イ)　このような社会的現実と、強制労働は人間の尊厳に照し容認することができず速やかに廃止されるべきであるという国際社会における社会的要請を契機にして、つとに一九三〇年六月一〇日に開催されたＩＬＯ第一四回総会において「強制労働ニ関スル条約（二九号）」が採択された。この条約はイギリス語によれば Convention (No.29) concerning Forced or Compulsory Lobour というものであり、一条から三三条までの三三か条からなる包括的な内容の条約である。

(ロ)　この強制労働条約は、一条一項において「本条約ヲ批准スル国際労働機関ノ各締盟国ハ能フ限リ最短キ期間内ニ一切ノ形式ニ於ケル強制労働ノ使用ヲ廃止スルコトヲ約ス」と規定している。ここにいう「強制労働」とは、イギリス語の正文によれば forced or compulsory labour（フランス語の正文によれば travail forcé ou obligatoire）と表現され、また、「廃止スル」とは同じく suppress と表現されている。そして、ここにおいて、強制労働が「能フ限リ最短キ期間内ニ」（within the shortest possible period）廃止されるべきこと、すなわち、可能なかぎり速かに排除されるべきことが規定されたのは、この当時の社会的現実に基づく国際社会における社会的要請がそのようなものであったからである。

(ハ)　(i)　かかる廃止（排除）の対象にされる「強制労働」とは、二条において規定されているように、「或者ガ処罰ノ脅威ノ下ニ強制セラレ且右ノ者ガ自ラ任意ニ申出デタルに非ザル一切ノ労務」のことである。「処罰」

は正文では penalty（peine）と表記されており制裁のことである。「制裁」とは重大な精神的・肉体的・経済的その他の不利益を課すことであり、この中には刑事的制裁（刑罰）も含まれる。また、「自ラ任意ニ申出デタルニ非ザル」とは、労働者の意思の自由な発現といえないということである。したがって、ＩＬＯ二九号条約は、使用者が労働者に一定の重大な不利益を課す旨を威嚇してその精神または身体に働きかけ、労働者の意思の自由な発現を抑圧してなさしめる強制労働を禁止の対象にしていたと理解することができる。

(ii) 使用者が労働者のストライキを禁止し、ストライキを行うならば損害賠償を請求する等の威嚇をなす場合も強制労働にあたる。労働者がストライキを行えば、その間は労働をなさないことになるが、制裁の威嚇のもとにストライキを禁止することは、労働者が「処罰ノ脅威ノ下ニ……任意ニ申出デタルニ非ザル……労務」を提供させることになるからである。また、「処罰」すなわち制裁の中には刑罰を課すことも含まれるから、ストライキ禁止処罰立法の存在を前提にして、使用者が労働者にストライキへの参加を禁止することも、同様に強制労働にあたることになる。そして、ＩＬＯ一〇五号条約は一条(d)号においてこのことを明文で規定している。もっとも、「違法」なストライキを禁止しそれへの参加を刑事的制裁の対象にすることが強制労働にあたるか否かに関しては、後述するように見解が分れている。

(3) 政治目的からの強制労働

(イ) ＩＬＯ二九号条約により、「能フ限リ最短キ期間内ニ」、すなわち、「可能なかぎり速かに」（即時に或いは段階的にということ）廃止されることが要請された強制労働は、主として、開発目的を含む経済的目的から行う強制労働（私的な個人・会社・団体の利益のための強制労働は即時廃止の対象）であったということができる。そして、これは、当時の国際社会においてこのような態様の強制労働が広く行われていたという社会的現実によるものである。しかし、時代が推移するに及んで、国家権力等の公権力それ自体による強制労働にせよ、使用者の労働者に対する強制労働であって国家権力の介入に基づくものにせよ、政治的目的からの強制労働が増加してきたのである。

(ロ)　(i)　このような政治的目的からなされる強制労働も、労働者の意思の自由な発現を抑圧することにおいては経済的目的からの強制労働と変りがなく、人間の尊厳に照し容認することができないことは多言を要しないところである。そして、かかる社会的現実とそれに基づく国際社会における社会的要請（政治的目的からの強制労働も廃止されるべきである、という要請）を契機にして、一九五七年六月五日に開催されたＩＬＯ第四〇回総会において「強制労働の廃止に関する条約（一〇五号条約）」が採択されたのである。

(ii)　この採択に関連して次のような指摘がある。「第二九号条約で許されていた強制労働をしぼっていこうとする第一〇五号〈強制労働廃止〉条約（一九五七年）には、つぎつぎに禁止される強制労働の類型が追加されていった。日本政府代表は、この条約の審議過程で、当初予定されていた強制労働に限定するよう主張して抵抗したが、大勢はこの抵抗をのりこえ」、また、「ストライキに関与したことに対する制裁としての強制労働を禁止する規定（一条(d)号）については、違法なストライキに対する刑罰は除外される旨の但書をつけるよう要求したが、この要求もまたしりぞけられ」、その結果、「最終投票の段階では、賛成二四〇、反対ゼロ、棄権一（米国使用者代表）」でこの条約は採択されたが、「日本政府の票はどこにも記録されていない」と（中山和久・ＩＬＯ条約と日本一八二頁以下）。

(ハ)　強制労働廃止条約は、イギリス語によれば、Convention（No.105）concerning the Abolition of Forced Labour というものである。これは二九号条約と相違して包括的な内容を有するものではなく、一条から一〇条までの数少ない条文からなるものである。そして、このような事情は、前文において「千九百三十年の強制労働に関する条約の諸規定に留意〔する〕」と表現されているごとく、一〇五号条約が二九号条約の存在を前提しそれと一体をなすものとして採択されたことによるものである。また、この一〇五号条約が、その前文において「千九百四十九年の賃金保護条約が……労働者からその雇用を終止する〔辞職などのこと〕事実上の機会を奪う支払方法を禁止していることに留意〔する〕」と記述していることにも注目すべきである。

(二)　(i)　二九号条約と一体をなすこの一〇五号条約は、一条(a)号において、「政治的な圧制若しくは教育の手段」としての強制労働が禁止されるべきことを規定したのちに、「政治的な見解若しくは既存の政治的、社会的若しくは経済的制度に思想的に反対する見解」(political views or views ideologically opposed to the established political, social or economic system) を抱き、又は、発表することに対する制裁としての強制労働が禁止されるべきことを規定している。これは、端的にいえば、「思想の表明といった行為の結果、刑に服し労働が課せられる」ことなどの禁止されるべきことを明文で規定したものである（ニコラス・バルティコス＝国際労働基準とＩＬＯ一四二頁）。

(ii)　しかも、この一〇五号条約は経済的目的からなされる強制労働をも禁止している。すなわち、それは、一条(b)号において「経済的発展の目的のために、労働力を動員し、及び利用する方法」(a method of mobilising and using labour for purposes of economic development) としての強制労働の禁止されるべきことを規定するとともに、同条(c)号において「労働規律の手段」(means of labour discipline) としての強制労働の禁止されるべきことをも規定している。「労働規律」とは、きわめて曖昧な概念であるが、職場の服務規律のことではなく、労務の提供に関係する懲戒 (discipline du travail, Arbeitsdisziplin) のことと理解しうる。したがって、「労働規律の手段」とは使用者の労働者に対する懲戒の手段ないし措置のことになり、「労働規律の手段……としての強制労働」とは懲戒の手段や措置としての強制労働のことになる。

(iii)　「労働規律」の手段としての強制労働の禁止に関して、一九五七年のＩＬＯ第四〇回総会は第三九回総会における案（原案）をそのまま採択したが、事務局が総会の開会に先立って各国政府に意見を照会したところ、以下のようにさまざまな回答がなされたという。「これに対する回答は、さまざまであった。契約、就業規則等に従わないため課せられる労働規律とすべしとする政府もあれば、このように労働規律を限定するときは、ノルマに達しないため科せられる処罰としての強制労働を除外することになるとして反対する政府もあった。また、単純に労働規律と規定して、契約、就業規則に従わない場合だけでなく、違法な同盟罷業に参加した場合をも包含するよう、広く解釈すべきであると主張する政府もあった」と（戸田義男「強制労働の廃止に関する条約」時の法令四五一号三〇頁以下）。

また、次のような指摘もある。「(c)号『労働規律（labour discipline）』の手段としての強制労働の意味が明確でなく、なかには(c)号削除を提案する国もあった。従って、一九五六年の強制労働委員会において、『労働契約義務の違反、労働規則の不遵守、職務命令の不履行』に対し労働者に課せられるべき『労働規律の手段』と字句を訂正すべき旨の提案がなされ（ブラジル・イタリー・ユーゴー各政府代表委員による）、翌年ＩＬＯよりの各国政府宛質問状のなかでも特にその点が反覆指摘されている」。「結局採択された条約中には『労働規律』の内容を制限する字句は何らみられないが、さきの特設委員会の報告に労働規律の違反に対する厳格な刑罰があげられることからも判断して労働契約や就業規則その他の労働に関する規則に基いて労働者に課せられる義務違反に対して課される刑罰その他の強制労働が(c)号の規制の対象となるものといえよう」と（片岡　曻「国際条約における強制労働の禁止」季刊労働法三四巻四号四頁）。

(4)　**ソ連等による強制労働**

(イ)　(i)　公権力それ自体による開発目的からする強制労働の典型として、ソ連による旧日本兵と旧ドイツ兵に対する強制労働がある。しかし、ソ連は旧イタリア兵に対しては強制労働をさせなかったといわれている。それは、日本兵やドイツ兵と相違して、イタリア兵については指揮命令関係が十分に機能しないとソ連が判断したからであると想像されている。

(ii)　旧日本兵に対する強制労働に関しては次のような事実が指摘されている。「飯ごうのふたに蒸麦（えんばく）がゆ一杯、一日に三杯で、零下四〇度のシベリアの厳寒の真夜中の強制労働、それは野外で貨車積みの石炭下ろしである。多くの戦友は飢えと寒さで無残にも、毎日のように命を絶っていった。何月何日に帰れるというわさが毎日のようにたっては消えてゆく。落胆の連続であった。十カ月もふろに入らず、着る物も着たきりである。そのためにシラミは繁殖し、シラミが原因で発しんチフスが蔓延（まんえん）した」と〈関口義明「『帰りたい』と叫び続けた死」朝日新聞平成六年九月一八日〈朝刊〉声欄〉。

この入浴に関しては、次のような指摘もある。「私が収容されたのはシベリア北西部ウラル山脈の原始林、電気も水道も無い極寒地帯で零下五〇度以下になる日も珍しくない。着替えも無く、一着きりの衣服にわくシラミを駆除するため、月に二回の入浴日があった。本来なら入浴は楽しかるべきはずなのに、厳寒期の入浴は地獄そのもの」。「電灯代わりにつるした空き缶ランプが照らす薄暗いバラックの浴場には、浴槽が無く湯を沸かす大釜があるだけ。捕虜たちは各人五リットルくらいの湯を木箱で渡され、全身を洗えと言われる。魚油を固めた生臭いせっけんで体を洗い、衣服の蒸気消毒が終わるのを待つ。その間、三十分くらいだろうか。耐え難い寒さに震えながら立ち尽くすのは、まさに地獄の責め苦であった」と〈丹羽冬蔵「入浴が地獄にラーゲリ生活」朝日新聞平成一〇年一二月一二日〈朝刊〉声欄〉。

しかし、シベリアの捕虜収容所での最初の生活はこれとはかなり相違していた。たとえば、次のような記述がある。「朝めしである。われわれの千島から持って来た米が集められ、それが各中隊から選出された炊事係によって炊かれ、皆に分配された。盛沢山である。白米に塩鮭に沢庵である。なんとおいしかったことか。今日は作業がないらしい。時々、使役が出され、室内の掃除やら、薪取りや水汲みなどがある。昼でも暗い室内で兵達は冗談をいいあったり、タバコを吸ったりしている。静かに持参の書籍を読んでいたりしている兵もある」（蝦名熊夫・死の家の記録四七頁）。

(iii)　このように、シベリアへ強制連行された旧日本兵は当初は労働することがなかったが、強制労働が開始されてからは数年にわたり悲惨な状態が続いた（強制労働は四年近くに及んだといわれている）。強制労働に従事した旧日本兵は六五万人ともいわれるが、最近の推計では約五七万五〇〇〇人とされており（五六万一〇〇〇人という推計もある）、その約一割にあたる五万五〇〇〇人が死亡したとされている（朝日新聞平成一七年一月九日〈朝刊〉三五面）。強制労働の内容は右に見たように貨車からの石炭下ろしや原始林の木材の伐採などであったが、このほかにバイカル―アムール鉄道（バ・ム鉄道）の建設労働もあった。これは、コムソモリスクからウスチクートまでのバイカル湖の北側を通る鉄道（したがって、極寒の地に建設された鉄道）であり第二シベリア鉄道と呼ばれている。

第一シベリア鉄道（一般的には、単にシベリア鉄道と呼ばれる）は、一九一六年（大正五年）に建設されたウラジオストックからチェリャビンスクまでの七四一六キロメートルに及ぶ大鉄道でありロシア（旧ソ連）における重要な幹線鉄道の一つであったが、その後モスクワまで延長され現在ではウラジオストックからモスクワまでの九二九七キロメートルになっている。線路のレール幅がヨーロッパ標準軌の一四三五ミリ（東海道新幹線も一四三五ミリ）であるのかロシア標準軌の一五二〇ミリであるのかは不明である。シベリアには旧ドイツ兵も強制連行され強制労働に従事させられたが、旧ドイツ兵の強制労働の内容は必ずしも明らかにされていない（戦争賠償責任の一部であるのか否かも不明）。

(ロ)　モンゴルによる旧日本兵・民間人に対する強制連行に基づく強制労働もあった。これは首都ウランバートルの近代化を図るためのものであったとされるが、この日本人のモンゴルへの強制連行と強制労働は、モンゴルの要請に基づき、ソ連の決定で行われたものといわれている。そして、「捕虜の移送・返還の記録によると、実際に移送された日本人は一万二千三百一八人。ソ連・モンゴル国境で、四五年十月から十二月十日まで六回に分けて、引き渡された。このほか、モンゴル軍が直接中国で捕らえた捕虜が七人いた。四七年十月、〔捕虜帰還のために〕一万七百五人がソ連に引き渡された」。

この中には、「民間人千百四十三人、警察官七十人と、四三年にモンゴルでスパイ活動容疑で逮捕された一人が含まれていた。抑留中の死者は千六百十八人。ほかに、三人が脱走し行方不明とされている。捕虜返還をめぐっては四七年三月二十二日、人民革命党のツェデンバル書記長がモスクワを訪れ、マリク・ソ連外務次官に『日本人を四七年秋まで働かせたい』と申し入れた、との暗号電文も見つかった。当時、ソ連からは捕虜帰還が始まっていた」（朝日新聞平成七年六月一九日〈朝刊〉一面）と。

(ハ)　公権力による政治的目的からの強制労働としては、ソ連における政治的目的からの強制労働のほかに、カンボジアでのポル・ポト派の時代（一九七六年から一九七九年まで。ポル・ポト派は極端な共産主義的思想による集団）の強制労働も知られている。この当時、かかる強制労働に従事したチェン・ボン元文化情報大臣に関するつぎのような新聞報道がある。

「六十代半ばのチェン・ボンさんは以前、芸術大学教授や国立劇場の長を務めたが、ポル・ポト派の時代に強制労働に従事させられた。恐怖政治が終わって間もなく、文化情報大臣となり、一九九一年まで、長い間、その任にあった。在任中、芸術大学の再建や遺跡の復興、また伝統的な文化、芸術を守り伝えることに努力した」と（朝日新聞平成六年一一月二三日〈朝刊〉天声人語欄）。

そして、二〇一〇年時点における中国でも、全国で約三五〇か所ある「労働教養所」において、割りばしを袋に入れる単純作業などの強制労働が行われていると報道されている（朝日新聞平成二三年九月二日〈朝刊〉六面）。

三　労基法五条

⑴　労基法による強制労働の禁止

わが国の国内労働法である労基法は、五条において、「強制労働の禁止」という見出しのもとに、「使用者は、暴行、脅迫、監禁その他精神又は身体の自由を不当に拘束する手段によって、労働者の意思に反して労働を強制してはならない」と規定し、「暴行、脅迫、監禁」を例示するとともに、精神の自由に対する抑圧手段と身体の自由に対する抑圧手段の双方の手段による強制労働を禁止している。

これは、かつてのわが国において、「たこ部屋」等の利用による監禁、および、作業場所からの外出禁止のもとになされる強制労働が存在したという社会的現実と、それは廃止されるべきであるという国内社会における社会的要請を契機にして規定されたものである。また、それは、「何人も、いかなる奴隷的拘束も受けない」と規定する憲法一八条の理念を労働法（国内労働法）の次元において具体化したものでもある。

⑵　労基法五条とＩＬＯ条約

労基法五条は、ＩＬＯ二九号条約や一〇五号条約との関連において国内労働法として立法されたものではない。このうちの一〇五号条約は一九五七年に採択されたものであり（わが国は未批准）、労基法五条は一九四七年（昭和二二年）に規定されたものであるから、一〇五号条約が労基法五条の立法の契機になったものでないことは明らかである。

これに対して、ＩＬＯ二九号条約は一九三〇年に採択されわが国は一九三二年一一月二一日に批准（ソ連は一九五六年六月二三日に批准）したものであるから、批准に伴う国内労働法の整備の一環として労基法五条が規定されたということは、時期的にはあり得ないことではない。しかし、歴史的事実としては、労基法五条はこのようにして制定されたものではないのである。

(3)　未批准条約と国内労働法

(イ)　このことは、労基法の立法者がＩＬＯ二九号条約を立法にあたって参考にしなかった、ということを意味するものではない。むしろ、労基法の立法者が二九号条約を参考にしたことは明らかである。すなわち、労基法の立法当時における連合国総司令部であるＧＨＱの対日労働管理政策は「二度と再び日本の低賃金長労働時間を基盤とする国際進出を認めてはならない」というものであり、そのために、総司令部は「欧米諸国で長年にわたって労使間に認められ、各国の間でも遵守されてきた労働慣行をわが国にも遵守せしめよう」と考えていたのである（廣政順一・労働基準法四六頁以下）。

そして、「国際的な労働慣行」は「国際間において最大公約数的に一九一九年以来ＩＬＯの国際労働条約に集約結実されてきたところ」であるから、総司令部は、「労働基準法制定の決定的な推進力となった」とともに、「このような国際労働条約の内容をわが国にも法制上（労組法をも含むと考えられる）実現させよう」としたのである（廣政・前掲書四六頁以下）。したがって、労基法の立法者が、強制労働を禁止する労基法五条の立法にあたり、総司令部の意向を受けＩＬＯ二九号条約を参考にしたことは明白なのである（ＩＬＯ二九号条約については、本書の六三頁をも参照されたい）。

(ロ)　労基法の立法者がこのように総指令部の意向を受けたことは、総指令部の労働諮問委員会が労働保護法（労働基準法）の立法に関する「特殊勧告」の中で、「強制労働制度はいかなる形式においても法律をもってこれを確定かつ禁止すべきである。この目的に關する重要な措置は任意的辞職またはその他の契約違反に對し、あらかじめ決定し、または過去の賠償を要求する契約を禁止し、かつ将来の所得よりの返還を要求する『前借』契約より生ずる負債を徴収し得ざるものとすることにあるであろう」と勧告していたという事実からも窺い知ることができる（寺本廣作・改正勞働基準法の解説三〇頁）。その結果、わが国においては、強制労働の禁止はドイツやフランスにおけると相違して労働保護法である労働基準法中に規定されることになったのである。

(ハ)　労基法五条は労働憲章（労基法一条から七条まではこのように呼ばれる）のなかの一条項であり、数多い労基法の規定のうちでも最も重要な規定の一つである。そして、このことは、労基法五条に違反した場合の罰則が一一七条において「一年以上十年以下の懲役又は二十万円以上三百万円以下の罰金」と規定されている（これは労基法における最も重い刑罰である）ことにも現れている。国際労働法は、縷述したように、国際法の一部であると理解すべきであるが、かりに、国内労働法であって国際社会において一般的に妥当するものを国際労働法と理解するという見解に立っても、強制労働の禁止に関する労基法五条は国際労働法であるということになるのである。

第二章　賃金支払の保護

一　賃金の概念

(1)　労働の対価性

(イ)　「賃金」とは、一般的に、労働の対償のことである。「労働」とは、ある者が他の者の指揮命令下において労務を提供することであるから、「賃金」とは、ある者（労働者）が他の者（使用者）の指揮命令下において労務を提供することの対価（厳密には対償と対価とは相違する概念。対償とは本来は償いの意味）として支払われるもののことになる。

そして、「他の者の指揮命令下において」行為する場合には、一般的に、自己の計算と責任によることなく他人の計算と責任によって行為するのであるから、「他人の指揮命令下」における労務の提供は、特段の事情がある場合は別にして、他人の計算と責任における労務の提供を意味することになる。

(ロ)　したがって、賃金は、ある者が他の者の計算と責任においてその指揮命令下で労務の提供をする場合に、この者がその者から労務提供の対価として支払われるもの、ということになる。そして、このことに関しては、賃金はある者が「他の者のために」その指揮命令下において労務を提供することの対価であると表現されることもある。

(2) 労務提供を間接的原因とする対価

(イ) 労務提供の「対価」とは、労務の提供を原因として支給されるもののことである。この中には、労務の提供を直接的な原因として支給されるもののみならず、労務の提供を間接的な原因として支給されるものも含まれる。それゆえ、労務の提供を直接的な原因とするものではないが、毎月支給される各種の手当（たとえば、住宅手当など）のように労務の提供を間接的な原因として支給されるものも、ここにいう労務提供の「対価」に含まれることになる。また、年に数回支給される夏期一時金・冬期一時金などのボーナス（後述するドイツにおけるクリスマス賞与なども同様）も労務の提供を直接的な原因とするものではないが（労務の提供を直接的な原因にするものは、月給として毎月支給される）、ここにいう「対価」に含まれる。

(ロ) 労務提供の対価として「支払われる」とは、義務の履行として交付行為がなされ或いはその他の給付行為がなされることである。したがって、ボーナスの支給のごとく本来的には恩恵的な給付行為であっても、それが労働協約や経営協定や就業規則の規定などにより義務づけられている場合には、その給付行為は「支払」といえることになる。そして、支払われる「もの」とは、交付行為や給付行為の内容のことである。これは一般的には経済的価値を有するものであるが、時には精神的・肉体的価値を有するにすぎないものもある。また、経済的価値を有するものも、金銭のこともあれば手形・小切手のこともあれば現物のこともある。そして、肉体的価値を有するものの給付の一例として、古代エジプトにおける塩（salt, sel, Salz）の給付の指摘されることがある。

(3) ドイツにおける労働対価概念の多義性

(イ) ドイツにおいて、労働対価（Arbeitsentgelt）は、実務上、労働者の場合には賃金（Lohn）と表現され、職員の場合には俸給（Gehalt）と表現される。しかし、連邦労働裁判所は、「労働対価」という概念を「賃金」のそれよりも狭く把握している。すなわち、労働対価は一定の労働に対する反対給付として支給される報酬

（Vergütung）であり、したがって、使用者が生計維持の要素をもたせて支払うもの、たとえば、疾病の場合における継続支払賃金（Lohnfortbezahlung）はたしかに賃金ではあるが労働対価ではない、としている。つまり、連邦労働裁判所は「労働対価」を直接賃金の一部に限定して理解しているということができる。だが、これに対しては、それは法理論的にもまた法体系的にもあまり合目的ではない、との批判がなされている（Wolfgang Zöllner, Arbeitsrecht S. 114 f.）。

(ロ)　労働対価（賃金または俸給）の額は、しばしば、労働契約によって合意される。これは雇入れにあたってなされることもあれば、その後になされること（賃上げや賃下げの場合など）もある。また、多くの労働関係においては、賃金契約や俸給契約中に各種の規定が置かれている（Zöllner, a. a. O., S. 115）。このような契約により義務づけられる報酬のほかにも、しばしば被用者に特別の契機から付加的な金員の支払われることがある。たとえば、クリスマス賞与（Weihnachtsgratifikation）や、付加的年次休暇金（zusätzliches Urlaubsgeld）や、年末手当（Jahresabschlußprämie）などである。これらの社会的給付（Sozialleistung）と呼ばれるものも賃金の一種であり、その法的根拠としては平等取扱原則や経営慣行の指摘されることがある（Alfred Söllner, Arbeitsrecht 5. Aufl., S. 218 および Zöllner, a. a. O., S. 121）。

(4)　ＥＣ法における賃金概念

(イ)　ＥＣ法における賃金の概念はこれらの国内法上の賃金概念よりも広く、また、後述するＩＬＯ九五号条約上の賃金概念よりも広い。これは、ヨーロッパ経済共同体を設立する条約すなわちローマ条約の一一九条にいう賃金（賃金ないし俸給）の概念を前提にしながらも、男女間の差別の問題を解決する実務的な要請から、ＥＣ裁判所が判例法により特別の賃金概念を形成し発展させてきたことによるものである。そして、このようなＥＣ法上の賃金は「労働関係にパッケージされている給付の全体」と表現されることがある（籾山錚吾・ＥＣ労働法の展開と現状六六頁)。

(ロ)　ＥＣ法上の賃金は、ローマ条約が規制の対象の中心にする「狭い意味の賃金」と、ＥＣ裁判所の判例法により承認された「広い意味の賃金」とに分れる。前者の狭い意味の賃金は「直接賃金」と呼ばれ、労務の提供と直接的・間接的に双務関係に立つ賃金のことである。これに対して、広い意味の賃金は「間接賃金」と呼ばれ、老齢年金や雇用関係終了後に被用者に支払われる一時金や疾病の場合における継続支払賃金などのごとく、労務の提供と双務関係に立たない賃金のことである。しかし、いずれも、ローマ条約にいう「使用者が、雇用関係に基づいて、被用者に間接的に又は直接的に現金または現物給付で支払う、通常の基本賃金ないし俸給または最低賃金ないし俸給その他のすべての報酬」の中に含まれるものとして、規制の対象にされるものである(籾山・前掲書六六頁)。

二　ＩＬＯ九五号条約

(1)　戦後における賃金支払の現実の態様

(イ)　第二次大戦直後のわが国においては、使用者の労働者に対する賃金の支払が現物によってなされたことが多々あったといわれている。たとえば、砂糖会社において使用者が労働者に砂糖で賃金を支払ったり、製靴会社において革靴でそれを支払ったり、カメラ会社においてカメラ(二眼レフカメラ)で支払ったりしたごとくである。そして、このような現物が支給されるだけでも賃金不払よりは良かったのである。

(ロ)　しかし、今日のわが国においては、このような現物で賃金が支払われることは、皆無ではないがきわめて少なくなっている。また、今日のわが国においては、使用者の労働者に対する賃金の支払は第三者が介在することなく直接的になされているが、かつてのわが国においては、「頭」（かしら）や「親方」などの第三者が賃金の支払に介在し俗にいう「ピンはね」（ピンとは頭のこと）をした事実も多々あったのである。しかも、かかる事情は、今日においても、発展途上国ではなお窺い知ることができるのである。

(2)　賃金保護条約の採択

(イ)　このような社会的現実と、賃金のピンはねを生じさせる惧れがある賃金の間接的な支払いなどは、労働者およびその家族の生活の保護のために禁止されるべきである、という国際社会における社会的要請を契機にして、一九四九年六月八日に開催されたＩＬＯ第三二回総会において「賃金の保護に関する条約（九五号）」が採択された（採択日は同年七月一日。同日に賃金の保護に関するＩＬＯ八五号勧告も採択された）。この条約は、イギリス語によれば、Convention（No.95）concerning the Protection of Wages というものである。そして、これは、一条から二七条までの二七か条からなるものであって包括的な内容の条約である。

(ロ)　(i)　ＩＬＯ九五号条約は、一条において、「この条約において『賃金』とは、各称又は計算方法のいかんを問わず、金銭で評価することができ、かつ、双方の合意又は国内の法令により定められる報酬又は所得で、なされた仕事若しくはなされるべき仕事又はなされた労務若しくはなされるべき労務につき使用者が文書又は口頭による雇用契約に基いて労働者に支払うものをいう」と規定して、この条約の適用される範囲を確定している。

ここにいう「金銭で評価することができ〔る〕」（capable of being expressed in terms of money）とは、経済的価値を有し現金に換算しうるという意味である。したがって、九五号条約にいう「賃金」は一般的意味における賃金よりも狭く、精神的・肉体的価値を有するにすぎないもの（たとえば、技術の伝授など）はこの条約の保護の範囲からは除外されることになる。

(ii)　また、「双方の合意又は国内の法令により定められる」（fixed by mutual agreement or by national laws or regulations）とは、賃金額が労働協約や経営協定や個別契約などの労使双方の合意によって定められ、或いは、最低賃金法などの法令によって定められるということである。さらに、「文書又は口頭による雇用契約に基いて」（in virtue of a written or unwritten contract of employment）とは、使用者が労働者に対して支払う賃金に関する債権（賃金債権）の発生根拠が雇用契約であるとともに、雇用契約は文書（書面）に作成されたもののみならず口頭によるものでもよいという意味である。

(iii)　これに対して、「なされた仕事若しくはなされるべき仕事又はなされた労務若しくはなされるべき労務につき」（for work done or to be done or for services rendered or to be rendered）がいかなる意味であるかは必ずしも明らかでない。仕事（work, travail, Arbeit）も労務（services, services, Dienste）も、ともに労働者が使用者に対して行う労務の提供のことだからである。しかし、仕事よりも労務の概念の方が広く、「仕事」を除いたその他の労務提供がここにいう「労務」のことであると理解することができる。そして、「仕事」とは通常の労働者が行う労働のことであり、「労務」とは家内労働者が行う家内労働（domestic service ドイツ語訳では häuslicher Dienst）をも含むその他の各種の労務提供のことであると理解することができる（domestic service については本条約の二条二項を参照。適用除外による例外がある）。

(ハ)　(i)　この条約は、三条において「金銭で支払う賃金は、法貨で支払わなければならず、約束手形、借用証書若しくはクーポンの形式又は法貨に代るものであるとするその他の形式による支払は、禁止しなければならない」と規定する。ここにいう「法貨」（legal tender）とは通貨のことであり、加盟国の国内法により強制通用力が認められる貨幣・紙幣・銀行券などのことである。たとえば、イギリスにおいてはポンドの現金であり、フランスにおいてはユーロの現金であり、ドイツにおいてはオイロの現金である。

(ii)　法貨による支払の原則にも例外が認められており、条約は、三条二項において、「権限のある機関は、銀行小切手、郵便小切手、又は郵便為替による賃金の支払については、それが慣習となっているか若しくは特殊な事情により必要とされる場合又はそれが労働協約若しくは仲裁裁定で規定されているか若しくはその規定がないときでも関係労働者の同意を得た場合には、この方法による支払を許可し、又は命ずることができる」と規定し、権限ある機関の許可制を定めている。

ここにいう「特殊な事情」(special circumstances）とは、この原則の例外を承認するに足りる各種の特別の事情のことである。たとえば、わが国における退職金に関するごとく、高額にわたる賃金を現金で支払うことは危険である等の事情である。また、「労働協約」(collective agreement）とは、労働条件等に関し労働組合等と使用者・使用者団体との間で締結される書面による団体協定であり（九一号勧告参照)、「仲裁裁定」(arbitration award）とは、仲裁人の判断（仲裁判断）のことである。さらに、「関係労働者の同意を得た場合には」(with the consent of the worker concerned）とは、利害関係を有する労働者がそれを了承する旨を表明した場合のことである。

(ニ)　五条は「賃金は、国内の法令、労働協約若しくは仲裁裁定に別段の規定がある場合又は関係労働者の同意がある場合を除く外、関係労働者に直接支払わなければならない」と規定する。「関係労働者に直接に」(directly to the worker concerned）とは、賃金は利害関係を有する労働者すなわち賃金債権を有する労働者自身に第三者を介在させることなく支払わなければならないという意味である。

(ホ)　八条一項は「賃金からの控除は、国内の法令、労働協約又は仲裁裁定で定める条件及び範囲においてのみ許されるものとする」と規定する。「賃金からの控除」(deduction from wages　ドイツ語訳では、Lohnabzüge）とは、すでに発生した賃金債権に関してなされる各種の除外行為や差引行為のことである。除外行為とは支払対象から除外する行為であり、差引行為とは相殺による場合などのごとく賃金債権の額を引き下げる行為である。

そして、使用者が賃金からの控除をなしうるためにはそれに関する「条件」（conditions）と「範囲」（extent）が国内法令などにより事前に規定されなければならず、また、実際に控除はその条件に従いまたその範囲内でなされなければならない。「条件」とは、貸付金の控除は可能である等の使用者が適法に控除しうる要件のことであり、「範囲」とは、四分の一までは可能である等の控除しうる限界のことである。

(ヘ)　このほかに、九五号条約は、一二条一項において「賃金は、定期的に支払われなければならない。一定の間隔を置いて行う賃金の支払を確保する他の適当な措置が存在する場合を除く外、賃金支払の間隔は、国内の法令、労働協約又は仲裁裁定で定めるものとする」と規定する。「定期的に」（regularly　ドイツ語訳では in regelmäßigen Zeitabschnitten）とは、「一定の間隔を置いて」（at regular intervals）と同じ意味である。また、一定の間隔を置いて行う賃金の支払いを確保する「他の適当な措置が存在する場合」とは、「国内の法令、労働協約または仲裁裁定」以外の何らかの方法によりすでに定期払いが十分に実施されている場合のことである。たとえば、労使慣行による場合などである。このような場合を別にすれば、「国内の法令、労働協約または仲裁裁定」により賃金支払の間隔が定められなければならないのである。

三　労基法二四条

(1)　労基法二四条とＩＬＯ九五号条約との類似性

(イ)　わが国の国内労働法である労基法は、一一条において「この法律で賃金とは、賃金、給料、手当、賞与その他名称の如何を問わず、労働の対償として使用者が労働者に支払うすべてのものをいう」と概念規定したのちに、二四条一項において「賃金は、通貨で、直接労働者に、その全額を支払わなければならない」と規定し、また、二項において「賃金は、毎月一回以上、一定の期日を定めて支払わなければならない」と規定している。

(ロ)　労基法上の賃金は、一般的な意味における賃金概念に関すると同様に、経済的価値を有するもののみならず精神的・肉体的価値を有するにすぎないものも含まれると解される。したがって、この国内労働法上の賃金は国際労働法であるＩＬＯ九五号条約にいう「賃金」の概念よりも広いものになる。なぜなら、ＩＬＯ条約の賃金は「金銭で評価することができ〔るもの〕」に限定しているからである。これに対して、それはＥＣ労働法上の「賃金」の概念よりは狭いものになる。なぜなら、ＥＣ労働法上の賃金は老齢年金等をも包んでいるからである。

(ハ)　(i)　「通貨」とは日本国内において強制通用力のある貨幣・紙幣・銀行券などのことであるから、これはＩＬＯ九五号条約にいう「法貨」（ドイツ語訳では gesetzliche Währung）と同一の概念である。そして、労基法によれば、使用者は「法令若しくは労働協約に別段の定めがある場合又は命令で定める賃金について確実な支払の方法で命令で定めるものによる場合」には賃金を通貨以外のもので支払いうるとされている。「命令で定める賃金について確実な支払の方法で命令で定めるもの」には、毎月の賃金に関しては口座払いの方法があり、退職金については口座払いの方法のほかに銀行振出小切手による支払方法などがある。

(ii)　これに対して、九五号条約によれば、使用者は「慣習となっているか若しくは特殊な事情により必要とされる場合」や「労働協約若しくは仲裁裁定で規定されている〔場合〕」や「関係労働者の同意を得た場合」には、「銀行小切手、郵便小切手、又は郵便為替」によって賃金を支払いうるものとされている（現物給与による支払は、四条により、産業又は職業の性質上……慣習となっているか又は望ましい場合」に認められる）。したがって、九五号条約による通貨払いの原則の例外は労基法のそれよりも広いことになる。

(ニ)　「直接労働者に」とは、賃金が使用者から賃金債権を有する労働者に第三者の介在なく支払われることであるから、これも九五号条約にいう「関係労働者に直接」という概念と同一のものである。そして、労基法によれば、直接払いの原則の例外は皆無であるが、九五号条約によれば、使用者は、「国内の法令」や「労働協約若しくは仲裁裁定」や「関係労働者の同意」がある場合には、例外的に賃金を間接的に支払いうるものとされている。したがって、ここでも、九五号条約による例外の方が広いのである。

(ホ)　(i)　「その全額」とは、弁済期の到来した賃金債権の全額のことであるから、「その全額」の支払と九五号条約にいう「賃金からの控除は……許され〔ない〕」とは同一のことになる。そして、労基法によれば、使用者は「法令に別段の定めがある場合又は……労働者の過半数で組織する労働組合……〔それが〕ないときは労働者の過半数を代表する者との書面による協定がある場合」には、例外的に賃金の一部を控除して支払いうるものとされている。

(ii)　これに対して、九五号条約においては、使用者は「国内の法令」や「労働協約又は仲裁裁定」によって賃金から控除しうる「条件及び範囲」が定められている場合には、例外的に賃金を控除しうると規定されている。したがって、ここでは、一方において過半数代表者との書面による協定が言及され、他方において仲裁裁定が言及されているが、労基法による例外と九五号条約による例外とではその要件はほぼ同一であると理解することができる。

(2)　ＩＬＯ九五号条約との関連性の有無・度合

(イ)　(i)　労基法は一九四七年（昭和二二年）四月七日に公布されたものであり、九五号条約は一九四九年七月一日に採択されたものであるから、九五号条約の採択が労基法二四条の立法の契機になったものでないことは明らかである。この通貨払いの原則・直接払いの原則・全額払いの原則のうちの通貨払いの原則は、立法者において、工場法施行令二二条を承継するとともに、イギリスの法制をも参考にして規定したのではないかと想像されるのである。

すなわち、末弘厳太郎教授は、「イギリスに『通貨は自由を意味する』（Cash means freedom）という諺があるように、貨幣經濟が支配している社會においては、賃金のすべてが通貨で支拂われることが原則として勞働者にとって最も利益である。これ第十九世紀の中葉この方、所謂 truck system の幣を防ぐ目的でイギリスを最初として、通貨支拂の原則が各國に認められるようになった原因である」と述べている（末弘厳太郎「勞働基準法解説㈠」法律時報二〇巻三号二四頁）。

(ii)　また、寺本次官も、「通貨拂ひについて規定を設けることはトラック・アクト（Truck Acts 1831 年及び 1870 年）以来、物品賃金制を禁止するのが勞働保護立法の例であり工場法施行令（第二十二条）にも同様の規定があった。インフレイション經濟の下では現物給與は勞働者に歡迎されるところであるが、稍もすれば基本給を不當に低く据置く原因となり、又闇取引の原因となる惧もあるので本法では先例通り原則としてこれを禁止すること、した」と述べているのである（寺本廣作・改正勞働基準法の解説二六二頁）。

(ロ)　(i)　労基法二四条の規定する通貨払いの原則・直接払いの原則・全額払いの原則のうちの直接払いの原則と全額払いの原則に関しては、総指令部の労働諮問委員会が、労働保護法（労働基準法）の立法に関する「特殊勧告」の中において、「個人的労働契約を取扱ふ規定は、これを改善し、かつ強化すべきである。かかる契約の期間は一年または二年より長くない期間に限らるべきである。賃金支拂の頻度および方法を規制し、賃金よりの控除を制限し、かつ解雇の豫告または豫告に代る賃金を要求する基本的標準を設くべきである」と勧告していた（寺本・前掲書三〇頁）。

この「特殊勧告」は連合国総指令部の勧告であって「指令」や「覚書」などではない。それは「新立法は、民主主義的手續きを經て日本國民の創意によって採擇」されるべきであり、「保護法の分野は……指令により詳細に定めることは総指令部にとって賢明にあらざるものである」との認識に基づくものであった（寺本・前掲書二八頁)。かくして、総指令部は、日本政府の事務当局に対して、労働保護法制定の資料の蒐集と基本的条項の研究に当たって「道義的支持と専門的援助」を与え、昭和二一年七月には労働保護立法に必要な一応の準備が整っていた(廣政順一・労働基準法三五頁以下参照)。そして、この「資料」の中に「九五号条約案」が含まれていた可能性が高いのである。

(ii)　このことを別言すると以下のごとくである。ILO第三二回総会は一九四九年六月八日に開催されたが、「二回討議」の制度に基づき、九五号条約は一年前の一九四八年から審議が開始されていた。他方で、労基法二四条は一九四七年に成立したが、この審議は一九四六年に開始されていた。そして、一九四六(昭和二一年)一〇月三〇日の第七次労働基準法草案の二二条に「直接労働者に其の全額を」という文言が挿入され、同年一二月の労務法制審議会の答申の中には現行の二四条に対応する規定が置かれたのである。

したがって、労基法二四条は九五号条約と直接的な関連性を有するものではない。しかも、当時、わが国はILOを脱退していたので、ILOの条約案に関する情報もわが国にはほとんど全く入ってこなかった。しかし、連合国総指令部が条約案に関する情報を入手していた可能性は否定することができない。そして、総指令部の協力により、わが国の労基法の立法者が九五号条約の条約案を入手していた可能性が高いのである。このことは、労働基準法草案の第七次修正案二二条の欄外注記に「一、全額　二、控除せず　三、直接――GHQ」と記載されていたことからもほぼ明白なのである(渡辺章・日本立法資料全集(51)三五一頁)。

(iii)　イギリスにおける現物給与制の禁止は、右に見たように、一八三一年の Truck Act に由来するものである。すなわち、Truck Act は、三条において、All wages must be paid to the workman in coin と規定したのである。わが国では、これから遅れること約八五年にして、工場法施行令二二条が「職工ニ給與スル賃銀ハ通貨ヲ以テ毎月一回以上之ヲ支払フヘシ」と規定するに至ったのである(大河内一男・社會政策〈各論〉六二頁以下)。この工場法施行令（大正五年八月三日勅令九三号）は工場法の施行された日と同日の大正五年九月一日に施行されたものであるが、工場法には労働時間や年少労働者の使用禁止に関する規定はあっても賃金に関する規定はなく、それは工場法施行令（二二条・二五条三号・三八条二項）によっていた。

(iv)　また、この問題は、ドイツにおいては以下のように説明されている。現物給与制（Trucksystem）とは賃金支払の一方式であって、とくにイギリスにおける産業発展の初期に利用されたものであり、のちに他の諸国においても、したがって、ドイツにおいても採用されるに至ったものであるが、これは被用者に容易に特別の不利益をもたらす惧れがあるものであった。というのは、使用者は被用者に生活必需品を一定の品物で賃金として使用者から取得することを強制し、しかも、この場合に、使用者はそれを高額に計算することにより特別の利益を獲得しようとしたからである、と（Alfred Hueck - Hans Carl Nipperdey, Lehrbuch des Arbeitsrechts I. 7. Aufl. S. 356）。

(ハ)　(i)　ところで、労使協定である三六協定に関して、昭和二二年に制定された労基法はすでに過半数組合による労使協定のみならず過半数代表者によるそれも規定していたが、二四協定に関しては、「法令又は労働協約に別段の定がある場合においては、賃金の一部を控除し、又は通貨以外のもので支拂うことができる」と規定するにすぎなかった。しかし、昭和二七年法律二八七号（三九協定については昭和六二年法律九九号）が、通貨払いの原則の例外はそのままにしながら、全額払いの原則の例外につき「労働協約に別段の定がある場合」という要件を現行のように過半数組合または過半数代表者との労使協定によるものと改正した。

(ii)　労基法二四条が昭和二七年に改正されたのは、前年の一九五一年にＩＬＯ九一号勧告が採択され、「労働協約」中に使用者と従業員代表との書面協定も含まれるとされたことによるものではない。労基法二四条が改正されたのは、すでに述べたように、昭和二六年五月一日にリッジウェー声明が発表され、その中において「日本政府は総司令部からの指令実施のために公布された諸政令に再検討を加え、過去の経験ならびに現在の情勢に照らし必要かつ望ましいとみられる修正を既定の手続によって加えることを許された」と述べられたことに端を発し、中基審が建議したことに基づくものである（廣政・前掲書六九頁以下。なお、本書の一五三頁を参照）。

(3)　九五号条約批准の困難性

(イ)　労基法二四条は、わが国がＩＬＯ九五号条約を批准し、それにともない国内労働法を整備する一環として規定されたものではない。むしろ、工場法施行令等をも参考にしながら、総指令部の勧告と協力に基づいて、労基法の制定当時の国際社会において一般的に妥当し条約案にもなっていた各種の法原則を国内労働法に取り入れたという関係にあると理解することができる。

そして、かかる法原則は今日の国際社会においても一般的に妥当しているということができるから（近時においても九五号条約を批准する国がある）、国内労働法であって国際社会において一般的に妥当するものを国際労働法と理解する見解に立っても、労基法二四条は国際労働法であることになる。このことは、強制労働を禁止する同法五条や使用者の不当労働行為を禁止する労組法七条についてと同様である。

(ロ)　(i)　すでに、労基法が制定され、また、九五号条約が採択されてから数十年を経過しているが、わが国はいまだこの条約を批准していない。また、ドイツも未批准である。これに対して、先進資本主義国家の中で最初に現物給与制を禁止し通貨払いの原則を法定したイギリスは二番目の批准国としてこの条約を批准している（一番目の批准国はノルウェーであり、七番目の批准国はフランスである）。だが、全体としては多くの国が未批准である。

そして、わが国が九五号条約を批准しないのは、労基法二四条が九五号条約と同趣旨のことを規定し、九五号条約の基準をクリアするものではあるが、それが重要な点において九五号条約と抵触するからである（九五号条約は「関係当事者の同意を得た場合」に通貨払いの原則の例外を承認する）。したがって、単なる技術的な抵触ではないので、今後もわが国が九五号条約を批准することはあり得ないと考えられるのである。

(ii)　わが国が未批准である理由に関して、九五号条約が賃金からの控除を法令や労働協約による場合にのみ認めるのに対して、労基法二四条が労働協約でなくても書面協定により賃金からの控除ができるとしたのでこの条約を批准できなくなったためである、との指摘のなされることがある。しかし、ＩＬＯ条約にいう「労働協約」の中には、ＩＬＯ九一号勧告により書面協定も含まれるのであるから、このような指摘は適切ではない。わが国をはじめとする多くの国が未批准であるのは、この条約のほとんどの規定が義務的である上に、「国内法制よりも適用範囲が広いこと」による、との指摘の方が適切である（ニコラス・バルティコス＝国際労働基準とＩＬＯ一九〇頁参照）。

第三章　最低賃金の保障

一　最低賃金の概念

(1)　最低賃金の各種の定め方

「最低賃金」とは、一般的に、労使がそれより低い金額で合意することの許されない最低限度の賃金のことである。また、賃金が労働の対価であるところから、これは、使用者がそれより低い賃金によって労働者を労働させることの認められない賃金のことであるということもできる。そして、賃金は労使が対等の立場に立ち個別的合意により決定すべきものであるが、現実的には、それは使用者または使用者団体と労働組合その他の労働者団体とが締結する労働協約により決定され、あるいは、使用者が一方的に作成する就業規則により決定されるのである。したがって、「最低賃金」とは、労使が労働協約・個別契約等の合意で定めるにせよ、使用者が就業規則で一方的に定めるにせよ、それよりは低く定めることが許されない賃金である、ということもできる。

(2)　最低限度性の意義

(イ)　いかなる程度・水準をもって「最低限度」と理解するかは、国際社会を構成する国家により相違し、また、一国の内部においても地方により相違し、さらには、同じ国家・同じ地方においても時代とともに変化する。したがって、賃金の最低限度性は相対的な基準であるということになる。しかし、それは現実的には相対的であっても、理念的には絶対的であり、その最低限度性は「健康で文化的な生活」すなわち人たるに値する生活（ein menschenwürdiges Dasein）を営むことを可能ならしめるものでなければならない。そして、わが国の最低賃金法の母体になったのは労基法二八条から三一条までの規定（二九条から三一条までは削除）であり、労基法一条には「労働条件は、労働者が人たるに値する生活を営むための必要を充たすべきものでなければならない」と規定されているのである。

(ロ)　賃金は、使用者の指揮命令下において労務を提供し自ら賃金債権の債権者になる労働者本人のみならず、その者により生計を維持される家族にとっても重要な意味を有するものである。けだし、賃金は扶養的性質を有し家族のためにも費消されるものだからである。賃金が扶養的性質を有することに関する意識は漸次薄れつつあるが、客観的にはいまだ否定することができないものである。

それゆえ、最低賃金の最低限度性は、労働者本人のみならずその家族をも含めた者が人たるに値する生活（「人であるに値する生活」と表現されることもある）を営むことを可能ならしめるに足りるものでなければならないことになる。そして、ＩＬＯ二六号条約と一体をなすＩＬＯ一三一号条約である最低賃金決定条約はその三条(a)号において「労働者の必要」のほかに「その家族の必要」にも明文で言及している。

(3)　法定最低賃金の決定方法

(イ)　最低賃金（法定最低賃金）の決定方法には各種のものがあるが、それは大別して三種類のものに分類することができる。第一は、国が定める方法（職権方式）であり、第二は、賃金委員会（賃金審議会と呼ばれることもある）の審議・決定により定める方法（委員会方式。審議会方式）であり、第三は、団体協定により定める方法（協定方式）である。しかも、この第三の方法には、使用者または使用者団体と労働者団体との間の団体協定により定める方法と、使用者と使用者との間の団体協定により定める方法とがある。前者の団体協定は一般的に労働協約であり、後者の団体協定は業者間協定（業者協定とも呼ばれる）であることが多い。

(ロ)　大別して三種類のものに分類される最低賃金の決定方法も、現実的には、この他に複合した形態の各種の決定方法が存在する。たとえば、国が賃金審議会の意見を聴取して決定する方法であり、また、国が適用範囲の広い労働協約に依拠して決定する方法であり、さらに、国が業者間協定に依拠して決定する方法である。そして、改正前の最低賃金法一六条が規定していた、「厚生労働大臣又は都道府県労働局長」が中央最低賃金審議会または地方最低賃金審議会の調査・審議に基づいて決定する方法は、複合形態たる決定方法のうちの代表的なものの一つであったのである。また、当初の最賃法における業者間協定方式は、協定の内容が適当でない場合等には最低賃金審議会への諮問を必要としていたものであって、右に述べた複合形態とも異なるさらに別個の複合形態であったのである。

(4)　フランスにおける最低賃金制度の変遷

(イ)　(i)　フランスにおいては、つとに、一九三六年六月二四日法が、同一の職業（同一の産業のこと。職業と産業とは同じ意味のことが多い）であっても相違する業種部門（branche d'activité　たとえば、自動車製造産業のうちのタイヤ生産部門など）ごとに、複数の最低賃金（salaires minima）を定める方式を規定していた。これは、国と労使との間の協力による新しい方式であった。すなわち、最も代表的な使用者団体と最も代表的な労働組合とが協議し署名することを条件として、国の機関である労働大臣が決定（arrêté）により労働協約を拡張する権限をもつ、というものであった。

(ii)　その後に、最低賃金の決定制度は、「労働協約および集団的労使紛争の処理手続に関する一九五〇年二月一一日法」による改革がなされ、オリジナルで柔軟な方式である「政府」による職業間最低賃金（salaire minimum interprofessionnel par le Gouvernement）の制度になった。これは、労使が関与しない時代遅れの非関与主義のみならず、従前における権力的な計画主義をも廃し、職業団体（organisation syndicale）と国との協力を定めるものであった。すなわち、政府が最低賃金を定め、全体の賃金は労使交渉による労働協約により決定するというものであり、これによって賃金の自由（liberté des salaires）が完全に復活することになった。しかし、最低賃金との関係では、組合運動は不十分なものにならざるを得ないことが明らかになり、以下の(ii)で後述するように、その後に企業レベルでの交渉とその協定が重視されることになった。

(ロ)　(i)　さらに、一九七〇年一月二日法により、職業間増加型最低賃金（salaire minimum interprofessionnel de croissance S. M. I. C.）の制度が創設された。これは、適用範囲と職業（業種部門ではない）と受益者と報酬態様に関して一般的な性質を有するものになった。まず、SMICは適用範囲に関し、全国的であり、フランス本国の全領土に及ぶものとされた。また、それは、職業（産業）に関し、労働法典L一三一の一条により規定されたあらゆる職業が問題にされることになった。さらに、受益者に関し、男性被用者も女性被用者も含まれ、これらの者は平等の原則（principe d'égalité）に服するものとされた。このほかに、報酬態様に関し、労働者が時間給であるか週給であるか月給であるかは問題でなく、また、出来高給（rémunération aux pièces）であることも問題でないとされた（G. H. Camerlynck et Gérard Lyon - Caen, Droit du travail 8e éd., pp.296-298, nos 287-289）。

(ii)　さらにその後、「労働協約および団体協定に関する一九八二年一一月一三日法」が、「各部門」における賃金の最低額（minima de salaires）につき毎年交渉することを規定するに至った。この一九八二年法は、工業および商業に適用されるのみならず、農業法典（Code rural）一一四四条に定義されている被用者が提供する労務を使用する農業にも適用されるとともに、自由業や家内労働者等にも広く適用されるものである。この毎年の交渉は、「企業レベル」における協定（accord）の方法により実効賃金（salair effectif　有効に規制しうる賃金のこと）を決定することに関するものであるが（G. H. Camerlynck et Gérard Lyon - Caen et Jean Pélissier, Droit du travail 13e éd., pp.518-519, nos 476-477）、この交渉のレベルが業種部門なのか企業レベルなのか、という点は最も議論された点であった（Gérard Lyon - Caen et Jean Pélissier et Alain Supiot, Droit du travail 17e éd. p.477, no 514）。

(ハ)　ところで、フランスにおいては、一九五〇年二月一一日法により、賃金の自由（liberté des salaires）が完全に復活したといいうるが、今日のフランスにおける賃金制度は二つの原則に基づいて運営されている。第一の原則は、法定の職業間最低賃金（salaire minimum interprofessionnel légal）が決定されるという原則であり、これは社会的観点を顧慮するとともに経済計画にも基づいて決定されるものである。第二の原則は、労働協約の方法により全体の賃金が法定の最低賃金額を超える額において決定されるというものであり、それゆえ、今日においては、労使の職業団体（労働組合と使用者団体）との間の自由な交渉により賃金が決定されるという制度に再び立ち戻っているのである。しかし、他方で、一九八二年法は賃金に関する交渉の重要性を強調しており、右に見たように労使の毎年の交渉により「企業レベル」での賃金（実効賃金）が協定されうるのである（Lyon - Caen et Pélissier et Supiot, op. cit. p.477, no 514）。

(ニ)　賃金の扶養的性質（caractère alimentaire）はフランスにおいては従来から比較的強く意識されていたが、アメリカでも賃金ないし最低賃金の扶養的性質が近時強く意識されるようになってきている。そして、これに関連して次のような指摘がある。「最近、アメリカ人の若い研究者と雑談する機会があった。彼が今最も関心を持っている研究テーマは、最低賃金法の問題だという。賃金の低すぎる労働者を守ろうとする法律の意図が、失業という悪い結果を生む可能性があるという。今までにこの点についてたくさんの論文が書かれてきた。ところが最近アメリカで議論されているのは、最低賃金法の別の側面である。最低賃金は、個人へ支払われる賃金の最低額を、地域ごと産業ごとに規定する。しかし本当に保護されるべきは、貧しい世帯そのものである。社長の息子がアルバイトで小遣い稼ぎするのを法律で守ってやる必要がどこにあるのか」と（猪木武徳「最低賃金法を考える」職業安定広報一九九四年一一月二一日号三頁）。

二　ＩＬＯ二六号条約

(1)　ニュージーランド等における最低賃金立法

(イ)　第一次大戦の前後の時期に、わが国の一部の産業又は産業のある部門においてきわめて低い賃金が支払われていたことは、覆うべくもない事実であったということができる。とりわけ、家内労働に従事する労働者（家内労働は各種の産業において存在した）に関しては然りであったということができる。たとえば、織物産業に関してである。そして、このような事情は他の先進資本主義国家においても見られたところであるといって大過なく、しかも、それは発展途上国や植民地においては一層そうだったのである。

(ロ)　低賃金の事実が世界的に見られたことは、家内労働者に対する最低賃金立法が、まず、一八九四年にニュージーランドにおいて制定され、ついで、一八九六年にオーストラリアでも制定され、さらに、一九〇九年にはイギリスで Trade Board Act が制定されるに至ったことによっても窮い知ることができる。このように、ニュージーランドやオーストラリアにおいて早くから最低賃金法の立法がなされたのは、インドからの移民労働者の低賃金がニュージーランド等における白人労働者の賃金額に悪影響を及ぼすことを防止しようとする目的によったものといわれている。

このような諸外国の最低賃金立法に関して、末弘厳太郎教授は昭和七年度の東京帝国大学法学部の「労働法」において、次のように講議している。「豪州では搾取の酷い苦汗労働産業（sweating industry）について労資及び官憲の三者からなる賃金委員会（wage board, trade-board）に於いて最低賃金を定めることとしている。英本国は、一九〇九年に濠州の制度に倣って賃金委員会法（The Trade Board Act）を制定した。この英国の制度については、Sells が British Trade Board Act で紹介している」と（向山寛夫「末弘厳太郎教授述『労働法』」国学院法学二〇巻三号一一三頁参照)。

(2) 最低賃金条約の採択

(イ) かかる社会的現実と、低賃金は労働者およびその家族の生活の保護のために排除されるべきであり、そのためには最低賃金が保障されるべきであるという国際社会における社会的要請を契機にして、一九二八年五月三〇日に開催されたＩＬＯ第一一回総会において「最低賃金決定制度の設立に関する条約(二六号)」が採択された。この条約は、イギリス語によれば、Convention (No.26) concerning the Creation of Minimum Wage - Fixing Machinery というものである。

この条約は、一条から一一条までの一一か条からなる比較的簡単な内容の条約である。これは、最低賃金に関する条約であるが、「賃金の保護に関する条約(九五号)」と相違して、「賃金」や「最低賃金」に関しては何ら概念規定していないとともに、農業を適用範囲から除外したこと(農業についてはＩＬＯ九九号条約による)に原因するものである。そして、この二六号条約は一九二一年以来のＩＬＯの調査に基づきようやく一九二八年の第一一回総会で採択されたものなのである(ニコラス・バルティコス＝国際労働基準とＩＬＯ一八二頁)。

(ロ) (i) 二六号条約は、一条一項において、「この条約を批准する国際労働機関の各加盟国は、労働協約その他の方法により賃金を有効に規制する制度が存在していない若干の産業又は産業の部分(特に家内労働の産業)であって賃金が例外的に低いものにおいて使用される労働者のため最低賃金率を決定することができる制度を創設し又は維持することを約束する」と規定する。

ここにいう「労働協約」(collective agreement) は、一九五一年のＩＬＯ九一号勧告の定義によれば、「一方は使用者、使用者の一団又は一若しくは二以上の使用者団体と、他方は一若しくは二以上の代表的労働者団体、又は、このような団体が存在しない場合には、国内の法令に従って労働者によって正当に選挙されかつ授権された労働者の代表との間に締結される労働条件及び雇用条項に関する書面によるすべての協約」のことである。

(ii)　また、「賃金を有効に規制する制度が存在し〔ない〕」(no arrangements exist for the effective regulation of wages)とは、労働協約制度や、その他、賃金額を適切に確定するための実効性のある制度(たとえば、賃金に関する団体交渉手続を規定しかつ団交拒否を禁止し救済する制度や、企業レベルにおける交渉手続制度など)が何ら存在しない場合のことである。さらに、「賃金が例外的に低い〔若干の産業〕」(certain of the trades …… in which … wages are exceptionally low)とは、賃金が異常に低い一定の産業のことであり、その典型が、一条一項の例示する「家内労働の産業」(home working trades　ドイツ語訳では Gewerbe …… in der Heimarbeit)すなわち家内工業産業・家内商業産業その他の家内労働産業である。

(3)　**労使同数・平等性の原則**

(イ)　この条約は、三条一項において「この条約を批准する各加盟国は、最低賃金決定制度の性質及び形態並びにその運用方法を決定する自由を有する」と規定する。ここにいう「最低賃金決定制度の性質及び形態」(the nature and form of the minimum wage fixing machinery)とは、端的にいえば、最低賃金を決定する手続のことである。また、「その運用方法」(the methods to be followed in its operation)とは、最低賃金決定手続の実施方法のことである。かかる最低賃金決定手続やその実施方法に各種のものがありうるので、批准国は自らそれを選択する自由を有するとしているのである。

(ロ)　しかも、条約は、三条二項二号において「関係のある使用者及び労働者は、国内法令で定める方法により、国内法令で定める程度において最低賃金決定制度の運用に参与する。もっとも、その使用者と労働者とは、いかなる場合に、等しい人数で、かつ、平等の条件によって参与するものとする」と規定する。ここにいう「使用者及び労働者は……最低賃金決定制度の運用に参与する」(the employers and workers shall be associated in the operation of the machinery）とは、使用者と労働者が最低賃金決定手続（たとえば、最低賃金審議会などの賃金委員会での手続）の実施に参加することである。

(ハ)「いかなる場合にも、等しい人数で、かつ、平等の条件によって〔参与する〕」（in any case in equal numbers and on equal terms）とは、労使があらゆる状況において等しい員数（同数の人数）と等しい資格（平等の権利。平等の投票権など。ドイツ語訳ではGleichberechitigung）で手続の実施に参加すること（労使同数・平等制のこと）である。したがって、たとえば、労使の委員が賃金委員会に同数で参加していても、賃金委員会への諮問に付される団体協定が業者間協定（業者協定）であるならば、協定の締結にあたり労働者は参加せずまたその諮問も使用者団体の申請に基づくものになるから、「あらゆる状況において等しい員数と等しい資格で」とはいえないことになる。

三　最賃法九条

(1)　旧最賃法の新法による改正

(イ)　わが国の国内労働法である最賃法（平成一九年法律一二九号による改正前のもの。旧最賃法）は、一一条において、労働協約に基づく最低賃金の決定方法である労働協約方式（一一条方式ともいう）に関し、「厚生労働大臣又は都道府県労働局長は、一定の地域内の事業場で使用される同種の労働者及びこれを使用する使用者の大部分が賃金の最低額に関する定めを含む一の労働協約の適用を受ける場合……において、当該労働協約の当事者である労働組合又は使用者……の全部の合意による申請があったときは、これらの賃金の最低額に関する定めに基き……最低賃金の決定をすることができる」と規定していた。ここでは、最低賃金を決定する基礎たる団体協定が労使の合意による労働協約であり、また、厚生労働大臣等への申請も労使の合意によるものであるから、労使同数・平等制が維持されていた。しかし、それまでのわが国において労働協約方式によるもの（地域協約最低賃金）は現実にはきわめて数少なく、この制度は平成一九年の法改正により廃止された。

(ロ)　また、最賃法（旧最賃法）は、一六条において、他の一つの決定方法である最低賃金審議会の調査・審議に基づく審議会方式（一六条方式ともいう）に関し、「厚生労働大臣又は都道府県労働局長は、一定の事業、職業又は地域について……最低賃金審議会の調査審議を求め、その意見を聴いて、最低賃金の決定をすることができる」と規定していた。そして、最低賃金審議会（中央最低賃金審議会および地方最低賃金審議会）は、同法二八条により「最低賃金審議会は……労働者を代表する委員、使用者を代表する委員及び公益を代表する委員各同数をもって組織する」とされていた。したがって、ここでも、最低賃金の決定方法に関して労使同数・平等制が維持されていたといってよい。この方式による場合には全国・全産業一律最低賃金の決定も可能であったが、平成一九年の法改正により都道府県単位の産業別最低賃金は特定最低賃金として位置づけられ、その後のわが国における最低賃金制は都道府県ごとの「地域別最低賃金制」（最賃法九条）と都道府県ごとの「特定最低賃金制」（最賃法一五条）とによることになった。

(2)　**業者間協定による最賃制**

(イ)　(i)　これまでに見てきたような労使同数・平等制は、最賃法が制定された昭和三四年の当初から採用されていたものではなく、それは昭和四三年法律九〇号により最賃法が改正された後に改善されるに至ったものである。すなわち、当初の最賃法九条は「労働大臣又は都道府県労働基準局長は、賃金の業者間協定（使用者又は使用者の団体の間における協定をいう。以下同じ。）が締結された場合において、その当事者の全部の合意による申請があったときは、当該業者間協定における賃金の最低額に関する定に基き、その申請の際の当事者である使用者……及びその使用する労働者に適用する最低賃金の決定をすることができる」と規定していたのである。これは、最低賃金が、労働者や労働者団体が締結にあたって参加していない業者間協定に依拠して決定されることを意味していた。

(ii)　したがって、このような規定を含む最初の最賃法は国会に上程された当時から批判があったといわれている。たとえば、稲葉教授は、「今国会に上程されている最低賃金法は余り評判がよくないらしい。とくに〝進歩的〟だと自認している一部の学者の方々からこっぴどく批判されている」と指摘している（稲葉秀三「最低賃金法の現実的側面」ジュリスト一五一号四八頁以下）。しかし、労働大臣の私的諮問機関である「労働問題懇談会」は業者間協定を促進すべき旨の答申をし、その後、静岡県清水市のカン詰業者間において業者間協定が締結されたのみならず、全国数か所においても業者間協定が締結され、これに併行して、業者間協定に基づく最賃法の法制化が推進されることになったのである（稲葉・前掲論文四九頁参照）。

(iii)　この労働問題懇談会の答申は昭和三二年二月一六日に「意見書」の提出としてなされた。その内容は、「最低賃金の実施を受け入れることのできるような社会的経済的基盤を育成するためには業者間協定による最低賃金決定方式を導入、実施することが適当な方策であること」と、「政府は、速やかに中央賃金審議会を再開して、最低賃金法制化の準備を行うべき〔こと〕」との二項目を骨子にするものであった。これに基づいて、政府は、業者間協定を中心にする最低賃金法の制定に着手することになり、昭和三四年に最初の最低賃金法が制定されることになったのである。この業者間協定に基づく最低賃金の決定方法は「わが国独特の決定方式」であったといわれている（石井照久外四名・註解労働基準法(I)四〇七頁）。

(ロ)　(i)　ＩＬＯ二六号条約は一九二八年（昭和三年）六月一六日に採択されたものであるが、わが国は永らくこの条約を批准しなかった。これに対して、ドイツは一番目の批准国としてこの条約を世界にさきがけて批准した。しかし、ドイツにおいては最低賃金法は制定されておらず、最低賃金制度は労働協約の有利原則と、労働協約の一般的拘束力宣言の制度とによっている（労働政策研究・研修機構＝欧米諸国における最低賃金制度一〇〇頁以下〈大島秀之執筆部分〉参照）。このことは、フランスにおけるたび重なる最低賃金制度の変更に思いを至すと、きわめて興味深いものがあるのである。

ところで、わが国における昭和三八年春の春闘において業者間協定方式に対する批判が高まり、他方で、全国一律最低賃金制（全国一律に月額一万円）が強く要求されるに至った（この全国一律最低賃金制すなわち全国・全産業一律最低賃金制の主張は、最初の最賃法の立法当時からなされていた）ことから、政府は、昭和四〇年八月一三日に、中央最低賃金審議会に「最低賃金制の基本的あり方について」を諮問した。

(ii)　これに対して、中央最低賃金審議会は昭和四二年五月一五日に中間答申を提出し、業者間協定方式を廃止するのが適当であると答申した。これを受けて政府は法案を提出し、昭和四三年五月一八日に改正法が成立して九条と一〇条が削除されることになった。そして、ＩＬＯ二六号条約違反の問題がなくなったので、政府は昭和四六年三月二九日に国会の承認を得てこれを批准し、同年四月二九日に批准書をＩＬＯ事務局長に寄託した（木元綿哉「最低賃金制」労働法事典三八八頁以下参照）。

(3)　**産業別最低賃金と地域別最低賃金**

(イ)　当初の最賃法の九条・一〇条の削除は、ＩＬＯ二六号条約の批准に伴う国内法の改正・整備の一環としてなされたものではない。これは、中央最低賃金審議会の答申に応じて削除されたものであり、その後に批准の障害がなくなったので昭和四六年にＩＬＯ二六号条約が批准されたのである（しかし、二六号条約を改正した一九七〇年の一三一号条約は未批准である）。このことは、法律の改正がなされたことでは同一であるが、はじめに条約が批准されその後に国内法が改正される場合と比較してそのプロセスに違いがあり、このことは重要な差異

というべきである。

㈺　わが国の最低賃金には産業別最低賃金と地域別最低賃金との二つがあり、そのうちの高い方をクリアすることが必要であるとされていた。しかし、産業別最低賃金は地場産業から強く廃止要求が出されており必ずしも定着するに至っていなかった。そこで、平成一六年九月に至り、厚生労働省は研究会を発足させ、都道府県単位の産業別最低賃金制の存在意義の検討を中心課題としながら、最低賃金制度が果している機能とそのセイフティ・ネットとしてのあり方について検討を開始した。そして、この研究会における検討はまず実態の把握からはじまったが、平成一九年の法改正にあたり都道府県単位の産業別最低賃金制は廃止されることなく特定最低賃金制として存続することになった。

かくして、今日のわが国の最低賃金制は都道府県単位の地域別最低賃金制を中心に運営されているが、平成一八年度における地域別最低賃金の全国平均は日額四九六九円であって、最高は東京・大阪・神奈川の五二五二円であり、最低は宮崎・沖縄の四五二一円（岩手は四五二六円）であった。また、平成一三年度における地域別最低賃金の全国平均は日額五〇九五円であって、最高は大阪の五五九八円であり、二・三位は東京・神奈川の五五九六円で最低は宮崎の四八二八円（沖縄は四八二九円で四四位）であった。

この平成一三年度までは、地域別最低賃金額の公表は時間額と右に見たような日額との二つの方法によって行われていたが、平成一四年度からは公表の仕方が変更され時間額のみによることになった。そして、平成二二年度のものとして公表されたデータによると、最高は東京の八二一円（時間額）であるが、二位は神奈川の八一八円であって三位は大阪の七七九円であり、最低は鳥取・島根・高知・佐賀・長崎・鹿児島・沖縄の六四二円であった。この上位三都府県が東京・神奈川・大阪であるのはその後も変わることなく、平成二三年度においても最低賃金額の一位は東京（八三七円）であり二位は神奈川（八三六円）であり三位は大阪（七八六円）である。

四　公正賃金の決定

(1)　賃金の扶養的性質

(イ)　最低賃金は、使用者がそれより低い賃金によって労働者を労働させることが認められない賃金であり、これを労働契約の観点からいえば、使用者が労働者と労働契約を締結するにあたりそれより低い賃金で労働契約を締結することが許されない賃金であることになる。これに対して、使用者が労働者と労働契約を締結するにあたり、一定額以上の賃金額で労働契約を締結することが社会的に妥当であるとされる賃金もあり、このような賃金は「公正な賃金」すなわち「公正賃金」と呼ばれる。

(ロ)　最低賃金も公正賃金も、それ以上の額において賃金額の決定されるべきことが公的に要求される点で共通するとともに、単に労働者本人のみならずその家族の「人たるに値する生活」をも可能ならしめる金額でなければならない点でも共通している。そして、ヨーロッパ社会憲章第一部の四条にいう「公正な報酬」に関して、同憲章の独立専門家委員会は「労働者およびその家族の基本的な経済的・社会的および文化的要求……を考慮している報酬」という解釈を示している〈金子征史・労働条件をめぐる現代的課題一三五頁以下〈清水敏執筆部分〉参照〉。この独立専門家委員会の解釈は、かかる考慮事情のほかに、「時間外に労働者が費やした特別な努力」や「男女労働者の同一労働同一賃金に関する権利」も考慮事情の中に含まれるべきことを指摘しているが、何よりも重要なことは、これが「家族の……経済的……要求」を考慮事情の中に含まれるべきことを指摘していることである。ここにも、フランスを始めとするヨーロッパ諸国において、賃金は家族を扶養する性質を有すると広く理解されていることの現れを看て取ることができる。

(2) 公契約における労働条項に関する条約

(イ)　ＩＬＯは、「賃金の保護に関する条約（九五号条約）」を採択した一九四九年（昭和二四年）の第三二回総会において、この一号前の九四号条約として「公契約における労働条項に関する条約」を採択した。この条約は、一方当事者である「公の機関」が他方当事者である「労働者の使用を要する（企業）」と土木工事の建設・変更・修理・解体等の契約を締結する場合には、その契約中に「労働条件条項」を含まなければならず、この条項は関係する職業や産業における同一性質の労働に対し労働協約等により定められているものに劣らない条件を確保するものでなければならない、としていた。

(ロ)　わが国は、昭和二五年に至り、ＩＬＯ九四号条約の内容に添う「国等を相手方とする契約における労働条項に関する法律」の法案を作成した。この法案の一条には、「国等の注文に応じておこなう工事の完成、物の生産および役務の提供に使用される労働者に対し適正な労働条件を確保することにより公共の福祉を増進することを目的とする」旨が規定されていた。そして、「国等」とは、国のほかに、住宅金融公庫や日本専売公社や日本国有鉄道等も含まれるものとされた。しかし、この法案に対しては、建築業界・鉄道車輌業界や日経連などからの批判があり、また、運輸省もこれに反対し、結局この法案は成案を得ることなく廃案になったといわれている（金子・前掲書一五三頁）。

第四章　男女同一賃金

一　同一賃金の概念

(1)　同一賃金と賃金支給基準の同一性

「同一賃金」とは、一般的に、使用者が労働者に対して賃金を支払う場合に、何らかの差別事由（たとえば、思想・信条や国籍や性別など）に基づいて差別的に支払うのではなく、他の者との比較において均等（平等）に支払うべき賃金のことである。そして、使用者が労働者に賃金すなわち報酬を支払う場合には、多くの場合に、就業規則その他の法的規範において一定の支給基準を定めそれに基づいて支給するのであるから、使用者の労働者に対する賃金の均等支払したがって同一賃金の問題は、使用者の労働者に対する賃金支給基準（そこで定められている賃金率）の同一性の問題でもあることになる。

(2)　差別賃金の一種としての男女差別賃金

使用者が労働者に何らかの事由に基づき差別的に支払う賃金は、同一賃金に対して差別賃金と呼ばれる。そして、使用者が各種の差別事由のうちの性別を理由に差別的に支払う賃金は特に男女差別賃金と呼ばれる。しかし、使用者が思想・信条を理由に労働者に差別的に賃金を支払う場合に、これも差別賃金ではあるが男女差別賃金ではないことになる。また、使用者が男女の労働者に相違した賃金を支払う場合に、労働の量および質の相違に基づくものであれば、それも男女差別賃金ではないことになる。それゆえ、男女差別賃金の問題は一般的には同一価値労働に関して問題にされることになる。

(3)　差別的取扱禁止原則と平等取扱原則との差異

(イ)　わが国の憲法一四条一項はすべての国民が性別等を理由に経済的関係その他において「差別されない」旨を規定し、また、労基法三条も使用者が労働者の国籍等を理由に労働条件に関して「差別的取扱をしてはならない」旨を規定し、いずれも平等取扱原則ではなく差別的取扱禁止原則すなわち不平等取扱禁止原則を規定している。これに対して、ドイツにおいては、客観的な法原則としての平等取扱原則が承認されており、この原則は労働法の領域においても広く適用されている。

(ロ)　賃金ないし俸給の金額を確定する問題領域においては（im Bereich der Lohn - und Gehaltsfestlegung)、平等取扱原則（Gleichbehandlungsgrundsatz）を適用するにあたりかなり重大な困難の生ずることがある。すなわち、個別的合意がなされている場合には、かかる合意が事業所における賃金秩序に優先する（賃金秩序が規範的秩序として強行的であれば別である）ことになり、また、被用者が雇入れにあたり事業所における通常の賃金より低額の賃金を合意している場合には、その被用者は雇入れ後においても平等取扱原則を援用（Berufung）し平等な状態を要求することができないことになるのである。

これに対して、事業所において一般的な賃金秩序（allgemeine Lohnordnung）が新たに導入され、または、既存の賃金秩序が変更される場合には、以上と相違して被用者は雇入れ後において平等取扱原則を援用して平等な状態を要求することができる。たとえば、一般的な賃金増額（allgemeine Lohnerhöhung）が行われた場合などである。この場合には、かかる変更の実施にあたり、いかなる被用者も恣意的に別異に取り扱われることが許されないことになる（Wolfgang Zöllner, Arbeitsrecht S.135)。

二　ＩＬＯ一〇〇号条約

(1)　戦前・戦後におけるわが国の男女差別賃金の状況

(イ)　今日のわが国においては、女性労働者が同一価値労働を行う場合には、使用者は男女労働者に性別による差別を行うことなく同一賃金を支払うようになってきている。しかし、これまで、使用者の中には男女差別賃金を支払うものが多く、このことは、昭和五〇年の秋田相互銀行事件（秋田地判昭和五〇・四・一〇労民集二六巻二号三八八頁。ここでは、男女別の賃金支給基準の適否が問題にされた）から、平成六年の三陽物産事件（東京地判平成六・六・一六判例時報一五〇二号三二頁。ここでは、非世帯主や独身の世帯主である女性労働者に、二六歳の「みなし年齢」による本人給を支払う旨を定める賃金支給基準の適否が問題にされた）に至るまで、男女差別賃金をめぐる多数の事件が発生したことからも窺い知ることができる。

(ロ)　しかも、かかる男女差別賃金は、第二次大戦前のわが国においてはいうまでもなく、第二次大戦の終了した直後のわが国においては今日よりもはるかに顕著に見られたのである。そして、このような傾向はヨーロッパの先進資本主義国家においても同様であり（ドイツにおいて、平等取扱原則が問題にされたことは、このことを物語るものである）、発展途上国ではなお一層顕著だったのである。それ以上に、発展途上国においては男女の性別を問わず社会的に妥当でない不公正な低額の賃金が支払われ、また、児童労働に従事する年少労働者には有るか無いかのきわめて低額な賃金が支払われてきたのである。

(2)　同一価値労働・同一報酬条約の採択

(イ)　このような社会的現実と、男女差別賃金の支払は、通常の基本給にせよ一時的な手当にせよ、平等取扱原則に違反するのみならず人間の尊厳をも犯すものであって禁止されるべきである、という国際社会（主として、ヨーロッパの先進資本主義社会）における社会的要請を契機にして、一九五一年六月六日に開催されたＩＬＯ第三四回総会（この総会では労働協約に関する九一号勧告も採択された）において「同一価値の労働についての男女労働者に対する同一報酬に関する条約（一〇〇号）」が採択された。この条約は、イギリス語によれば、Convention (No.100) concerning Equal Remuneration for Men and Women Workers for Work of Equal Value というものである。そして、これは、一条から一五条までの一五か条からなる比較的簡単な内容の条約である。

(ロ)　(i)　ＩＬＯ一〇〇号条約は、一条(a)号において「『報酬』とは、通常の、基本の又は最低の賃金又は給料、及び、使用者が労働者に対してその雇用を理由として現金又は現物により直接又は間接に支払うすべての追加的給与をいう」と規定する。ここにいう「報酬」(remuneration　ドイツ語訳では Entgelt) とは労働の対価のことであって、ＩＬＯ九五号条約にいう「賃金」(wage) と基本的に同意義である。一〇〇号条約は前文で特には九五号条約に留意すべき旨を定めていないが、この一〇〇号条約は「『賃金』とは…金銭で評価することができ、且つ、双方の合意又は国内の法令により定められる報酬又は所得で……なされた労務若しくはなされるべき労務につき使用者が……労働契約に基づいて労働者に支払うものをいう」と規定する九五号条約を前提にしていると考えられるのである。

(ii)　また、「通常の、基本の又は最低の賃金又は給料」(the ordinary, basic or minimum wage or salary) とは、「報酬」すなわち賃金と認められる各種のものの内の「通常の……賃金又は給料」と「基本の又は最低の賃金又は給料」のことである。そして、「通常の……賃金又は給料」は、労働者に支払われる「通常の……賃金」(ドイツ語訳では üblicher Lohn) と職員に支払われる「通常の給料」(ドイツ語訳では üblicher Gehalt) のことである (Lohn と Gehalt との差異については本書の一七四頁を参照)。

同様に、「基本の又は最低の賃金又は給料」は、「基本の……賃金又は給料」と、「最低の賃金又は給料」のことであり、前者は労働者に対する「基本の……賃金」と職員に対する「基本の……給料」に区別され、後者も労働者に対する「最低の賃金」と職員に対する「最低の……給料」に区別される。そして、通常の賃金や通常の給料についてもありうるが、基本の賃金（基本の給料）や最低の賃金（最低の給料）には、一般的に以下に記述するような各種の手当が追給されることになる。

(iii)　使用者は「労働者に対してその雇用を理由として現金又は現物により……支払うすべての追加的給与」（additional emoluments whatsoever payable …… whether in cash or in kind, by the employer to the worker and arising out of the worker's employment）を支給する。これは、使用者が労働者（職員）に雇用関係に基づいて通常の賃金（通常の給料）や基本の賃金（基本の給料）や最低の賃金（最低の給料）に付加して支払うあらゆる手当（any emoluments　ドイツ語訳では alle Vergütungen）のことである。

この追加的給付は現金で（in bar）支払われることもあれば現物給付で（in Sachleistung）支払われることもある。そして、現物給付で支払われる場合には、金銭で評価することができないものも支給される。したがって、この点において、一〇〇号条約にいう「報酬」は九五号条約の「賃金」よりも広義の概念であることになる。しかも、一〇〇号条約は「雇用」すなわち「雇用関係」（ドイツ語訳では Dienstverhältnis）を問題にするのに対して九五条約は「雇用契約」（ドイツ語訳では Dienstvertrag）を問題にするのであり、一〇〇号条約はこれにより公務員の俸給にも適用されることになる。

(3)　同一価値労働概念の不明確性

一〇〇号条約は、一条(b)号において「『同一価値の労働についての男女労働者に対する同一報酬』とは、性別による差別なしに定められる報酬率をいう」と規定する。「報酬」の額は一般的に「報酬率」に基づいて計算されるところから、「同一価値の労働についての男女労働者に対する同一報酬」（equal remuneration for men and women workers for work of equal value）は、「性別による差別なしに定められる報酬率」（rates of remuneration established without discrimination based on sex）、すなわち、男女の性別を顧慮することなく決定される報酬率に密接に関連することになる。一条(b)号の右の規定は不明確ではあるがこのことを表現するものと考えられる。しかし、この条約は男女の「同一価値の労働」それ自体については概念規定していない。

三　労基法四条

(1)　労基法草案の数次の変遷

(イ)　わが国の国内労働法である労基法は、三条において「使用者は、労働者の国籍、信条又は社会的身分を理由として、賃金、労働時間その他の労働条件について、差別的取扱をしてはならない」と規定した後に、四条において「男女同一賃金の原則」という見出しの下に次のように規定している。「使用者は、労働者が女性であることを理由として、賃金について、男性と差別的取扱いをしてはならない」と。

(ロ)　(i)　この労基法四条の規定は三条の規定と同様に昭和二二年に労基法が制定された当時からすでに存在したものであるが、平成九年法律九二号により「女子」が「女性」に「男子」が「男性」に「差別的取扱」が「差別的取扱い」に改正されて今日に至っている。しかし、労基法四条は労働基準法の第一次草案が作成された当初から存在したものではなく、数次にわたる草案の作成過程においてようやく存在するに至ったものである。

(ii)　労基法の第一次草案には男女同一賃金の規定はなく、第二次草案を経た第三次草案も二条において「何人も労働者の国籍、人種、宗教又は社会的地位を理由として本法に規定する労働条件について差別的取扱をしてはならない」と均等待遇に関して規定するにとどまった。そして、これに続く三条（現行法では五条）は「何人も法律に別段の定がある場合の外労働者の意思に反して処罰の脅威の下に労働を強制してはならない」と強制労働の禁止について規定していた。

その後、第五次案である昭和二一年七月二六日の「労働条件基準法（労働保護法）草案」は、三条において「何人も労働者の国籍、人種、宗教又は社会的地位を理由として賃金、労働時間其の他の労働条件について差別的取扱をしてはならない」と均等待遇に関して規定した後に、続く四条で「同一価値労働同一賃金の原則」の見出しのもとに初めて「使用者は同一価値労働に対しては男女同額の賃金を支払わなければならない」と規定した。

さらにその後、昭和二一年八月六日以降に作成されたと推定される第六次案修正案である「労働基準法草案」は、三条において第五次案と同様に「何人も労働者の国籍、人種、宗教又は社会的地位を理由として賃金、労働時間その他の労働条件について差別的取扱をしてはならない」と規定した後に、四条において「同一価値労働同一賃金の原則」の見出しのもとに第五次案と同様に「使用者は同一価値労働に対しては男女同額の賃金を支払わなければならない」と規定した。ここにおいては、「賃金を支払わなければならない」と表現され、単に差別的取扱の禁止が規定されただけではなかった。

そして、ようやくにして、昭和二一年一〇月三〇日以前に作成されたと推定される「第七次案覚書」の二条二項において「労働者及び使用者は労働協約、就業規則及び労働契約の定めを遵守し誠実に各々の義務を履行しなければならない」と規定され、三条において均等待遇に関して規定された後に、四条で「男女同一賃金の原則」の見出しのもとに「使用者は女子であることを理由として賃金について男子と差別的取扱をしてはならない」と規定されるに至り、これが第八次案・第八次案修正案・第九次案・第一〇次案を経て昭和二二年の労働基準法四条になったのである（渡辺章・日本立法資料全集(51)一七九頁以下）。

(2) 男女同一価値労働同一賃金の原則と労基法四条

(イ)　現行の労基法四条は「男女同一賃金の原則」の見出しのもとに「使用者は、労働者が女性であることを理由として、賃金について、男性と差別的取扱いをしてはならない」と規定している。しかし、この現行の四条の規定は、既述したように、「同一価値労働同一賃金の原則」の見出しのもとに同一価値労働に対する男女同一賃金を規定した昭和二二年七月二六日の第五次案の四条が発展したものであるから、「男女同一賃金の原則」の見出しのもとに「女性であることを理由として、賃金について、男性と差別的取扱いをしてはならない」と規定するところも、基本的には男女についての「同一価値労働同一賃金の原則」を規定しているものと理解することができる。

そして、有力な学説も、このことに関してつとに次のように述べている。「労基法三条が、労働条件一般に関する差別を禁止するにあたり『性別』を意図的に除外しているのに対し、四条では、特に賃金について、男女間の差別を禁止している。これは、歴史的に、賃金差別が男女平等の実現への大きな障害となってきたことを考慮したものである。『同一価値労働に対する男女同一賃金』はＩＬＯにおいても創立以来の最重要原則のひとつとされており、これを定めた一〇〇号条約（一九五一年）をわが国は批准している」と（中窪裕也ほか二名・労働法の世界〈第四版〉七五頁）。これは労基法四条とＩＬＯ一〇〇号条約が同趣旨のものであるとの理解に立つものと考えられる。

(ロ)　「男女同一賃金の原則」を規定する労基法四条は、その見出しの文言や条文の表現にもかかわらず基本的には「男女同一価値労働同一賃金の原則」を規定したものと理解することができる。そして、使用者の労働者に対する賃金の支払は、一般的には就業規則や労働協約等の賃金規定に定められている「賃金率」（報酬率）に基づいて計算され支給されるのであるから、「男女同一価値労働同一賃金の原則」は端的にいえば「男女同一価値労働・同一賃金率の原則」のことになる。しかも、労働は自然人である人の「労働力」の行使されたものであるから、男女同一価値労働・同一賃金の原則は、男女同一価値労働力・同一賃金率の原則のことになる。

(3)　ヴェルサイユ平和条約と労基法四条

(イ)　労基法四条を含む労働基準法は昭和二二年に制定されたものであり、ＩＬＯ一〇〇号条約は一九五一年（昭和二六年）に採択されたものであるから、労基法四条はＩＬＯ一〇〇号条約の存在を前提しこれを参考にして立法されたものではない。これは、むしろ、ヴェルサイユ平和条約（Friedensvertrag von Versailles わが国は一九二〇年に批准）の四二七条七号が規定する「同一価値ノ労働ニ対シテハ男女同額ノ報酬ヲ受クベキ原則」に基づくものということができる（末弘厳太郎「労働基準法解説(一)」法律時報二〇巻三号七頁）。そして、それから約三〇年を経た一九五一年のＩＬＯ第三四回総会において一〇〇号条約が採択されたのである。その後、わが国は永らくこの条約を批准しなかったが昭和四二年にこれを批准しＩＬＯ事務局長に批准書を寄託した。

(ロ)　(i)　労基法四条は、当初は男女についての「同一価値労働同一賃金の原則」の見出しのもとに男女同一価値労働・同一賃金の原則を規定し、後に「男女同一賃金の原則」の見出しに改めて男女の同一賃金の原則を規定し今日に至っている。したがって、労基法四条は広く男女の差別賃金を禁止するものであって、必ずしも男女の同一価値労働に対する賃金差別のみを禁止するものではないと理解すべき余地が残ることになる。

(ii)　わが国は昭和四二年にＩＬＯ一〇〇号条約を批准しており、かりに労基法四条とＩＬＯ一〇〇号条約の趣旨が相違するとすれば、国内法である労基法四条と批准により国内的効力を有するに至ったＩＬＯ一〇〇号条約との間に抵触の発生する余地があることになる。したがって、労基法四条とＩＬＯ一〇〇号条約は基本的には同趣旨のもの（もっとも、労基法四条は不平等取扱禁止原則によっている）と解さざるをえず、立法の審議過程で「同一価値労働」の文言を削除したのは趣旨を変えたのではなく「表現を避けた迄のこと」といわれる（寺本廣作・

改正労働基準法の解説二二一頁以下)。

(iii)　しかし、わが国の現実の労使関係における賃金制度は複雑であり、基本給以外の諸手当には実に各種のものが存在し、その中には労働(work, travail, Arbeit)を前提にしないものも含まれている。たとえば、家族手当であり住宅手当であり通勤手当である。これらの手当は全部にしろ一部にしろ労働すなわち労務の提供を前提にしないものであるから、「同一価値労働」を問題にする余地は少ないことになる。だが、それにもかかわらず、このような諸手当に関しても男女の賃金差別が問題になりうるのである。したがって、労基法四条は基本的に「男女同一価値労働同一賃金の原則」を規定しながら、それにプラスして各種の男女差別賃金をも禁止していると解すべきことになる。このように解すれば、先法である労基法四条が後法であるＩＬＯ一〇〇号条約に反する(後法は先法を廃する)余地はないことになる。

(ハ)　(i)　労基法三条は「労働者の国籍、信条又は社会的身分」を理由に使用者が労働条件に関して「差別的取扱」をすることを禁止している。ここにいう「差別的取扱」は不利益取扱のみならず利益取扱も含むと解されるから、使用者が労働者の「国籍」等を理由にして労働者を有利に取扱うことも禁止されることになる。また、「社会的身分」とは労働者の生まれながらの永続的な地位のことと解されるから、労働者が男性であることや女性であること(性別　ジェンダー)もこれに含まれることになる。

それゆえ、使用者は労働者が女性であることを理由にして「賃金……について、差別的取扱をしてはならない」と解されることになる。ところが、労基法四条は別個に明文で「使用者は、労働者が女性であることを理由として、賃金について、男性と差別的取扱いをしてはならない」と規定している。これは、わが国の過去の歴史において使用者が女性であることを理由に賃金について差別的取扱をした多くの事実があり、将来にわたっても同様の事態の発生が予想されたところから、特に一か条を設けて女性労働者に関する賃金差別を禁止したものである。

(ii)　したがって、使用者の女性労働者に対する賃金差別の禁止に関しては、労基法三条が一般法であり同法四条が特別法の関係に立つことになる。それゆえ、女性労働者が使用者の賃金差別に関して労基法違反の事実を主張する場合には端的に労基法四条を援用すべきことになる。そして、民事事件として差額賃金の支払を請求する場合には民法七〇九条に基づき損害賠償として差額を請求することになり、刑事事件として処罰を請求する場合には労基法一一九条一号違反として一〇四条一項により労働基準監督署長や労働基準監督官に申告することになる。

しかし、女性労働者が差額賃金を損害賠償により請求しそれが認容される場合に、その金員は賃金ではなく損害賠償金であることになるから、これに関しては労基法二四条による保護は及ばないという不都合が生ずることになる。それゆえ、立法論的には、単なる賃金の差別的取扱禁止原則ではなく、より積極的な賃金の男女平等取扱原則の方がすぐれていることになる。だが、反面において、権利の消滅時効に関しては、民法七二四条による三年の時効ではなく労基法一一五条による二年の時効が適用されることになる。

第五章　労働時間の制限

一　労働時間の概念

(1)　労働時間概念と労働義務の履行性

「労働時間」とは、一般的に、労働者が労働している時間のことである。そして、「労働」とは、ある者（労働者）が他の者（使用者）の指揮命令下において労務を提供することであるから、「労働時間」とは、労働者が使用者の指揮命令下において労務を提供する時間のことになる。しかも、「労務の提供」は、労働者の労働義務その他の義務の履行としての一定の精神的・肉体的活動（精神的活動と肉体的活動とは密接不可分であるが、概念上は区別しうる）のことであるから、「労働時間」は、労働者が使用者の指揮命令下において労働義務その他の義務の履行として一定の精神的・肉体的活動をなす時間のことになる。

(2)　労働義務以外の義務の履行性

(イ)　労働時間には、何よりも、労働者が使用者の指揮命令下において労働義務の履行として肉体的活動をしている時間が含まれる。たとえば、製造業に従事する工員であれば、実際に物の製造・改造・加工をしている時間などである。また、労働時間には、労働者が使用者の指揮命令下において労働義務の履行として精神的活動をしている時間も含まれる。たとえば、保健衛生業に従事する医師や看護師であれば、患者の病状に関して診察したり治療したり看護している時間などである。

(ロ)　ところで、労働者の義務の履行としての各種の精神的・肉体的活動の中心は、いうまでもなく労働義務の履行としての精神的・肉体的活動である。しかし、このほかに、労働者がその他の労働関係上の義務の履行として行う精神的・肉体的活動も問題になりうる。けだし、これも、義務づけられている場合には、労働者の使用者に対する労働義務の履行としての活動に類似したものになるからである。

(ハ)　しかし、そのすべてが労働時間に含まれると理解するのは妥当でなく、労働者のなす「その他の義務」の履行が「労働義務」の履行と同程度の緊張と疲労を伴うものに限って理解することが適切である（たとえば、危険・有害物質を使用する労働者の更衣や洗身など）。なぜなら、労働時間が制限や規制の対象にされるのは、労働が労働者に緊張と疲労をもたらすことによるものだからであり、さしたる緊張・疲労を伴わないものは義務の履行ではあっても労働に含ませる必要性が少ないからである（不活動仮眠時間は一般的に労働義務の履行としての精神的・肉体的活動の時間である。大星ビル管理事件最一小判平成一四・二・二八民集五六巻二号三六一頁）。

(3)　ドイツにおける労働時間法制の発展

(イ)　(i)　ドイツの労働時間令（Arbeitszeitordnung）は、二条において端的に「労働時間とは、休憩を除き、労働（Arbeit）の開始から終了までの時間である」と概念規定していた。この労働時間の中には、被用者がその労働力（Arbeitskraft）を使用者に委ねている時間も含まれるとされた。そして、通常の事業経営のあいだに事前労働ないし終了労働（Vor- und Abschlußarbeit）をなすことができず、あるいは、「著しい支障」を生ずることなしにはなすことができないならば、すなわち、なすことはできるが「著しい支障」を生ずるならば、一定の範囲において日々の正規の労働時間を延長することが許された（令五条）。この場合には、事前労働ないし終了労働の時間は規制の対象になる正規の労働時間には算入されず、被用者は超過労働手当請求権（Anspruch auf Mehrarbeitsvergütung）も有しないものとされた（令一五条）。

(ii)　また、「常態として且つ著しい範囲において」労働時間の中に労働待機（Arbeitsbereitschaft）の時間が含まれる場合には、労働協約により又は監督官庁の同意を得て、労働時間を延長することが許された。この場合にも、労働待機の時間（労働力を使用者の自由な処分に委ねる時間は別）は労働時間に算入されなかった。このことは、労働時間保護の著しい緩和を意味するものであった。なぜなら、このような労働待機を契機にする労働時間の延長の場合にも、超過労働手当請求権は発生しなかったからである（令一五条）。かかる理由からして、被用者が労働場所に所在することが、具体的な場合において労働待機の概念の要件を充すのか、それとも、労働時間の概念の要件を充すのか、が正確に判断されなければならないものとされた（Alfred Söllner, Arbeitsrecht 5. Aufl., S. 189）。

(iii)　その後、このような労働時間令、および、多数の特別規定（年少労働保護法や母性保護法中の規定など）からなるドイツの労働時間法制に関して改正の議論がなされることになり、一九九四年六月六日に労働時間法（Arbeitszeitgesetz）が制定された。そして、労働時間法は、労働時間（Arbeitszeit）に関して、二条において「本法にいう労働時間とは、休憩を除き、労働の開始から終了までの時間である」と旧法とほぼ同様の概念規定をした。この労働時間法はわずかな例外を除き従前の東ドイツ領においても適用されるものであるが、ドイツの労働時間法制に関してはなお改正論議がなされている状況にあるという（Wolfgang Zöllner - Karl - Georg Loritz, Arbeitsrecht 4. Aufl., S. 316）。

(ロ)　ところで、歴史的にみて、労働時間保護に関する最も重要な点は最長労働時間（Höchstarbeitszeit）を法定することであった。そして、今日、労働時間法は三条において労働日の正規の労働時間を八時間と法定している。このことから、一週間の最長労働時間は必然的に四八時間（日曜労働は原則として許されない）であることになる。また、法は、一日の労働の終了後における十分な休息時間と、労働の途中において休憩時間が付与されるべきことに関して詳細な規定を設けている。すなわち、休息時間（Ruhezeit）は一日の労働時間の終了後に一一時間以上なければならず（法五条）、休憩（Ruhepause）は六時間を超え九時間までの労働時間の場合には三〇分以上のもの（二回の一五分以上のものに分割可能）が、九時間を超える労働時間の場合には四五分以上のものが付与されなければならない（法四条）とされる（Zöllner - Loritz, a. a. O., S. 317f. わが国でも、三菱重工業労働組合などが、「勤務間インターバル規制」という表現により、使用者に休息時間と同様の制度の導入を要求しているといわれる）。

(ハ)　労働時間保護法にいう労働時間は、一般的に、労働者が労働している時間、すなわち、休憩時間を除く労働の開始から終了までの時間である。この場合に業務の態様は問うところでない。したがって、機械を監視することも、モデルに立つことも、この意味における労働ということができる。しかし、被用者が通常の業務や本来の業務をしていない時間の取扱いに関しては各種の疑問の生ずることがある。だが、被用者は勤務に就いている（anwesend）のであり、或いは、待機中である（in Bereitschaft）のであって、問題の時間は労働時間であると判断されることが多い。たとえば、運転手の手待時間（Wartezeit）であり、市街電車運転手の折返時間（Wendezeit）であり、勤務医の待機勤務（Bereitschaftsdienst）の時間などである（Zöllner - Loritz, a. a. O., S. 318）。

二　ＩＬＯ一号条約

(1)　紡績工場の労働時間と強制労働の作業時間

(イ)　(i)　わが国において労働者個人の関心が労働時間の短縮に向うようになったのは最近のことである。それは、労働者が労働の対価として使用者から取得する賃金が十分なものでなく、しかも、労働時間の短縮は賃金の喪失を伴うことが多かったからである。また、それは、わが国の労働者の生活が公的生活たる企業生活を中心にしたものであり、私的生活は必ずしも中心的なものではなかったからである。別言すれば、それは「〔日本人の生活構造は〕企業中心の生活が支配的で、個々人の生活が確立していな〔かった〕」からである（隅谷三喜男「労働時間の短縮」日本労働協会雑誌三二〇号一頁）。

(ii)　従前におけるわが国の労働者の労働時間は決して短いものではなかった。工場法の制定・施行（明治四四年制定・大正五年施行）の前後において、紡績（ぼうせき）工場で働く女工の労働時間は次のようなものであったという。「凡そ紡績工場くらい長時間労働を強いる處はない。大體に於ては十二時間制が原則となって居るが先づこれを二期に分けて考へねばならぬ。第一期は工場法発令以前であって此の頃は全國の工場殆ど、紡績〔糸をつむぐこと〕十二時間、織布〔しょくふ。織って布をつくること〕十一時間というのが最も多数を占める」と（細井和喜蔵・女工哀史一〇二頁。本書では上司の女工に対するセクシャル・ハラスメントの実態も記されている）。そして、大日本労働総同盟友愛会（大正元年に友愛会として設立。大正一〇年に日本労働総同盟と改称）は、大正八年に、普通選挙制とともに八時間労働制を主張したのである。

(iii)　捕虜に対する強制労働の場合には、労働時間（作業時間）は一四時間を越えたこともある。昭和二〇年八月のソ連・モンゴルの対日参戦の後にシベリヤ経由でモンゴルに強制連行され、首都ウランバートルの近代化を図るための強制労働に従事させられた日本兵・民間人は、一日最高一四時間半も労働させられたといわれる。「捕虜管理庁の指令書などによると、当初八時間だった労働時間はしだいに長くなり、建設計画の遅れを理由に、最高で一日一四時間半になった。最初の冬には気温が零下二五度に達すると、野外作業は中止されたが、二度目の冬には零下三〇度まで働かせる指令が出された。捕虜管理庁の収容所報告書によると、一週間以上にわたって食糧が途切れることもあった。空腹のあまり捕虜が死んだ犬の肉を食べた、との報告もある」と（朝日新聞平成七年六月一九日〈朝刊〉一面。なお、本書の一六七頁を参照）。

(iv)　今日におけるわが国の労働時間に関しては労基法に基づき一日八時間労働制がとられている。したがって、現実に一〇時間労働制のとられることはないが、かりに一日一〇時間労働が実際的になされれば、それは違法であるし異常でもあることになる。このことに関連して、以下のように、あってはならない極端な事例として一日一〇時間労働の指摘されることがある。「例えば労働者が非常に多く、労働市場からいえば買手市場にある場合には、ダンピングが行われる。極端にいえば『一日一〇時間働きましょう』というような約束をすると、これは市民法の社会では、契約自由の原則であるから、本人が自由意思で一〇時間働きましょうと約束して、使用者が一〇時間働いてもらいましょう。それについては一日賃金はいくら払いましょうと約束をしていけば、それがだんだんダンピングされてくると、労働条件というものが低劣になっていく」と(水崎嘉人「労働契約論の見直し」経営法曹六〇号四四頁)。

(ロ)　(i)　ヨーロッパの先進資本主義国家においてはかなり事情が相違し、労働者および家族の関心は早くから労働時間の短縮に向けられており、第一次大戦の前後においてすでにかかる社会的関心が相当に高まっていた。それは、このような先進資本主義国家における労働者の賃金は、一部の産業においては別として(一部の産業にあっては低賃金が存在し、そのために最低賃金制に関する社会的要請が存在した)、一般的にそれなりに十分であった反面において、労働時間は一日一〇時間に及び、労働者の健康や安全にとって有害でありまた家族にとっても苦痛であったからである。しかも、かかる先進資本主義国家における事情は商業におけるよりも工業においてより顕著にみられた。

(ii)　他方で、アメリカにおいては、レッセ・フェール(laisser - faire)の思想が強く存在し、長時間労働も契約の自由によりやむを得ないと受け止められていた。むろん、州によっては労働時間を規制する州法が制定され、その合憲性の認められたこともあった。しかし、連邦法として統一的な労働時間規制法が制定されたのは一九三八年（昭和一三年）のことであり、それが現行の公正労働基準法（Fair Labor Standards Act　FLSA と略称する）である（東京大学労働法研究会・注釈労働時間法五頁以下）。この法律は、「通商のための商品の生産」等に従事する被用者（employee　被用者とは使用者に使用されるあらゆる個人のことである。中窪裕也・アメリカ労働法〈第二版〉二六四頁参照）らに関し、使用者が一週四〇時間を超えて使用する場合に、使用者が通常の賃金率の一・五倍以上の率の賃金を支払うべきことを定めたものである（中窪「アメリカの労働時間法制」日本労働協会雑誌三三〇号四一頁以下）。

このようなアメリカのレッセ・フェールの思想に関連して次のような指摘がある。「米国の『保護的』法律がどのような影響を及ぼしたかは、実証的研究を見ればわかる。労働者を雇うことを通して雇用者〈使用者のこと〉の被る費用を上げた（あるいは、雇うことを通して得る利益を下げた）ため、この法律は、雇用率を下げたのである。そして、法律が貧しい労働者の多い肉体労働の仕事に対して最も強い影響を及ぼしたゆえ、おもにそれら貧しい人々の労働選択余地を減らし、彼らを失業させたのである。……低所得階級の労働者は、『保護してもらった』のであるが、口を出す機会があったならば、彼らも答えたと思う。『バカ言え、よけいなお世話だ』」と（マーク・ラムザイヤー「大学教授と女子パート労働者」日本労働研究雑誌三九六号二頁）。

そして、今日においてもアメリカにおける労働者の労働時間は実際的に長く、ＩＬＯの調査によれば、一九九七年における労働者一人あたりの労働時間は年間一九六六時間である。これに対して、わが国における労働者の労働時間は一九九五年において年間一八八九時間（一九九〇年には二〇三一時間）である。もっとも、アメリカにおいても、一九九二年までは労働時間の減少傾向が見られたが一九九三年以降増加に転じたのである。なお、ヨーロッパの先進資本主義国家の一つであるノルウェーにおける一九九七年の労働時間は労働者一人あたり年間一三九七時間である（朝日新聞平成一一年九月七日〈朝刊〉三面参照）。

(iii)　このアメリカの「公正労働基準法」は労働時間法であるのみならず賃金法でもあり、「賃金・時間法」(Wage - Hour Act) と呼ばれることもあるが、それは全体として一般法たる地位に立つものである。そして、特別法たる労働時間法としては、使用者が合衆国政府との間で一定額以上の物品製造・供給等の契約を締結する場合には、一日八時間または一週四〇時間を超えて被用者を使用してはならない、等と規定する一九三六年のウォルシュ・ヒーリー法 (Wolsh - Healey Act) があり、また、合衆国の公共土木工事等の請負契約に基づく労働時間が一日八時間・一週四〇時間を超える場合の割増賃金 (一・五倍以上の賃金) に関して定める一九六二年の請負労働時間基準法 (Contract Work Hours Standards Act) などがある (中窪・前掲論文四一頁)。

(2)　ＩＬＯ一号条約へのフランス法の影響

(イ)　かかる社会的現実と、長時間労働は労働者の健康や安全に有害でありまた家族にとっても苦痛であったところから、長時間労働は規制されるべきであるという国際社会 (主として、ヨーロッパの先進資本主義社会。アメリカ社会は長時間労働について今日でも肯定的である) における社会的要請を契機にして、一九一九年一〇月二九日に開催されたＩＬＯ第一回総会 (会期は一九一九年一〇月二九日から一九二〇年一月二七日までで開催場所はアメリカのワシントン。第二回総会の開催場所はイタリアのジェヌアで、第三回総会以後は原則としてスイスのジュネーブ) において「工業的企業に於ける労働時間を一日八時間かつ一週四八時間に制限する条約」(一号) が採択されたのである。この条約は、イギリス語によれば、Convention Limiting the Hours of Work in Industrial Undertaking to Eight in the Day and Forty-Eight in the Week というものである。これは、一条から二二条までの二二か条からなる包括的な内容の条約である。そして、この一号条約は「フランスの法令をベースにして起草」されたものといわれている (ニコラス・バルティコス＝国際労働基準とＩＬＯ一九五頁)。これから遅れること一一年にして、一九三〇年のＩＬＯ第一四回総会において、「商業及事務所に於ける労働時間の規律に関する条約」（三〇号）が採択されたのである。

(ロ)　(i)　一号条約は、一条において「本条約に於て『工業的企業』と称するは、左に掲げるものを特に包含す」と規定して鉱山業（土地から鉱物を採取する事業のこと）・製造業・建設業・運送業の四つを例示列挙したのちに、二条において「同一の家に属する者のみを使用する企業を除くの外、一切の公私の工業的企業又は其の各分科に於て使用せらるる者の労働時間は、一日八時間かつ一週四八時間を超ゆることを得ず」と規定する。

ここにいう「同一の家に属する者のみを使用する企業」（undertaking in which only members of the same family are employed）とは、その事業所で使用される者（被用者）が同一家族の構成員（Mitglieder derselben Familie　同居の有無は問わない）であるような事業所のことであり、わが国の国内労働法である労基法の旧八条にいう「同居の親族のみを使用する事業若しくは事務所」よりも広い概念である（この一号条約は労働時間それ自体については概念規定していないが、三〇号条約は二条において概念規定している）。

(ii)　また、「一切の公私の工業的企業又は其の各分科」（any public or private industrial undertaking or in any branch thereof）とは、公的なものにせよ私的なものにせよあらゆる種類の工業的事業所と、それがいかなる性質を有するかを問わずその附属事業所（たとえば、図書館や診療所や食堂など）のことである。さらに、「使用せらるる者の労働時間」（working hours of persons employed）とは、労働者であるか職員であるかを問わず、被用者の労務提供の時間的長さのことである。

(3)　ＩＬＯ一号条約と労基法との関連性

この条約は、二条但書(a)号において「本条約の規定は、監督若は管理の地位に在る者又は機密の事務を処理する者には之を適用せず」と規定する。ここにいう「監督若は管理の地位にある者」（persons holding positions of supervision or management）とは、監督（見回りや監視。労基法四一条二号の「監督」の概念とは相違する）の職務に就いている者または企業を管理（経営。労基法四一条二号の「管理」の概念の方が広い。労基法では経営者に限定されていない）する職務に就いている者のことである。また、「機密の事務を処理する者」（persons employed in a confidential capacity）とは、秘書などのごとく信用の保持が要求される職務に就いている者のことである。

(4)　**緊急時の時間外労働と労使協定に基づく時間外労働**

(イ)　条約は、三条において「第二条に定むる労働時間の制限は、現に災害あり若は其の虞ある場合、機械若は工場設備に付緊急の処置を施すべき場合又は不可抗力の場合に於ては之を超ゆることを得。但し当該企業の通常の操業に対する重大なる障碍を除去するに必要なるべき限度を超ゆることを得ず」と規定する。ここにいう「現に災害あり若は其の虞ある場合、機械若は工場設備に付緊急の処置を施すべき場合又は不可抗力の場合」とは、それぞれが緊急時に時間外労働を命令することの許容される要件である。

第一の「現に災害あり若は其の虞ある場合」（in case of accident actual or threatened）とは、事業所災害が発生しまたは切迫している場合のことである。

第二の「機械若は工場設備に付緊急の処置を施すべき場合」（in urgent work to be done to machinery or plant）とは、事業所の各種の機械や設備に関して緊急を要する作業をしなければならない場合のことである。

第三の「不可抗力」（force majeure　フォース・マジャー。フランス語読みではフォルス・マジュール　ドイツ語訳では höhere Gewalt　ヘーエレ・ゲヴァルト）とは、外部から作用する加害的出来事であって、通常は顧慮する必要がないほどに異常な出来事であり、しかも、最大限の注意をもってしても避け得ないもののことである。

(ロ)　(i)　また、条約は、五条一項において「第二条の規定を適用すること能はずと認められたる例外の場合に限り、労働者の及び使用者の団体間に於て一層長き期間内に於ける日々の労働時間制限に関する協定あるときは、政府に之を申告すべく、政府は、其の決定に依り之に法規の効力を付与することを得」と規定する。

ここにいう「第二条の規定を適用すること能はずと認められたる例外の場合」（exceptional cases where it is recognised that the provistons of Article 2 cannot be applied）とは、二条により定められる労働時間の制限（八時間労働制）が実施不能と認められる例外的場合のことであり、八時間労働制の例外として時間外労働が許容されるもう一つの要件である。

(ii)「労働者の及び使用者の団体間に於て一層長き期間内に於ける日々の労働時間の制限に関する協定」（agreements between workers' and employers' organisations concerning the daily limit of work over a longer period of time）があるとは、労働者団体と使用者団体との間の協定が、一日の労働時間を八時間より長い時間において事前に規定している場合のことである。そして、この場合（この場合に限る）には、政府がかかる労使協定に法規範としての効力（die Geltung von Verordnungen）を付与しそれが法規範に転換されると、この協定によって八時間を超える労働時間が設定され時間外労働が可能になるのである。しかし、このような時間外労働は例外的なものであって、わが国における三六協定による時間外労働のごとく恒常的なものではありえないのである（本条約が時間外労働に関して厳格な態度をとっていることについては、萩澤清彦・八時間労働制三三頁以下）。

(ハ)(i)　一号条約は、九条において、「本条約の日本国に対する適用に付ては、左の変更及条件を加へらるべし」と規定し、一五歳以上の者の労働時間が一週五七時間を越えることができない（一週五七時間までは許容される）こと等を定めている。この条項は、わが国が八時間労働制を「時期尚早である」と強く主張して設けられたものであり、「日本の特例条項」と呼ばれている（しかし、一号条約は未批准である）。かかる特例が設けられるに至ったそもそもの所以は、「ヴェルサイユ平和条約第一三編『労働』中の『気候、慣習及ビ習俗、経済上ノ機会並ニ産業上ノ因襲ノ相違』による労働条件画一化の例外を認める条項」によるものであり、「条約案中に特例が認められたのは日本だけではなかった」という（廣政順一・労働基準法四八頁参照。日本以外に例外が認められたのは、インド・中国・ペルシャ等の六か国)。

(ii)　当時のわが国の工場法は、一条において「常時十五人以上ノ職工ヲ使用スル〔工場〕」と、「事業ノ性質危険ナルモノ又ハ衛生上有害ノ虞アル〔工場〕」に適用される旨を規定した上で、三条において「工業主ハ十五歳未満ノ者及女子ヲシテ一日ニ付十二時間ヲ超エテ就業セシムルコトヲ得ス」と規定し、また、四条において「工業主ハ十五歳未満ノ者及女子ヲシテ午後十時ヨリ午前四時ニ至ル間ニ於テ就業セシムルコトヲ得ス」と規定していた。しかし、この当時のわが国においては、一五歳以上の男子に関しては、一日の法定労働時間の定めも一週間の法定労働時間の定めもなかったのである。

三　労基法三二条

(1)　旧労基法三二条とＩＬＯ一号および三〇号条約

わが国の国内労働法である労基法は、改正前の三二条一項において「使用者は、労働者に、休憩時間を除き一日について八時間、一週間について四十八時間を超えて、労働させてはならない」と規定していた。この旧労基法三二条の規定が、ＩＬＯ一号条約と一九三〇年六月二八日に採択された「商業及事務所に於ける労働時間の規律に関する条約」すなわちＩＬＯ三〇号条約に強く影響されたことは疑いのないところである。しかし、旧労基法三二条はこれらの条約の批准に関連し国内法を改正・整備する一環として制定されたものではない。なぜなら、わが国（アメリカも同様である）はこの二つの条約を批准していないからである。

(2)　改正労基法三二条とＩＬＯ四七号条約

わが国は、昭和六二年法律九九号により旧労基法三二条を改正し、あらたに、一項において「使用者は、労働者に、休憩時間を除き一週間について四十時間を超えて、労働させてはならない」と規定し、二項において「使用者は、一週間の各日については、労働者に、休憩時間を除き一日について八時間を超えて、労働させてはならない」と規定した。この法改正が一九三五年六月四日に第一九回総会において採択された「労働時間を一週四〇時間に短縮することに関する条約（四七号条約）」に強く影響されたことは疑いないことである。しかし、わが国はＩＬＯ四七号条約も未批准（アメリカも同様）なのである。

(3)　**改正労基法三二条と諸外国との貿易摩擦**

(イ)　わが国が昭和六二年に労基法三二条を改正したのは、労働時間の長さを国際基準に適合させるとともに、貿易摩擦に由来する欧米諸国の労働時間短縮の要請（とくにアメリカからの要請）に応えたものである。しかし、労基法は、附則一三一条一項において「第三十二条第一項……の適用については、当分の間、第三十二条第一項中『四十時間』とあるのは『四十時間を超え四十八時間未満の範囲内において命令で定める時間』とする」と規定し、この規定に基づき命令たる「政令」が作成されて労働時間は基本的に四六時間になり、さらに新たな命令が作成されて、平成三年四月一日以降、労働時間は基本的に四四時間になった。しかも、平成五年の法改正により、平成九年四月一日以降、労働時間は原則どおりの四〇時間になったのである。

(ロ)　このように、わが国の法定労働時間は漸次段階を追って短縮されてきた。かかる段階的措置は、未批准であるとはいえ、ＩＬＯ四七号条約の一条が、「〔本条約を批准する国際労働機関の各締結国は、被用者の〕生活標準の低下を来さざる様適用〔適用とは実施のこと〕せらるべき一週四十時間制の原則」（ａ号）と、「此の目的を達成するに適当と認めらるる〔各種の〕措置を執り又は之を助成すること」（ｂ号）とを、それぞれ「承認することを宣言〔する〕」すなわちそれぞれ賛成することを承諾すると規定し、さらに、一九六二年のＩＬＯ一一六号勧告が「〔労働時間は〕この勧告に示す社会的基準に到達することを目標として漸進的に短縮すべきである」と勧告していることによって容易になったのである。

(ハ)　家庭に流れる時間はゆっくりしているのがよく職場に流れる時間は早い方がよい。このような受け止め方は世界的に共通しているといって大過ない。かかる考え方が第一時大戦前後のヨーロッパの先進資本主義国家において存在し、それが一九一九年にＩＬＯ一号条約の採択された要因になったことはすでに触れたところである。しかも、この考え方は今日においてはヨーロッパの先進資本主義国家のみならずわが国でも顕著に見られるようになっている。アメリカにおいてはなおレッセ・フェールの思想が強く長時間労働も受け容れられているが、時間に関する右のような考え方は今後においてはアメリカでも強くなるものと予想されるのである。

第六章　年次有給休暇の付与

一　年次有給休暇の概念

(1)　資格期間の短縮傾向

「年次有給休暇」(単に有給休暇とも年休ともいう)とは、一般的に、資格期間として年単位の期間(待機期間とも呼ばれる)が定められている休暇であって、その期間につき賃金その他の報酬が支払われるもののことである。年単位の資格期間としてかつては一年の期間の定められることが多かったが、近時においては半年の期間の定められることが多くなっている。

たとえば、一九三六年のＩＬＯ第二〇回総会で採択された五二号条約である「年次有給休暇に関する条約」(Convention concerning Annual Holidays with Pay　ドイツ語訳では Übereinkommen über den bezahlten Jahresurlaub)はその二条において「この条約の適用されるすべての者は、一年の継続した勤務の後に(nach einjähriger ununterbrochener Dienstleistung)、少なくとも六労働日の年次有給休暇の権利を有する」と規定していた。この「年次有給休暇の権利」はドイツ語訳では Anspruch auf einen bezahlten Jahresurlaub (Anspruch とは請求権のこと)と表現されており、この点はきわめて注目すべき点である。

(2)　休暇日数の増加傾向

(イ)　昭和二二年に制定された当時の労基法三九条一項も、「使用者は、一年間継続勤務し全労働日の八割以上出勤した労働者に対して、継続し、又は分割した六労働日の有給休暇を与えなければならない」と規定していたが、昭和六二年法律九九号による法改正により「六労働日」が「十労働日」に変更された。

しかも、労基法三九条一項は、その後に平成五年法律七九号による改正がなされ、これにより「使用者は、その雇入れの日から起算して六箇月間継続勤務し全労働日の八割以上出勤した労働者に対して……十労働日の有給休暇を与えなければならない」と規定され、「一年間継続勤務し」という文言が「雇入れの日から起算して六箇月間継続勤務し」に変更された。これは資格期間を短縮するとともに起算日を明確にしたものであった。

(ロ)　年次有給休暇は、資格期間として六か月すなわち半年を含む年単位の資格期間の問題にされる休暇であるが、それにとどまらず、休暇期間について報酬の支払われる（with pay ドイツ語訳では bezahlt）休暇である。ここにいう「休暇期間」とは休暇の全期間のことである。したがって、「十労働日の……休暇（期間）」の途中において一日でも報酬の支払われない日があれば、十労働日の全体が年次有給休暇になるのではなく、前後に分断されている連続した労働日の年次有給休暇が存在することになるのである。

資格期間が年次的な休暇である年次休暇が、「年次有給休暇」と認められるために必要な「報酬」の支払いは、一般的には通貨による支払いであるが時には現物による支払いのこともある。たとえば、年次休暇権を有する労働者の雇用されている事業所で製造される製品による支払などである。年次休暇に関する報酬の支払が通常の賃金の支払である場合には、年次休暇に関する報酬は賃金そのものであることになり、その支払については一定の法的保護（賃金支払の法的保護）が及ぶこととの関係において、年次休暇に関する報酬の現物による支払は当然には認められないことになる。

(3)　保養休暇としての年次有給休暇

(イ)　ドイツの連邦年次休暇法（Bundesurlaubsgesetz）は、一条において「すべての被用者は、それぞれの歴年において、報酬の支払われる保養休暇の請求権（Anspruch auf bezahlten Erholungsurlaub）を有する」と規定している。この連邦年次休暇法の正式名称は「被用者に関する最低年次休暇法」（Mindesturlaubsgesetz für Arbeitnehmer）というものであり、被用者は団体協定ないし個別契約の規定（kollektiv - und einzelvertragliche Regelungen）によって特別の年次休暇請求権を取得しうるものとされている（Günter Schaub, Arbeitsrechtshandbuch 10.Aufl.S. 1088）。

(ロ)　このように、ドイツの年次休暇は保養休暇（Erholungsurlaub）といわれており、これは被用者の「健康、労務提供能力および生活満足」（Gesundheit, Leistungsfähigkeit und Lebensfreude）の保護と増進を目的にするものであるが、被用者はかかる保養休暇（報酬の支払われる保養休暇）の請求権（Anspruch）を有し、使用者はこれについて付与義務を負うものとされている。この使用者の義務は連邦年次休暇法により課せられるものであり、かつてのように使用者の誠実義務ないし配慮義務（Treu - und Fürsorgepflicht）それ自体から導き出されるものではないものになっている（Wolfgang Zöllner,Arbeisrecht, S.130）。

この法律は一九六三年一月八日に制定されたものであるが、一九七七年当時の年次休暇日数は一八労働日であり、現在においては二四労働日である。この中には、連邦年次休暇法三条二項により、日曜日は算入されずまた法定祝日も算入されない。しかし、被用者が完全な年次休暇請求権（der volle Urlaubsanspruch）を取得しうるためには、年次休暇付与の以前において労働関係が少なくとも六か月を超えていなければならない（Zöllner, a. a. O., S. 130）。この六か月の待機期間（Wartezeit）を満たさない被用者は連邦年次休暇法五条により、労働関係の存在する各月について一二分の一の年次休暇請求権を取得することになる。

(ハ)　ドイツにおける年次休暇の法理は判例法理をも含めて紆余曲折があったといわれている。かつて、ライヒ労働裁判所（Reichsarbeitsgericht）は、年次休暇請求権（Urlaubsanspruch）は、すでに行った労務の提供に対する対価の一形式であるということを認めた。その後、年次休暇請求権は、対価に関する請求権と休暇に関する請求権とから構成される二重的請求権（Doppelanspruch）であるとされた。

したがって、年次休暇請求権については、対価（Entgelt）に関する請求権と、報償（Vergütung　報償とは疲労その他の不利益に対する償いのこと）に関する請求権という二個の請求権が存在するものとされた。ところが、さらにその後に、年次休暇請求権は配慮義務（Fürsorgepflicht）から導き出されることになり、ライヒ労働裁判所は単一の請求権を問題にするようになった。すなわち、年次休暇請求権は「対価の支払われる休暇の付与に関する単一の請求権」であるとした。そして、この判例法理が連邦労働裁判所によっても受け継がれるに至ったのである（Schaub,Arbeitsrechtshandbuch 10. Aufl., S. 1087f.　しかし、学説上は、年次休暇請求権は一般的に連邦年次休暇法によるものと解されている）。

(二)　年次休暇手当（Urlaubsentgelt）は、連邦年次休暇法の一一条により、被用者が年次休暇開始前の最後の一三週間において得ていた平均的労働稼得（der durchschnittliche Arbeitsverdienst　わが国における平均賃金に対応する）によって計算される。その場合に、時間外労働（Überstunde）について付加的に支払われる労働稼得は除外される。そして、労働稼得が増額する場合に、計算期間中においてまたは休暇期間中において一時的性質でない労働稼得の増額が生じたのであれば、その増額した稼得が前提にされる。

ドイツの連邦年次休暇法は国際条約にもEC法にも適合しており、ドイツはＩＬＯ一三二号条約である「年次有給休暇に関する条約（一九七〇年改正）」を一九七五年に批准している。これによって、ＩＬＯ一三二号条約はドイツ国に対して国際法的に（völkerrechtlich）拘束力を有するに至っている。しかし、この条約は個々の住民に対しては直接的効力（eine unmittelbare Wirkung）を有しないものと解されている。

すでに、ドイツは一九七五年の批准前において、内容的にこの一三二号条約に抵触する国内法の規定を排除しており、連邦労働裁判所（Bundesarbeitsgericht）は連邦労働裁判所の判例がＩＬＯ一三二号条約に一致する旨を繰り返し述べている。たとえば、BAG 28. 11. 1990 AP 18 zu §7 BUrlG Übertragung などの判決である（Schaub, a. a. O., S. 1088f.）。一般事件に関するドイツの最高裁判所である連邦最高裁判所（Bundesgerichtshof）はカールスルーエにあるが、労働事件に関する最高裁判所である連邦労働裁判所はカッセルにあり、同じ敷地内には連邦社会裁判所（Bundessozialgericht）も設置されている。

二　ＩＬＯ一三二号条約

(1)　第二次大戦直前におけるＩＬＯ総会の特殊性

(イ)　労働者は自然人であるから、使用者の指揮命令下において労務を提供することによって疲労する。労働者の被る疲労は一日ごとの労働によるものもあれば、一週間ごとの労働によるものもあれば、一年ごとの労働によるものもある。そこで、近代資本主義国家は、一般的に、一日ごとの労働による疲労に対して休憩時間ないし休息時間（ドイツにおける休息時間については本書の二二〇頁を参照）の制度を設け、また、一週間ごとの労働による疲労に対しては休日の制度を設け、一年ごとの労働による疲労に対しては年次有給休暇の制度を設けている。

(ロ)　西欧の資本主義国家においては休憩や休日や年次有給休暇などの労働時間に関連する法制度が一般的に整備されているが、とりわけイギリスやフランスでは労働時間の短縮に関する国内社会での社会的要請が強く、これらを基礎にする国際社会における社会的要請を契機にして、一九一九年に開催されたＩＬＯ第一回総会（開催地はワシントン）において労働時間の短縮に関するＩＬＯ一号条約が採択された（しかし、批准については問題があり、フランスはイギリスとドイツが批准することを条件に一九二七年に批准した。ニコラス・バルティコス＝国際労働基準とＩＬＯ一九五頁)。このような事情は年次有給休暇に関しても同様に存在し、イギリスやフランスなどの国内社会での社会的要請とそれを基礎にする国際社会における社会的要請を契機にして、一九三六年のＩＬＯ第二〇回総会において「年次有給休暇に関する条約(五二号)」が採択された。

この第二〇回総会は一九三六年六月四日から六月二四日までわずか三週間にわたり開催されたにすぎない総会であったが、この年次有給休暇条約を含む三つの条約が採択されるとともに、「年次有給休暇に関する勧告(四七号)」も採択された。そして、これから約三五年を経過した一九七〇年の第五四回総会においてこの条約の改正条約である「年次有給休暇に関する条約(一九七〇年改正)(一三二号)」が採択された。この条約は、イギリス語によれば、Convention (No.132) concerning Annual Holidays with Pay (Revised) 1970 というものである。一九三六年という年はドイツ軍がラインラント(Rheinland)に侵攻した年であり、同年の一〇月には第二〇回総会に引き続いて第二一回総会(一〇月六日から一〇月二四日まで)と第二二回総会(一〇月二二日から一〇月二四日まで)が開催された。

(ハ)　第二〇回総会において採択された五二号条約は、右に述べたようにイギリスやフランスなどの国内社会での社会的要請とこれを基礎にする国際社会での社会的要請を契機にして採択されたものであるが、その法的構造はフランスにおける年次有給休暇の法理に類似したものであったといわれている。そして、一九三六年六月四日から二四日までの第二〇回総会の最終日である六月二四日に五二号条約が採択されたが、その四日前の六月二〇日にフランスは年次有給休暇に関する法律(一九三六年六月二〇日法)を制定したのである(ニコラス・バルティコス＝前掲書二〇六頁参照)。

この一九三六年法の内容の詳細は不明であるが(しかし、五二号条約に類似したものであったと想像される)、これに引き続いて制定された一九四二年七月三一日法(かつての労働法典五四条ｆ。わが国でいう五四条の六という枝条文のこと）は次のような内容のものであったのである。「工業的・商業的事業場、同職組合の形態をとる手工業的事業所の労働者・被用者又は徒弟、並びに、自由業・官庁・職業組合・民事会社その他凡ての性質の団体の従業員は、以下の各条に規定する条件に従い、毎年、使用者の負担において、有給休暇を受ける権利を有する」と。

そして、「以下の各条」である五四条g（これは一九四四年七月二〇日法である）は次のような内容のものだったのである。「同一使用者のもとに関係年度中少くとも実労働四ヶ月就業したことを証明する労働者は、年間を通じ、労働一ヶ月につき一日の割合の休暇を常時受ける権利を有する。但し、請求することのできる休暇の総日数は、就業日一二日を含み一五日を超えることができない」と（労働省労働統計調査部・外国労働法全書二六七頁参照）。ここにいう「就業日」に対置される概念は、「週休日」と「祝日」とであるから、「〔休暇の総日数は〕週休日と祝日を除き一五日を超えることができない」という意味であると考えられる。

(2)　改正条約としての一三二号条約

(イ)　この一九七〇年の改正条約は一条から二四条までの二四か条からなるものであってどちらかといえば包括的な内容の条約である。これに対して、一九三六年の年次有給休暇条約は、一条から一六条までの一六か条からなるものであって改正条約よりは簡単な内容のものである。そして、この改正条約は、三条一項において、「この条約の適用を受けるすべての者は、所定の最少の長さの年次有給休暇を受ける権利を有する」と規定する。ここにいう「すべての者」（every person ドイツ語訳では jede Person）とは船員（seafarer, Seeleute）を除くすべての被用者のことである（二条一項参照）。

また、「所定の最少の長さの年次有給休暇」（an annual paid holiday of a specified minimum length）とは、この条約を批准する加盟国が批准書に添付している言明書（declaration　ドイツ語訳では Erklärung）において特定している最低限度の年次有給休暇のことである。さらに、「権利を有する」（be entitled to　ドイツ語訳では haben Anspruch auf）とは年次有給休暇に関する一定の権利を有するということである。この一定の権利がいかなる性質のものかは改正条約を批准する各加盟国がそれぞれ自主的に決定することのできるものであり、ドイツにおいては請求権であるとされている。

(ハ)　さらに、改正条約は、三条三項において「休暇は、いかなる場合にも、一年の勤務につき三労働週を下回ってはならない」と規定する。「一年の勤務につき」（for one year of service　ドイツ語訳では für ein Dienstjahr）とは「一年の勤務年につき」という意味である。また、「三労働週を下回る」（be less than three working weeks）とは、各国が批准書に添付している言明書において特定している最低限度の年次有給休暇期間が三労働週未満であるということである。したがって、「三労働週を下回ってはならない」とは三労働週以上でなければならないということである（一労働週の日数は、週休二日制の場合には五日であり、週休一日制の場合には六日である）。

改正条約は、五条一項において、「年次有給休暇を受ける資格の取得については、最低勤務期間を要求することができる」と規定する。「年次有給休暇を受ける資格」（entitlement to any annual holiday with pay　ドイツ語訳では Anspruch auf bezahlten Jahresurlaub）とは、年次有給休暇に関する権利のことであり、被用者がこのような権利を取得しうるためには「最低勤務期間」が必要であるということである。「最低勤務期間」（a minimum period of service　ドイツ語訳では Mindestdienstzeit）とは年次休暇権取得のための要件としての最少の勤務期間のことであり、別言すれば最少待機期間のことである。

このような待機期間は各国の「権限のある機関」（the competent authority）によってまたは各国の「適当な機関」（the appropriate machinery）を通じて決定されるが、その長さは「六箇月をこえてはならない」（五条二項）。

ここにいう「六箇月をこえる」（exceed six months）とは六か月を一日でも超過することを意味するから、「六箇月を超えてはならない」とは、待機期間が六箇月以下でなければならないということである。

(3)　「適当な機関」の意味

(イ)　改正条約は、七条一項において、「この条約に定める休暇をとるすべての者は、その休暇の全期間につき、少なくとも、各国の権限のある機関により又は適当な機関を通じて決定される方法で算定されるその通常又は平均の報酬をうける」と規定する。「その休暇の全期間につき」（in respect of the full period of that holiday）とは、年次有給休暇として取得する休暇の全体につきという意味である。したがって、たとえば、休暇期間が三労働週である場合において、そのうちの一部の期間につき無給とすることは認められないことになる（一部の期間を無給にすれば、休暇期間が三労働週を下回ることになる）。

各国の「適当な機関」（ドイツ語訳では die geeignete Verfahren）とは、各国における適切な仕方や方法のことである（machinery や machinerie にも仕掛けとか仕組みという意味がある）。また、「通常の報酬」（normal remuneraton）とは年次有給休暇を取得する被用者が労務の提供の対価として受領する通常の賃金のことであり、「平均の報酬」（average remuneration　ドイツ語訳では durchschnittliches Entgelt）とは被用者が年次有給休暇を取得する直前の一定期間において受領する通常の賃金を平均したもののことである。そして、このような一定期間は、すでに述べたように、ドイツにおいては年次休暇開始前の最後の一三週間とされている（連邦年次休暇法一一条）。

(ロ)　この条約は、七条二項において、「一項の規定に基づいて支払われる額は、当該者及び使用者について適用される協定に別段の定めがない限り、当該者に休暇に先だって支払われる」と規定する。ここにいう「額」（amount）とは年次有給休暇を取得する被用者に帰属されるべき「通常又は平均の〔額の〕報酬」のことである。また、「当該者」（the person concerned　ドイツ語訳では der betreffende Arbeitnehmer）とは年次有給休暇を取得する当該の被用者のことである。

さらに、「当該者及び使用者について適用される協定に別段の定めがない限り」（unless otherwise provided in an agreement applicable to him and the employer）という部分は正確には但書であり、「ただし、当該被用者及び使用者について適用される協定に別段の定めがある場合はこの限りでない」という意味である。そして、ここにいう協定（agreement　ドイツ語訳では Vereinbarung）としては、労働協約や経営協定などの集団的合意に限らず労使の個別的合意も含まれると解される。

三　労基法三九条

(1)　旧労基法三九条と新労基法三九条

(イ)　わが国の国内労働法である労基法は、三九条一項において、「使用者は、その雇入れの日から起算して六箇月間継続勤務し全労働日の八割以上出勤した労働者に対して、継続し、又は分割した十労働日の有給休暇を与えなければならない」と規定している。これは昭和六二年法律九九号により改正されたものであり、改正前の労基法三九条一項は次のように規定していたのである。「使用者は、一年間継続勤務し全労働日の八割以上出勤した労働者に対して、継続し、又は分割した六労働日の有給休暇を与えなければならない」と。

また、労基法は、三九条五項において、「使用者は、前各項の規定による有給休暇を労働者の請求する時季に与えなければならない。ただし、請求された時季に与えることが事業の正常な運営を妨げる場合においては、他の時季にこれを与えることができる」と規定している。これは、平成一一年法律一六〇号により短時間労働者の年次休暇規定が新たに第三項に挿入されたことにより従前の三項が四項に変更されるとともに、「使用者は、前三項の規定による有給休暇を労働者の請求する時季に与えなければならない」が、「使用者は、前各項の規定による有給休暇を労働者の請求する時季に与えなければならない」と変更され、さらにその後、平成二〇年法律八九号により時間単位の年次休暇制度が導入されたことにより四項が五項に変更されることになったものである。

(ロ)　わが国が、昭和六二年に、一日八時間・一週四八時間制を定める労基法三二条を改正し一日八時間・一週四〇時間制に変更するとともに、六労働日の年次休暇日数を定める労基法三九条をも改正し一〇労働日の年次休暇日数に変更したのは、貿易摩擦に由来する欧米諸国とりわけアメリカからの労働時間短縮の要請に応えたものである。これらのうちの労働時間についての一週四〇時間制への変更が労働時間短縮の要請に応えたものであることは明かであるが、年次休暇日数を増加させたのも年間の労働時間数が減少することになるので労働時間短縮の要請に応えたものなのである。

しかし、労基法の条文が改正され一週四〇時間制が導入されたとしても、労働者が多くの時間外労働を行うのであれば実態としての労働時間短縮は実現しないことになる。同様に、労基法の条文が改正され、年次休暇日数が年間一〇労働日に変更されたとしても、多くの労働者が年次有給休暇を取得できないのであれば、実態としての年次休暇日の増加は実現しないことになる。このために、労働時間の短縮の実効を確保するために、労基法三六条が平成一〇年法律一一二号により改正され、二項に「厚生労働大臣は、労働時間の延長を適正なものとするため……労働者の福祉、時間外労働の動向その他の事情を考慮して基準を定めることができる」という規定が挿入され、また、年次休暇日の増加の実効を確保するために、昭和六二年の法改正により計画年休に関する労基法三九条二項（現在は同条六項）が新設されたのである。

(2)　ＩＬＯ五二号条約から一三二号条約への変遷

(イ)　労働者が一年間継続勤務し全労働日の八割以上出勤した場合には六労働日の年次休暇権を有する旨を定め

た労基法三九条一項は、労基法が昭和二二年法律四九号として制定された当時から存在したものである。他方で、この約一〇年前の一九三六年（昭和一一年）に開催されたＩＬＯ第二〇回総会で年次有給休暇に関するＩＬＯ五二号条約が採択され、その二条において「この条約の適用されるすべての者は、一年間継続勤務した後に、少なくとも六労働日の年次有給休暇の権利を有する」と規定され、また、三条で「本条約の第二条により年次有給休暇を取得するすべての者は、全年次休暇期間中において、その者の通常の対価……又は、労働協約により定められる対価を取得する」と規定された。

さらに、九条で「法律、判決、慣習又は使用者と被用者との間の合意により、この条約において定められているよりも有利な条件が適用される場合には、それは本条約の定めによっても影響されない」と規定された。これらのＩＬＯ五二号条約の規定はいずれも注目すべきものであるが、とりわけ二条における「一年間継続勤務した後に」（after one year continuous service　ドイツ語訳では nach einjähriger ununterbrochener Dienstleistung）という文言と、「少なくとも六労働日の」（of at least six working days　ドイツ語訳では von mindestens sechs Werktagen）という文言は注目すべきものである。これらは昭和二二年に制定された当時の労基法三九条一項（使用者は、一年間継続勤務……した労働者に対して……六労働日の有給休暇を与えなければならない）にきわめて類似する内容だからである。

(ロ)　しかし、わが国はこのＩＬＯ五二号条約を批准せず現在においても未批准である。また、改正条約であるＩＬＯ一三二号条約も未批准である。したがって、労基法三九条（旧労基法三九条）は条約を批准するために国内法を整備する一環として規定されたものではない。これは、一九一九年以来のＩＬＯ条約の諸規定が国際間におけるスタンダードな労働条件規定と認められていたところから、昭和二二年当時の労基法の立法者が未批准のままＩＬＯ五二号条約を労基法三九条の内容に取り入れたものなのである。

そして、このＩＬＯ条約が採択された約三五年後の一九七〇年のＩＬＯ第五四回総会において、改正条約としてＩＬＯ一三二号条約が採択され、この改正条約は五条二項において年次休暇権を取得するための要件である最低勤務期間すなわち最少待機期間に関して「六箇月をこえてはならない」と規定した。この点について、平成五年法律七九号による改正前の労基法三九条一項は待機期間として一年の期間を定めていたが、この改正法により待機期間が六か月に短縮されＩＬＯ一三二号条約の基準をクリアすることになった。また、改正条約は三条一項において「所定の最少の長さの年次有給休暇」について規定し、三項において「休暇は……一年の勤務につき三労働週を下回ってはならない」と規定した。

このことに関して、昭和六二年法律九九号により改正された労基法は、三九条一項において「継続し、又は分割した十労働日の有給休暇」と規定している。年次有給休暇の分割（division　ドイツ語訳では Teilung）についてはＩＬＯ五二号条約も二条四項において例外的にこれを承認していたが、改正条約は八条一項において「年次有給休暇の複数部分への分割は、各国の権限のある機関により又は適当な機関（適切な方法のこと）を通じて認めることができる」と規定して積極的に分割を承認している。したがって、労基法三九条一項はこれらの点においてＩＬＯ条約と抵触することはないことになる。しかし、改正条約の規定する「最少の長さの年次有給休暇」である三労働週以上の日数とは、一五日（週休二日制の場合）ないし一八日（週休一日制の場合）以上のことになるから、労基法三九条一項はこの規定には抵触することになる。かくして、わが国は現在においてもＩＬＯ一三二号条約を批准していないのである。

(3)　第二次大戦中におけるフランスの年次有給休暇法

(イ)　イギリスやフランスにおいては従前から年次有給休暇に関する関心が高く、とりわけフランスにおいては関心が高かったということができる。そして、一九三六年のＩＬＯ第二〇回総会（会期は六月四日から二四日まで）において五二号条約が採択される直前の同年六月二〇日に、フランスは前述したように年次有給休暇に関する一九三六年六月二〇日法を制定したが、これに引き続いて一九四二年七月三一日法と一九四四年七月二〇日法とをも制定したのである。この一九四二年という年はドイツ軍がスターリングラードに突入（翌年の二月に降服）した年でもあった。

このような年次有給休暇の問題はすでに一九一九年のＩＬＯ第一回総会においても取り上げられており、一九三六年の第二〇回総会で年次有給休暇条約が採択されるまでの間に計四回にわたり議題としてとり上げられたという。そして、フランスを中心とするヨーロッパの先進資本主義国家における年次有給休暇に関する強い思いはそのまま維持され、一九三六年にＩＬＯ五二号条約が採択されてから約三五年後の一九七〇年にＩＬＯ一三二号条約が採択されたのである（ニコラス・バルティコス＝前掲書二〇七頁以下参照）。

(ロ)　しかし、かかる事情はわが国においてはかなり相違し、一九一九年（大正八年）当時においても一九三六年（昭和一一年）当時においても、労働者一般の年次有給休暇に関する関心はきわめて低く、したがって、わが国の国内社会における年次有給休暇に関する社会的要請はほとんどなく、わが国で労働者一般に関する年次有給休暇制度が法制化されたのは昭和二二年に立法された労基法によるものであった。

だが、この昭和二二年の当時においても年次有給休暇についての国内社会における社会的要請はあいかわらず低く、これが立法化されたのは国際間におけるスタンダードな労働基準を国内法化したにすぎないものであった。そして、この国際間におけるスタンダードな労働基準とりわけＩＬＯ条約の内容をわが国の国内法に取り入れ国内法化すべきであるという要請は、当時における連合国総司令部の強い要請であったのである。

(ハ)　かつてのわが国に存在した慣習上の制度として「薮入り」（やぶいり）と言われるものがあった。これは、他人（主人）の家に住み込んで働く労働者（奉公人）に認められていたものであり、正月と盆の時期に短時日のあいだ労働から解放されて親元に帰ることが許された制度であった。このような慣習上の制度がいつごろから存在したかは正確には不明であるが、少なくとも江戸時代の中期には存在していたといわれている。薮入りの制度がいつごろから存在したか不明であるのと同様に、それがいつごろまで存続したのかも不明であるが、地域によっては第二次大戦中においても存続していたのではないかと想像されている。

奉公人である労働者が主人である使用者の元で労働する期間については、一般的に一〇年を限度とする期限（年季と呼ばれた）が付されており、この期限が到来する（年季明けと呼ばれた）と奉公人の労働義務は消滅するものとされた。奉公人が主人の元で労働することに関しては、その期間やその間の対価（前借金の形式によるものもあった）などについて主人と親元等との間で文書（年季証文とも年季状とも呼ばれた）が作成された。このような雇用形態による奉公人が、一年（一季）の間において正月と盆の時期に労働義務から解放される薮入りという休暇制度は、期間がきわめて短時日のものであったとはいえ年次有給休暇制度に類似するものであったということができる。

第七章　育児休業

一　休業の概念

(1)　休業概念の多義性

「休業」とは、一般的に、労働者が相当期間にわたり労働から解放されることであり、この労働から解放される期間は、通常、休業期間と呼ばれる。休業の原因（休業原因）には労働者側に存在するものと使用者側に存在するものとがある。たとえば、女性労働者の産前・産後の休業は前者の一例であり、製造会社において在庫調整のためになされる夏期休業は後者の一例である。このほかに、労働者にも使用者にも原因のない休業（たとえば、地震や津波などの天災による休業）もあるが、これは後者の休業と同列に取り扱われることがある。そして、わが国においては、前者の休業は「休暇」と呼ばれることが多い。たとえば、病気休暇であり年次有給休暇である（産休は産前産後休業の略称）。

(2)　労働義務の不存在と労働義務の履行免除

労働者は、休業期間中においては労働から解放される。この労務の提供からの解放には、労働者がそもそも労働義務を負わないことによる場合と、労働者は労働義務を負うけれども使用者によりその履行を免除されることによる場合とがある。この二つを厳密に区別することは困難であるが、労働者に休業原因がある場合の休業したがって休暇の場合には、労働者がそもそも労働義務を負わないことが多い。その典型的な一例が年次有給休暇の場合である。これに対して、使用者に休業原因がある場合には、労働義務は負うが労働者がその履行を免除されることが多い。たとえば、夏期休業の場合である。

(3)　**フランスとドイツにおける休暇概念**

わが国においては休暇の概念と休業のそれを使い分けているが、フランスにおいては、わが国で休暇と表現されあるいは休業と表現されるものもいずれも休暇（congé）と表現されることが多い。たとえば、わが国における労働者の年次有給休暇に対応する概念は congé payé（有給休暇）であり、育児休業は congé parental d'education（両親育児休暇）である。また、ドイツにおいても、年次有給休暇は Urlaub（休暇）であり、育児休業は Erziehungsurlaub（育児休暇　Erziehung は一般的には教育と訳されている言葉）である。

二　ＩＬＯ一五六号条約

(1)　**性別による役割分担の意識**

(イ)　性別による役割分担はそれぞれの国においてまたそれぞれの時代において実際に行われてきた。たとえば、わが国において、縄文時代には男性が狩猟の役割を分担し女性が植物の採集の役割を分担した。また、鎌倉時代には、男性が外敵との闘争の役割を女性が家庭内での家政の役割を分担した。さらに、明治時代には、男性が家庭外での稼働（公務員やサラリーマンの場合）を女性が家庭内での家政の役割を分担した。そして、このような男女の役割分担は第一次大戦を経て第二次大戦後にも引き継がれてきた。

(ロ)　(i)　ドイツでは、第二次大戦において多くの男性が戦死したことにより、戦後の早い時期からすでに労働力を女性に依存せざるをえなかった。このために、ドイツでは、既婚の女性をも含め、女性が早くから家庭外での稼働の役割を分担することになった。たとえば、タクシーやバスの運転手としての稼働である（ドイツでは、伝統的には男女の役割分担の意識が強いといわれる。労働政策研究・研修機構＝ワーク・ライフ・バランスに関する企業の自主的な取り組みを促すための支援策二九頁以下〈飯田恵子執筆部分〉参照。ドイツには Frauen zurück zum Herd という有名な格言がある。Herd とは「釜ど」のこと）。また、第二次大戦において負傷し後遺障害のために労働力として必ずしも十分でない男女の雇用の機会を確保するために、一九五三年に重身体障害者法（Schwerbeschädigtengesetz）が制定された。これにより、重身体障害者が私企業における被用者（Arbeitnehmer）としてだけではなく、裁判官（Richter）や官吏（Beamte）としても稼働することが容易になった。そして、この重身体障害者法は一九七三年に改正されて重障害者法（Schwerbehindertengesetz）になった。

(ii)　ところが、わが国においても、昭和四〇年代後半に産業構造が変化するに及び、その前後から多数の女性が労働者として家庭外で稼働するようになった。そして、昭和四二年には、雇用者総数中に女性の占める割合が三二・四パーセント（昭和二八年には二七・四パーセント）であったのが、平成七年には三九・九パーセントで人数にして二〇四八万人になった（平成一八年には、四一・四％で二二三八万人）。しかも、女性労働者のうちに既婚者の占める割合が高くなり、昭和三〇年には二〇・四パーセントであったのが昭和四五年には四一・四パーセントになった。その就業分野も多様化し、事務部門に多数の女性労働者が進出したのみならず、従来は男性労働者の職場とされていた機械工程等にも進出するようになった（秋田成就「女子労働」ジュリスト増刊・産業構造の変化と労働法一〇六頁以下参照）。

(ハ)　(i)　女性が労働者として男性と同様に家庭外で稼働しそのうえ家庭内で家政を分担するならば、その負担は重いものになる。この負担は、女性労働者が既婚であり家政のほかに育児をも行うならばより一層重いものになる。このような事情はわが国におけるのみならずドイツその他のヨーロッパの先進資本主義国家においてもほぼ同様に存在した。そして、かかる負担を軽減するために、既婚の女性労働者は出産する子の数を減らすようになった。かくして、多くの国々において少子化傾向が顕著に見られるようになったのである。

(ii)　しかし、少子化は次世代の労働者数が減少することを意味するものであり、また、それは社会保障制度の中心的な一つである年金制度の財源の弱体化をも意味するものである。したがって、各国は少子化傾向に歯止めをかけるために児童手当法の制定に着手した。たとえば、ドイツにおいては、一九六四年に連邦児童手当法(Bundeskindergeldgesetz)が制定され、これは後に一九七五年一月三一日に改正され給付内容が向上することになったが、その後の一九八五年一二月六日には連邦育児手当法(Bundeserziehungsgeldgesetz)が制定された。

また、わが国においても、一九七一年(昭和四六年)五月二七日に児童手当法が公布され、これは後に一九九一年(平成三年)五月二日に改正された。この平成三年の法改正は、保障の要件を複数の児童の養育すなわち「多子」としていたのを単に「児童の養育」に改め、一人でも児童を養育する者を給付の対象にしたものであった。だが、これらの児童手当法の制定と改正は、少子化傾向に歯止めをかける決定的な制度の創出には至らなかった。その結果、わが国の少子化傾向はますます進み、今後は超少子化時代になるとの指摘もされている。

(iii)　このような社会的現実と、少子化問題の解決のみならず、家庭責任を有しながら家庭外で稼働する労働者の負担が重いという社会的現実を踏まえ、育児休業制度が広く導入されるべきであるという国際社会における社会的要請を契機にして、一九八一年六月三日に開催されたILO第六七回総会において「家庭責任を有する労働者である男女労働者の機会均等及び平等取扱に関する条約(一五六号)」が採択された。この条約は、イギリス語によれば、Convention (No.156) concerning Equal Opportunities and Equal Treatment for Men and Women Workers : Workers with Family Responsibilities というものである。

この条約は一条から一一条までの一一か条からなるものであって、比較的簡単な内容の条約である。しかし、この条約（家庭責任平等条約）が採択されたと同じ第六七回総会において「家庭責任を有する労働者である男女労働者の機会均等及び平等取扱に関する勧告（一六五号）」も採択され、この家庭責任平等勧告が条約の内容を実質的に補うことになった。これは、一九六五年の第四九回総会において採択された「家庭責任をもつ女子の雇用に関する勧告（一二三号）」に代わるものとして採択された詳細な内容の勧告である。同一事項に関する条約と勧告が同じ会期に採択されることは、ＩＬＯの永い歴史においてかなりの数にのぼるが（たとえば、賃金保護に関する九五号条約と八五号勧告など）、このような傾向は今後ますます顕著になるということができる（パート・タイム労働に関する一七五号条約と一八二号勧告も同一会期である）。

(iv)　この家庭責任平等条約が一九八〇年のＩＬＯ第六六回総会において正式議題とされることはすでに五年前の一九七五年の総会において決議されていたが（ニコラス・バルティコス＝国際労働基準とＩＬＯ二六四頁）、一九七九年の第三四回国連総会で採択された女子差別撤廃条約の前文も、「子の養育には男女及び社会全体が必要であることを認識〔すべきである〕」ことに言及するとともに、「社会及び家庭における男子の伝統的役割を女子の役割とともに変更することが男女の完全な平等の達成に必要であることを認識〔すべきである〕」と指摘していた。

また、その翌年の一九八〇年に「国連婦人の一〇年一九八〇年世界会議」で採択された「国連婦人の一〇年後半期行動計画」も、「子供の養育は、両親及び地域社会の共同責任であることを認識し、父親、母親のいずれもが利用できる両親休暇を設けるために努力しなければならない」と述べていた。かかる「前文」や「行動計画」もＩＬＯ一五六号条約の採択に影響したということができる。

(3)　(イ)　二回討議により一九八一年に採択された家庭責任平等条約は、一条一項において「この条約は、被扶養者である子に対し責任を有する男女労働者であって、当該責任により経済活動への準備、参入若しくは参加の可能性又は向上の可能性が制約されるものについて、適用する」と規定する。いかなる者をもってここにいう「被扶養者である子」（their dependent children）とすべきかは、各国によって相違するものである。したがって、「被扶養者である子」すなわち扶養される権利を有する子は、この条約を批准する各国において、「法令、労働協約、就業規則、仲裁裁定、判決若しくはこれらの方法の組合せ」（laws or regulations, collective agreements, work rules, arbitration awards, court decisions or a combination of these of methods）によって定められ、あるいは、それは、「国内慣行に適合するその他の方法であって国内事情を考慮した上適当とされるもの」によって定められる（ＩＬＯ一六五号勧告の三項）。

(ロ)　(i)　「経済活動への準備、参入若しくは参加の可能性又は向上の可能性」（possibilities of preparing for, entering, participating in or advancing in economic activity）とは、経済活動（生業活動）の準備をすることと、経済活動を開始すること（entering は開始することの意味　in は participating だけに係る言葉）と、経済活動に関与することとのそれぞれの可能性と、または、経済活動において各種の進展をすること（advancing　ドイツ語訳では Fortschritte　たとえば、昇格や昇進や収入の増加など）の可能性のことである。そして、これらの可能性が「制約」（ristrict）されるとは、被扶養者に対する家庭責任によってこれらの可能性が制限されることである。

(ii)　「労働協約」（collective agreement）とは、ＩＬＯ九一号勧告にいう労働協約すなわち団体協定（ドイツ語訳では Gesamtarbeitsvertrag）のことであり、ドイツにおける経営協定（Betriebsvereinbarung）も含まれると解される。「就業規則」（work rule　ドイツ語訳では betriebliche Regelung）とは、わが国やフランスにおけるように、使用者が安全・衛生や懲戒やその他の事項に関して一方的に作成する規則のことである。経営協定と就業規則とは類似する機能を有するが、ドイツでは経営協定制度が発達しているので、使用者が一方的に作成する就業規則はあまり存在しないということができる。

(iii) 使用者が、就業規則によって「被扶養者である子」を定め、この者について家庭責任を有する男女労働者に育児休業を認める場合には、条約の九条により、このような休業に関してＩＬＯ一五六号条約が適用されることになる。また、その他の方法による育児休業であっても、国内事情を考慮した場合に「適当」と認められるもの、別言すれば、法令・労働協約・就業規則・仲裁裁定・判決以外のものであっても、それにより定められる休業に条約を適用することが適当と認められるような方法（たとえば、裁判上の和解など）による育児休業についても、同様に本条約が適用されることになる。

三　育児休業法二条および育児介護休業法五条・一一条

(1) 多様な育児休業制度

(イ) わが国においては、すでに、昭和五〇年に「義務教育諸学校等の女子教育職員及び医療施設、社会福祉施設等の看護婦、保母等の育児休業に関する法律」が制定されていた。これは「女子教育職員」や「看護婦」や「保母」などの労働力の不足している特定職種に就労する公務員（国家公務員および地方公務員）たる女性労働者を対象にするものであって、「特定職種育児休業法」と呼ばれた。これに対して、私立の義務教育学校の女性教育職員や私立の医療施設の看護婦等に関する育児休業制度は、同法一七条により、設置者や運営者が「必要な措置を講ずるよう努めなければならない」ものとされた。

(ロ) また、昭和六〇年に「勤労婦人福祉法」の改正により制定された男女雇用機会均等法は、女性労働者一般に関する育児休業制度を規定した。しかし、これも、勤労婦人福祉法におけると同様に、事業主の努力義務を規定したにすぎなかった（二八条）。このほかに、社会保障法の一つである雇用保険法（労働市場法として労働法の一部に位置づける見解もある）は、労働協約や就業規則の定めに基づき制度として育児休業を実施する事業主に、労働省令（雇用保険法施行規則）の定めるところにより一定額の金員を「育児休業奨励金」として支給する旨を定めた（法六二条一項四号、および、規則一一五条参照）。

(2)　育児休業制度の欠陥

(イ)　しかし、これらの一連の育児休業制度には重大な欠陥が存在した。すなわち、労働力が不足し人材確保が困難であるとはいえ、女性教育職員等の特定職種の公務員たる女性労働者に関して義務的な育児休業制度を定める一方で、非公務員の特定職種の女性労働者には使用者の努力義務による任意的な育児休業制度を定めたことであった。また、民間の一般女性労働者に関しても使用者の努力義務による任意の育児休業制度を定めたことであった。

(ロ)　こうした事態は、一九八一年（昭和五六年）のＩＬＯ第六七回総会において採択されていた家庭責任平等条約（ＩＬＯ一五六号条約）の理念に悖るものであった。しかも、それは、一九八五年に制定されたドイツの連邦育児手当法（この法律は育児休業法でもある）その他のヨーロッパの国々の育児休業法にも内容的に劣るものであった。このために、わが国において、一九八七年に「野党四党（社会、公明、民社、社民連）が第一〇九回臨時国会（参議院）に……『育児休業法案』を提出するに至った」のである（奥山明良・育児休業法三四頁）。

だが、「同法案は、社会労働委員会で提案理由説明がなされたにとどまり……第一一四回通常国会まで継続審議扱いとなり、平成元年六月に審議未了で廃案となった」。そして、その後に、第一一八回特別国会の内閣総理大臣の施政方針演説において、海部俊樹内閣総理大臣が「育児休業制度の確立などに向けて積極的に努力してまいります」と述べるに及んで育児休業法の立法作業が軌道に乗り、ようやく一九九一年の第一二〇回通常国会において「育児休業等に関する法律」が平成三年法律七六号として成立したのである（奥山・前掲書三五頁以下参照）。

(ハ)　これに伴って、前述の特定職種育児休業法は廃止され、「国家公務員の育児休業等に関する法律」（平成三年法律一〇九号）や「地方公務員の育児休業等に関する法律」（平成三年法律一一〇号）や「国会職員の育児休業等に関する法律」（平成三年法律一〇八号）などが制定された。そして、公務員全体に関して男女を問わず育児休業が認められることになり、公務員のうちの一部の者（特定職種の者であって、しかも、女性のみ）という欠点が改善されることになるとともに、官民差別も解消されることになった。もっとも、公務員の育児休業の成立には任命権者の承認が必要であるとされていた（山本吉人・育児休業法二二頁、および、二〇六頁参照）。

(3)　平成三年の育児休業法

(イ)　(i)　育児休業法（平成三年法律七六号）は、一条において法律の目的を規定したのちに、「育児休業の申出」に関する二条一項において、「労働者……は、その事業主に申し出ることにより、育児休業（労働者が、この法律に定めるところにより、その一歳に満たない子を養育するためにする休業をいう。以下同じ。）をすることができる。ただし、育児休業をしたことがある労働者は、当該育児休業を開始した日に養育していた子については、労働省令で定める特別の事情がある場合を除き、当該申出をすることができない」と規定した。

(ii)　ここにいう「労働者」とは、労基法九条の定める「労働者」と同一の概念であり、男女を問わず、使用者の指揮命令下において労務を提供しその対価を得る者のことである。また、「事業主」とは労基法一〇条の定める「使用者」の一つである「事業主」と同一の概念であり、事業（企業）の経営主体のことである。したがって、個人企業の場合には企業主個人であり、法人企業の場合には法人それ自体である。個人企業の場合に、土地・建物等の不動産や机・ワード・プロセッサー等の動産や預金債権・債務等の各種の権利・義務からなる組織的統一体としての企業を考えることもできるが、これは法人格を有しないので一般的には法人格（権利能力）を有する企業主個人を事業主と考えている。

(ロ)　この規定は、「育児休業」を「労働者が、この法律に定めるところにより、その一歳に満たない子を養育するためにする休業」と概念規定するとともに、「労働者は……することができる」という表現により男女労働者が事業主に対し育児休業権を有することを定めた。育児休業権の発生要件は、日日雇用労働者等を除き、労働者が「一歳に満たない子を養育する〔こと〕」であった。「子」は生児である必要はなく養子でも足りるものと考えられた。育児休業権は形成権であり、男女労働者は使用者に書面による育児休業の「申出」をすることによりこれを行使することができた。

(ハ)　育児休業の申出すなわち「休業申出」は意思表示の一種であって、相手方である「事業主」に到達した時点において意思表示としての効力を発生すると考えられた。労働者が休業申出をするにあたっては、労働者は休業開始予定日と休業終了予定日を特定しなければならず（二条二項）、この期間が育児休業期間とされた（六条一項）。育児休業期間中は、労働義務が発生しないと解されるとともに賃金債権も原則として発生しないことになるが、雇用保険法による給付（育児休業給付）が支給された。そして、この平成三年の育児休業法は、後述するように、介護保険法の法制化を視野に入れて平成七年に改正された。

(ニ)　平成三年の育児休業法は家庭責任を有する男女労働者とりわけ女性労働者の負担を軽減することを目的にしたものであり、この点においてＩＬＯ一五六号条約と立法趣旨を同じくするものであった。そして、わが国は一九九五年（平成七年）六月九日にこの一五六号条約を批准した。しかし、平成三年の育児休業法はこの条約の批准に関連して制定・施行されたものではない。それは、すでに述べたように、わが国の国内における労働組合や政党などの育児休業法の立法要求に基づいて制定されたものである。もっとも、労働組合等が立法を要求した際にＩＬＯ一五六号条約を参考にしたことはいうまでもない。

⑷　フランスおよびドイツの育児休暇法制

(イ)　(i)　フランスにおいては、一九七七年七月一二日法が以下のように規定していた。被用者（salarié）は、その子を育てるために（pour élever son enfant）、母性休暇（congé de maternité）の満了ののちに労働契約を解約告知することができ、労働契約の破棄に続く一暦年において再採用（réembauchage）を請求することができる。この場合に、使用者は、一年以内にその資格から要求することが許される職にその者を優先的に採用する義務を負い、しかも、再雇用する場合にはその者が退職時に有していたあらゆる利益の享受を認める義務を負う、と。

(ii)　ところが、その後に、一九九一年一月三日法（これは当時の労働法典L.一二二の二八の一条に編入された）により、「L.一二二の二六条または労働協約若しくは団体協定により定められる母性休暇または養子縁組休暇（congé de maternité ou d' adoption）の期間満了に続く期間中において、その子の出産の日に、または、養子縁組のために委託された三歳以下の子が家庭に到着する日に一暦年以上の継続勤務を証明するすべての被用者（salarié）は、L.一二二の二八の四条の各規定の留保のもとに、その期間中に労働契約が停止する両親育児休暇（congé parental d' éducation）を取得する権利を有し、または、その事業所（établissement）に適用される労働時間の五分の一以上を短縮する権利を有する。この短時間勤務は一週間につき一六時間を下回ることができない」とされた。そして、その期間は「子の三歳の誕生日まで、または、養子縁組の場合は、到着の日から起算して三年の期間の満了まで」とされた。

ここにいう「L.一二二の二八の四条」は一九八四年一月四日法が労働法典に編入されたものであるが、これは次のように定めていた。「現行法典のL.四の二一の五条にいう一〇〇人以下の被用者の企業（entreprise）においては、使用者は、企業委員会（comité d' entreprise）の意見を聴取した後に、それが存在しない場合には従業員代表（délégué du personnel）の意見を聴取した後に、被用者の両親休暇または短時間勤務（一九九一年一月三日法律九一の一号）が企業の生産および企業の円滑な運営（la production et à la bonne marche de l' entreprise）に加害的結果をもたらすことになると認められるならば、被用者に対しL.一二二の二八の一条の各規定による利益の享受を拒否することができる」と（詳細は、神尾真知子「フランスの育児親休暇法」季刊労働法一六三号六八頁以下を参照）。

(iii)　両親休暇（congé parental d'education）は一九七七年法により創設されたが、この法律はその後に数次にわたり（à plusieurs reprises）改正されて今日に至っている（労働法典L.一二二五の四五条以下）。そして、両親休暇を取得しようとする被用者は、「受領証要求つき書留郵便（lettre recommandée avec demande d'avis de réception）によって、または、「受取なし直接手渡郵便」（lettre remise en main propre contre décharge）によって、使用者に休暇の開始時点と終了時点について通知しなければならないものとされている。しかし、破毀院はかかる通知義務の履行について両親休暇権の権利行使の要件ではないとしている（Jean Pélissier et Gilles Auzero et Emmanuel Dokès, Droit du travil 25e ed., p. 839 no 775）。

(ロ)　(i)　ドイツにおいては、一九八五年一二月六日に連邦育児手当法（Bundeserziehungsgeldgesetz）が制定（一九九四年一月三一日に改正）され、これにより、育児手当（Erziehungsgeld）と育児休暇（Erziehungsurlaub）が付与されることになった。「育児手当」は「養育手当」ともいわれ、「育児休暇」は「養育休暇」ともいわれることがある。この連邦育児手当法は、一条一項において、ドイツ国内に「住所または通常の滞在場所」（ein Wohnsitz oder seiner gewöhnliche Aufenthalt）を有し一定の要件を充す者は育児手当請求権を有すると定め、また、一五条一項において、子（Kind）を養育する男女の被用者（Arbeitnehmerin und Arbeitnehmer）は子の満三年目の終了まで育児休暇請求権を有すると定めた。

(ii)　このうちの育児手当は、連邦育児手当法五条によれば、父または母が一人の子（ein Kind）を養育する場合には、子が満一二か月になるまでは一か月につき四五〇オイロの、子が満二四か月になるまでは一か月につき三〇〇オイロ（しかし、所得制限がある）の育児手当を得ることができるものとされた。なお、若干のラント（たとえば、バイエルン）においては児童手当（Kindergeld）がラント法に基づいて支給された（Vgl. Wolfgang Zöllner - Karl - George Loritz, Arbeitsrecht 4. Aufl., S. 321 f.）。そして、育児休暇（この名称は二〇〇〇年一二月一日の官報による新文言公布 Neubekanntmachung によって両親休暇 Elternzeit と呼ばれることになった）については、二〇〇六年一二月五日に制定された「連邦両親手当・両親休暇法」（Bundeselterngeld - und Elternzeitgesetz）が新法として連邦育児手当法に代わることになった。しかし、この新法の両親休暇（Elternzeit）に関する規定は、連邦育児手当法と本質的には変わりがなかった（Günter Schaub - Ulrich Koch - Rüdiger Linck - Hinrich Vogelsang, Arbeitsrechtshandbuch 13. Aufl., S. 1710）。

(iii)　これに対して、両親手当（Elterngeld）については、二〇〇六年の連邦両親手当・両親休暇法が新たに規定するところとなった。これは、分娩後の八週間ないし一二週間の母性保護期間に接続する期間において、両親（父または母）が生業活動を断念することを容易ならしめることを目的にしたものである。その要件は、ドイツ国内に「住所または通常の滞在場所」を有する者が同一世帯において子と共同生活をすることであるが、共同生活者は子の保護権者である必要はないことになった（Schaub, a. a. O., S. 1710）。そして、両親手当の額については、「子の分娩月以前の一二暦月において、生業活動から稼得した平均の月額所得の六七パーセントが、丸一か月につき月額にして一八〇〇オイロを最高額として」支払われることになった（連邦両親手当・両親休暇法二条一項）。

(ハ)　(i)　わが国において、平成三年に育児休業法が制定されたが、平成七年に介護保険法の立法をも視野に入れて平成七年法律一〇七号による大改正がなされた。そして、これによって、育児休業法の名称が「育児休業等に関する法律」から「育児休業、介護休業等育児又は家族介護を行う労働者の福祉に関する法律」（育児介護休業法）に変更されるとともに、内容的にも「一歳に満たない子を養育するためにする休業」である育児休業のみならず（五条）、「要介護状態にある対象家族を介護するためにする休業」である介護休業も規定されることになった（一一条）。

(ii)　ここにいう「要介護状態」とは「負傷、疾病又は身体上若しくは精神上の障害により、厚生労働省令で定める期間にわたり常時介護を必要とする状態」のことであり（育児介護休業法二条三号）、「対象家族」とは「配偶者」（婚姻の届出をしていないが、事実上婚姻関係と同様の事情にある者を含まれる）と「父母及び子」と「配偶者の父母」のことである（同条四号）。平成九年に制定された介護保険法中にも「要介護状態」という概念が規定されており、この平成七年の育児介護休業法はＩＬＯ一五六号条約の精神に添いながら平成九年の介護保険法の立法をも視野に入れて制定されたものである。

第八章　年少労働者の使用禁止

一　使用および使用禁止の概念

(1)　労働および就労と、使用および就業

(イ)　「労働」とは、一般的に、労働者が使用者の指揮命令下において労務を提供することであり、「労働」と「就労」とは同意義の概念であることになる。また、「使用」とは使用者がその指揮命令下において労働者に労務を提供させることであり、「就業」（使用者が労働者を業務に就かせること）と同義である。したがって、労働も就労も使用も就業もほとんど同内容の概念であることになる。しかし、「労働」や「就労」が労務の提供を労働者の側から見た場合の概念であるのに対して、「使用」や「就業」は労務の提供を使用者の側から見た概念であるという差異がある。これに対して、「労働」は労働者の「労務の提供の申出」の意味で用いられ、「使用」は使用者による「労務の提供の申出」の受領の意味で用いられることもある。

(ロ)　「使用」（就業）すなわち使用者による労務提供の申出の受領は、労働者の労務提供の申出に対して、使用者が事業所への入構を許可し、一般的・包括的にせよ個別的・具体的にせよ労働者に対して指揮命令を行うことである。したがって、使用者が労働者の事業所への入構をそもそも認めない場合には労務の提供の申出を受領したことにならないとともに、使用者が労働者の入構を認めても施設の利用を禁止し労働者を何ら指揮命令しないならば、使用者は労務の提供の申出を受領したこと即ち使用したことにはならない。したがって、これらの場合

には、労働者が労務の申出をしたが、労務を提供したこと即ち労働したことにはならないのである。

(ハ)　労働者が使用者に現実に自己を就労させるように要求しうる権利は「就労請求権」と呼ばれる。しかし、このような権利は「就労請求権」と表現するよりも「使用請求権」ないし「就業請求権」と表現する方が適切であるということができる。なぜなら、かかる権利は、労働者の労務の提供の申出を使用者が受領することに、すなわち、使用者が労働者を「使用」することに関する権利だからである。しかし、今日、すでに就労請求権（これは、ドイツ語の Beschäftigungsanspruch を翻訳した言葉といわれている）という用語が定着しており、「使用請求権」という言葉が一般化することはないだろうと予想されている。

(2)　全面的制約としての禁止

(イ)　「禁止」とは、自然人にしろ法人にしろ、人の一定の行為（作為又は不作為）を全面的にまたは部分的に制約することである。また、「制約」とは差し止めることである。したがって、「禁止」という概念は、法的には制限という概念とほとんど同義である。これに対して、「行為の制限」ではなく「権利の制限」という場合には、権利の及ぶ範囲の制約を意味する。しかし、一般的な用法においては、行為の全面的制約を「禁止」と表現し、部分的制約を「制限」と表現することが多い。

(ロ)　行為の制約は、法律の規定や国・地方公共団体の命令や私人の行為等の明示的な根拠により基礎づけられることもあれば、信義則や行為者が置かれている状況や各種の事情（諸般の事情）等の非明示的な根拠により基礎づけられることもある。前者の明示的な制約は「外在的制約」と呼ばれ、後者の非明示的な制約は「内在的制約」と呼ばれる。そして、一般的な用法においては、全面的な外在的制約がとくに「禁止」と表現されることが多い。

(3)　使用者が労務提供の申出を受領することの禁止

(イ)　「使用禁止」とは、使用者が労働者の労務提供の申出を受領することが全面的に制約されることである。また、労務提供の申出の受領が制約されるのであるから、ここにいう「使用禁止」の中には、そもそも使用者が労働者に労務の提供の申出をするように要求することの制約も含まれることになる。たとえば、「使用者は、満十八才に満たない者を午後十時から午前五時までの間において使用してはならない」と規定する労基法六一条一項は、このような使用禁止すなわち労務の提供の申出をするように要求することの禁止も含んでいるのである。

(ロ)　「就業禁止」とは、使用者が労働者を業務に就かせることの禁止されることであり、「使用禁止」と同義である。したがって、「就業禁止」とは、使用者が労働者の労務提供の申出を受領することが全面的に制約されることであり、この中には、使用者が労働者に労務提供の申出を要求することの制約も含まれている。たとえば、労基法六五条一項が「使用者は、六週間（多胎妊娠の場合にあっては、一四週間）以内に出産する予定の女性が休業を請求した場合においては、その者を就業させてはならない」と規定する場合などである。

(4)　ドイツの年少労働保護法とその改正

(イ)　(i)　ドイツにおける一九七六年の年少労働保護法（Jugendarbeitsschutzgesetz）は、七条において、児童（Kinder）の使用（Beschäftigung）を原則として禁止していた。児童とは、二条の概念規定によれば、いまだ全日就学（Besuch einer Schule mit Vollunterricht）の義務を負っておらず、または、なお全日就学の義務を負っている者のこととされていた。したがって、年少労働保護法は就学義務の終了まで適用があった。また、年少労働保護法は、三七条一項において、年少者（Jugendliche）をその肉体力をこえる労働に使用することを禁止し、または、道徳的危険にさらされる労働に使用することを禁止していた。このほかに、法は、四〇条一項において、年少労働者の生命・健康・道徳を保護する手段・措置を構すべきことを使用者に要求していた（Alfred Söllner,

Arbeitsrecht 5. Aufl., S. 198）。

(ii)　年少労働保護法は、このような禁止（Verbot）の対象にされる「使用」に関して取り立てて概念規定していなかった。これは、年少労働保護法を、一般的な労働法を前提にする特別法として位置づけ（休憩時間等についても、年少労働保護法が労働時間法の特別法にあたる）、使用の概念を一般労働法に委ねていたことによるものである。そして、ドイツにおける一般労働法では、使用の概念はとりわけ就労請求権との関係において論じられてきており、「使用」（Beschäftigung）とは、使用者が被用者を合意された業務の範囲内において現実に使用すること（tatsächlig zu beschäftigen）と理解されていた。したがって、労働者の就労請求権に対応する使用者の使用義務（Beschäftigungspflicht）も、使用者が被用者を合意された業務の範囲内において現実に使用する義務のことと理解されていた（Wolfgang Zöllner, Arbeitsrecht S. 127）。

(ロ)　(i)　その後、一九八六年四月二四日に年少労働保護法は改正されるに至った。そして、改正法は五条一項において児童労働（Kinderarbeit）を禁止した。児童（Kind）とは、二条一項によれば、一五歳未満の者のことである。しかし、一三歳以上の児童に関しては、農業等におけるきわめて短い労働時間について例外が認められている（五条三項）。また、演劇や音楽などへの出演については監督官庁の同意による例外が認められている（同法六条）。

(ii)　一五歳未満の児童はこのように使用することが原則として許されないが、かかる児童がもはや全日就学義務を負わない場合には、職業教育訓練関係において、または、職業教育訓練関係以外においては一日につき七時間・一週間につき三五時間以内であって軽易で適切な業務（leichte und geeignete Tätigkeit）に使用することが許される（同法七条）。なお、一五歳以上一八歳未満の年少者（Jugendliche）については、同法二二条により、労働給付能力を超えまたは一定の危険にさらされる労働に使用することが禁止されている（Wolfgang Zöllner - Karl

Georg-Loritz, Arbeitsrecht 4. Aufl., S. 323)。

二　ＩＬＯ五号条約および五九号条約

(1)　使用・就業禁止の各種の態様

(イ)　使用者の使用禁止ないし就業禁止には様々なものがあり、それは各種の観点からいくつかの類型に分類することができる。第一は、目的の相違からする分類であり、使用者の使用禁止には、労働者自身の保護のために認められるものと、同僚等の他の労働者の保護のために認められるものとがある。たとえば、一定年齢に達しない年少労働者の使用禁止は前者の類型の一例であり、伝染性の強い疾病に罹患している労働者の使用禁止は後者の類型の一例である。

(ロ)　第二は、禁止の対象の相違からする分類であり、使用禁止は、特別に篤い保護を必要とするグループの労働者に関し認められるものと、労働者一般に関し認められるものとがある。たとえば、妊娠中の女性労働者の危険有害業務の禁止や年少労働者の坑内労働の禁止は前者の類型の一例であり、右に述べた伝染性の疾病に罹患している労働者の使用禁止（かかる使用禁止は、女性労働者であれ年少労働者であれ成人労働者であれ、このような状態にあれば一般的に認められる）は後者の類型の一例である。

(ハ)　第三は、使用禁止の効力発生の要件の相違からする分類であり、使用禁止は、労働者がそれを要求する旨の意思の表明（わが国では請求と呼ばれることが多い）を要件にするものと、そうではなく客観的な一定の事実の存在を要件にするものとがある。たとえば、出産前の一定期間における女性労働者の使用禁止は前者の一例であり、出産後の一定期間における女性労働者の使用禁止や深夜業における年少労働者の使用禁止は後者の一例である。

(2)　**立法の基本的必要性**

(イ)　このような様々な態様の使用禁止には、当然なことなので特にそれに関する立法を必要としないもの（たとえば一定の伝染性の疾病の場合など）もあるが、たしかに社会の一部では使用の禁止されるべきことが当然と受けとめられているが、その旨の立法をしないと社会的現実として禁止違反が広く行われてしまうものもある。かかる立法の要請される使用禁止の典型が、若年の年少労働者に関する使用禁止である。そして、年少労働者の使用は、先進資本主義国家は別にして、今日において世界的に広く見られる現象なのである。

(ロ)　(i)　一定年齢に達しない年少労働者の使用（年少労働者の労務の提供の申出と、使用者によるその受領）が広く行われているという社会的現実と、このような事態は、年少労働者の健康や安全に有害であるとともに、教育を十分に受けられず成長後の精神・肉体にも深甚な悪影響を与えるので、一定年齢に達しない年少労働者の使用とりわけ工業における使用は禁止されるべきであるという国際社会（ここでも、主としてヨーロッパの先進資本主義社会）における社会的要請を契機にして、一九一九年一〇月二九日にワシントンで開催されたＩＬＯ第一回総会において「工業ニ使用シ得ル児童ノ最低年齢ヲ定ムル条約（五号）」が採択された。この条約は、イギリス語によれば、Convention Fixing the Minimum Age for Admission of Children to Industrial Employment というものである。これは、一条から一四条までの一四か条からなる比較的簡単な内容の条約である。そして、遅れること一三年（労働時間制限の条約の場合には一一年）にして、第一六回総会において「非工業的労働に使用し得る児童の年齢に関する条約（三三号）」も採択されたのである。

(ii)　年少労働者の使用禁止の社会的要請（国内社会での社会的要請）の存在は、ヨーロッパの先進資本主義国家のうちでも、産業革命が早期に実現されたイギリスにおいて最も早く認められた。すなわち、「イギリスにおいてはすでに産業革命の進行のただ中の一八〇二年に、世界最初の労働者保護法が年少労働者を対象として登場した。『徒弟の健康及び道徳法』と名附けられたこの世界最初の勞働保護法は、その名稱の物語ってゐるやうに、幼少年勞働者の肉體上の保護及び彼等の道徳的頽廢を防止することを目的としたもの」であった。もっとも、取締りをする監督制度は欠けていたといわれる。そして、その後に、イギリスにおいては、年少労働者の肉体上の保護や道徳的頽廃の防止にとどまらず、一定年齢以下の児童の使用禁止が工場立法により定められるに至ったのである（大河内一男・社會政策〈各論〉三〇頁、および、四三頁）。

(ハ)　(i)　この五号条約は、一号条約とほぼ同様に、一条において「本条約ニ於テ『工業的企業』ト称スルハ左ニ掲クルモノヲ特ニ包含ス」と規定して鉱山業（土地から鉱物を採取する事業のこと）・製造業・建設業・運送業（運送業のうちの海路によるものは除外されている）の四つを例示列挙したのちに、二条において「十四歳未満ノ児童ハ同一ノ家ニ属スル者ノミヲ使用スル企業ヲ除クノ外一切ノ公私ノ工業的企業又ハ其ノ各分科ニ於テ使用セラレ又ハ労働スルコトヲ得ス」と規定する。

(ii)　ここにいう「同一ノ家ニ属スル者ノミヲ使用スル企業」とは、一号条約におけると同様に、その事業所の被用者が同一家族の構成員であるような事業所のことである。また、「一切ノ公私ノ工業的企業又ハ其ノ各分科」とは、同じく一号条約と同様に、公的なものにせよ私的なものにせよあらゆる種類の工業的事業所と、それがいかなる性質を有するかを問わずその附属事業所（たとえば、食堂など）のことである。

(iii)　さらに、「使用セラレ又ハ労働スルコトヲ得ス」(shall not be employed or work) とは、「十四歳未満ノ児童」(children under the age of fourteen years) は「一切ノ公私ノ工業的企業又ハ其ノ各分科」において労務の提供の申出をすることが許されず、また、たとえ「十四歳未満ノ児童」がかかる労務の提供の申出をしても、「公私ノ工業的企業」の使用者はそれを受領することが許されない、ということである。

(ニ)　(i)　この条約は、一号条約におけると同様に、主としてヨーロッパの先進資本主義国家における一定の社会的要請を契機にしてＩＬＯ第一回総会において採択されたものである。したがって、ヨーロッパ以外の先進資本主義国家や、必ずしも先進資本主義国家とはいえない発展途上国や植民地の社会においては、一定年齢に達しない年少労働者の使用禁止は一般的な社会的要請になっておらず、かかる使用禁止の立法には消極的であったのである。

(ii)　わが国もその例外ではなく、この五号条約は、五条一項において、「本条約ノ日本国ニ対スル適用ニ関シテハ第二条ニ左ノ変更ヲ加フルコトヲ得」と規定した上で、「十二歳以上ノ児童ニシテ尋常小学校ノ教科ヲ修了シタルモノハ之ヲ使用スルコトヲ得」と定め、また、六条において「第二条ノ規定ハ印度ニ之ヲ適用セス但シ十二歳未満ノ児童ハ左〔製造工場や鉱山などのこと〕ニ使用セラルルコトヲ得ス」と定めていたのである。

(ホ)　(i)　この「工業ニ使用シ得ル児童ノ最低年齢ヲ定ムル条約」はＩＬＯ五号条約であるが、総会において採択されたのは第一回総会においてである。このことは、年少労働者の使用禁止が、労働時間の短縮とともに、ＩＬＯの設立当初からの最重要事項であったことを物語るものである。そして、イギリスにおいては、つとに一九世紀の初頭から年少労働者の使用禁止の社会的要請が存在したことはすでに触れたところである。

(ii)　このうちの労働時間の規制に関する特例条項については、わが国は「時期尚早である」と主張した。これに対して、年少労働者の使用禁止に関する特例条項については、「日本人は欧米人よりも二年早く成熟するとして保護年令一六才を主張し、条約案のなかに日本国に対する特例を設けさせた」といわれている〔廣政順一・労働基準法四八頁〕。ここに記述されている「一六才」とは「一二才」の誤記と考えられる。

(3)　改正条約としての五九号条約

(イ)　この五号条約が採択されてから十数年を経過した一九三〇年代になって、国際社会における社会的要請

（ここでも、主としてヨーロッパの先進資本主義社会における社会的要請）が変化した。そして、工業における一定年齢に達しない年少労働者の使用禁止として「十四歳未満ノ児童」を対象にするのでは十分でなく、より高い年齢の年少労働者の使用の禁止されるべきことが要請されるようになった。

かくして、一九三七年（昭和一二年）六月三日に開催されたＩＬＯ第二三回総会において、五号条約を改正する条約として、「工業に使用し得る児童の最低年齢を定める条約（五九号条約）」が採択されたのである。しかし、この五九号条約の採択により五号条約が当然に廃止されたわけではなく、五号条約を批准したが五九号条約は未批准の加盟国（わが国もこのような加盟国の一つである）は、なお五号条約によって拘束されるのである。

(ロ)　五九号条約（三三号条約を改正する条約は六〇号条約）は、二条一項において「十五歳未満の児童は、すべての公私の工業的企業又はその各分科においてこれを使用し又は労働することができない」と規定した。しかし、この条約も主としてヨーロッパの先進資本主義社会における社会的要請を契機にして採択されたものであるから、やはり六条一項において「この条の規定は、日本においては第二条……の規定に代わって適用される」と規定され、その二項において「十四歳未満の児童は、すべての公私の工業的企業又はその各分科においてこれを使用し又は労働することができない。但し国内の法令又は規則は、使用者の家に居る者のみが使用される企業において右の児童が使用されることを許容することができる」と定められたのである（インドの適用除外は七条による）。

(ハ)　(i)　わが国は大正一五年七月三日にＩＬＯ五号条約を批准したが、それに先立ち、大正一一年一〇月二日に批准についての閣議決定がなされ、同年同月一一日に枢密院決定がなされた。そして、大正一二年三月三〇日に大正一二年法律三四号として「工業労働者最低年齢法」が制定された。また、これに伴って工場法の改正もなされ、最低年齢に関する規定が削除されるとともに、工場法の適用工場も常時一〇人以上の職工を使用する工場に拡大されるに至った（石井照久外四名・註解労働基準法一八頁）。

(ii)　ＩＬＯ五号条約の批准にあたってわが国は若年者の身体の成熟の度合いを問題にしたが、工業労働者最低年齢法の立法にあたってはむしろ義務教育修了年齢が問題にされた。このことに関して、末弘厳太郎教授は次のように指摘している。「第一回国際労働総会に於いて労働者の最低年齢について討議せられたるが、労働者最低年齢法の制定の困難は、(a)国民の身体の成育の遅速、(b)義務教育年限の長短、以上の二点であった。工業労働者最低年齢法（大正一二年法律三四号）は、主に右のうち第二点を考慮して制定せられた」と（向山寛夫「末弘厳太郎教授述『労働法』」国学院法学二〇巻三号一二一頁）。

(iii)　この法律は、二条一項において「十四歳未満ノ者ハ工業ニ之ヲ使用スルコトヲ得ス但シ十二歳以上ノ者ニシテ尋常小学校ノ教科ヲ修了シタルモノニ付テハ此ノ限ニ在ラス」と規定し、二項において「前項ノ規定ハ同一ノ家族ニ属スル者ノミヲ使用スル事業又ハ行政官廳ノ許可ヲ受ケ工業ニ関スル学校ニ於テ児童ニ為サシムル作業ニ之ヲ適用セス」と規定した。したがって、この法律は大正一五年七月三日に五号条約を批准した以降においては条約違反の問題の生ずる余地があったが、右に述べた「日本の特例条項」が置かれていたところから条約違反の問題は生じなかったのである。

(4)　発展途上国における児童労働問題の深刻化

(イ)　五九号条約と六〇号条約がＩＬＯ総会において採択された後、職業部門を工業や商業などに限定することなく職業部門一般に適用されるものとして一三八号条約が一九七三年六月六日開催の第五八回総会において採択され、それからさらに三十数年が経過したが、今日なお世界的に見て児童労働問題は解決されていない。むしろ、近時において、アジア地域における経済危機のために児童労働が増加し問題が深刻化している。なお、これらの児童労働（child labour）に類似する言葉に児童活動（child work）があるが、これは児童の育成に役立つ作業のことである。

すなわち、「発展途上国では五～一四歳までの約二億五〇〇〇万人の児童が働いており、うち六割以上はアジア地域に集中している。そのほとんどは家事労働、親が小額の借金の抵当に子どもをカーペットなどの工場主に引き渡して働かせる『債務奴隷労働』、児童売春に代表される『商業的な性的搾取』、虫などに悩まされながら毎日一七時間も働くプランテーション労働……など就労時間、賃金などの基準を一切無視した劣悪な労働だ。労働に従事する児童は教育を受ける権利を失う他、健康も損ねることが多い」と（「アジア経済危機で、児童労働増加の恐れ高まる」中央労働時報一九九八年七月号三四頁）。

(ロ)　これらの児童労働に従事する児童（児童労働者）の人数に関しては、一五歳未満の児童労働者は約一億八五〇〇万人いるといわれることもある（朝日新聞平成一七年六月一日〈朝刊〉一面社説欄参照）。そして、世界人口は平成一八年時点で約六三億人といわれているから、児童労働者の世界人口に占めるパーセンテイジはきわめて高いもの（約三パーセント）であることになる。このような児童労働者に関して近時において特に重視されているのが、アジア地域におけるストリート・チルドレン（street children）の存在である（メキシコでも、交差点での信号待ちの際に、紙コップをもって車に近より、金品をねだる児童がいるという。朝日新聞平成二三年五月三〇日〈朝刊〉二二面参照）。

ストリート・チルドレンの定義としては各種のものがありうるが、「都市部において道路を利用して生活する児童」という定義が一応可能であると考えられる。「道路を利用して生活する〔こと〕」としては、道路上において営利行為を行うことのほかに、道路上においてまたは道路下において居住することも含まれる。道路上における営利行為としては、車の窓磨きや花売りや車で国境を越える外国人のために車に同乗する行為などがある。外国人が国境を越えて他国に入国する場合には内国人が車に乗っていることの要求されることがあるからである。

これに対して、ストリート・チルドレンとは、「路上で何らかの生活の糧を得ている一八歳以下の者」とする定義の仕方もある（香川孝三「ベトナムのストリート・チルドレンをめぐる諸問題」山口浩一郎先生古稀記念論集・友愛と法三九二頁参照）。

児童に限らず人が道路上において生活することはわが国においても見られることがあるが（たとえば、路上生活者。東京の新宿駅の周辺など）、人が道路下において生活することはわが国ではほとんど見られない。これに対して、アジア地域におけるストリート・チルドレンの中には道路下において生活する者がかなりいるといわれている。たとえば、マンホールの内部を住居として利用する者などである。しかし、マンホールの内部は不潔であり劣悪な環境であるところから、これらのストリート・チルドレンに対して、ユニセフ（UNICEF）が救援活動を行うとともに、各国のＮＧＯも援助の手を差し延べているといわれている。

(ハ)　こうした社会的現実を背景にして、一九九八年六月一八日に開催されたＩＬＯ第八一回総会において、「児童労働の効果的廃止」や「強制労働の廃止」などの四つの基本的な労働基準を遵守すべきことを求める宣言が採択された。そして、加盟国（一九九八年六月時点においては一七四か国。二〇一一年現在ではすでに触れたように一八三か国）は、該当するそれぞれの条約を批准しているか否かにかかわらず、これらの基本原則を遵守すべきことが定められるとともに、遵守状況の検証のために、加盟国はＩＬＯ事務局に毎年報告書を提出することが義務づけられた。しかも、五九号条約や六〇号条約において「十五歳未満の児童は……これを使用し又は労働することができない」と規定され一五歳未満の児童の使用が禁止されているのを、一九九九年までに一八歳未満に引き上げる条約を作成することも確認されたという（前掲・中央労働時報論文三四頁参照）。

三　労基法五六条

(1)　旧労基法五六条と新労基法五六条との差異

(イ)　わが国の国内労働法である労基法五六条は、当初、「最低年齢」という見出しのもとに、一項において「満十五才に満たない児童は、労働者として使用してはならない」と規定し、二項において「前項の規定にかかわらず、第八条第六号乃至第十七号の事業に係る職業で、児童の健康及び福祉に有害でなく、且つその労働が軽易なものについては、行政官庁の許可を受けて、満十二才以上の児童をその者の修学時間外に使用することができる」と規定して、原則として十五歳未満の年少労働者の使用を禁止していた。

その後、平成一〇年法律一一二号による法改正がなされ、一項は「使用者は、児童が満十五歳に達した日以後の最初の三月三十一日が終了するまで、これを使用してはならない」と変更され、また、二項は「前項の規定にかかわらず、別表第一第一号から第五号までに掲げる事業以外の事業に係る職業で、児童の健康及び福祉に有害でなく、かつ、その労働が軽易なものについては、行政官庁の許可を受けて、満十三歳以上の児童をその者の修学時間外に使用することができる」と変更された。ここにいう「別表第一第一号から第五号までに掲げる事業以外の事業に係る職業」は旧法の「第八条第六号及至第十七号の事業に係る職業」にほぼ対応するものである。

(ロ)　この旧労基法五六条は、かつてのわが国において満一五歳に満たない年少労働者の使用が広く行われていたという社会的現実と、それは禁止されるべきであるという国内社会における社会的要請を契機にして規定されたものである。また、それは、「すべて国民は、健康で文化的な最低限度の生活を営む権利を有する」と規定し、わが国の社会の構成員に「人たるに値する生活を営む権利」すなわち生存権を保障する憲法二五条の理念を労働法(国内労働法)の次元において具体化したものである。

(2)　未批准条約の国内法制化

(イ)　したがって、労基法五六条はＩＬＯ五九号条約の批准（これは未批准である）との関連において国内労働法として規定されたものではない。また、それはＩＬＯ五号条約（これは大正一五年七月二三日に批准している）との関連で規定されたものでもない。なぜなら、労基法五六条は一九四七年（昭和二二年）に規定されたものであるのに対してＩＬＯ五号条約はつとに一九一九年に採択されたものであるとともに、労基法五六条は「満十五才に満たない児童」の使用を禁止するのに対して、ＩＬＯ五号条約は「十四歳未満ノ児童」の使用を禁止するものだからである。

(ロ)　しかし、労基法五六条がＩＬＯ五九号条約と内容的にきわめて類似するものであることは明らかである。すなわち、労基法五六条（旧労基法五六条）が「満十五才に満たない児童」の使用禁止を規定し、ＩＬＯ五九号条約の二条が「満十五歳未満の児童」の使用禁止を規定しているのみならず、前者が「児童の健康及び福祉に有害でなく、且つその労働が軽易なもの」に関し例外を許容し、後者も「その性質又はこれが行われる事情により、これに使用される者の生命、健康又は道徳に危険なもの〔でないもの〕」に関し例外を許容しているからである。これは、労基法の立法者が未批准のＩＬＯ五九号条約を参考にしそれを国内労働法に取り入れたことによるものである（廣政順一・労働基準法四六頁以下参照）。

第九章　女性労働者に関する解雇制限

一　解雇の概念

(1)　法律行為としての解雇と事実行為としての解雇

(イ)　「解雇」とは、一般的に、使用者がその一方的な意思により労働契約を将来に向けて終了させることである。この解雇には法律行為としての一面と事実行為としての一面との二面があり、このことはドイツにおいて明瞭に指摘されているところである。法律行為としての解雇は「解雇の意思表示」と呼ばれ、事実行為としての解雇は単に「解雇」と呼ばれることがあるが、わが国において「解雇」という概念が用いられる場合には両方の行為を含む概念として用いられることが多い。たとえば、労組法七条一号が禁止する「解雇その他の不利益取扱」という場合の「解雇」である。

(ロ)　後者の事実行為としての解雇は、前者の法律行為としての解雇によって発生した法的効果（労働契約の終了）と、それを具体化する実施行為（たとえば、従業員名簿からの抹消など）との双方を併せたものである。そして、「事実行為としての解雇」の内容は実施行為が中心であるから、単に実施行為のことを「事実行為としての解雇」と理解することもある。もっとも、ドイツにおける事実行為としての解雇（Entlassung）は、主として、法律行為としての解雇（Kündigung）によって発生した法的効果（労働関係の終了）を意味する概念である。

(2) 解雇以外の労働契約の終了事由

(イ) 労働契約は解雇以外の態様においても終了する。たとえば、合意解約による終了である。合意解約（任意退職と呼ばれるものも合意解約であることが多い）とは、労働契約の双方当事者である労働者と使用者とがその合意により労働契約を将来に向けて終了させることである。この合意解約にも法律行為としての一面と事実行為としての一面との二面がある。

(ロ) 法律行為としての合意解約は労働契約の終了に関する労使の契約それ自体のことであり、事実行為としての合意解約はこのような契約により発生する労働契約の終了という法的効果とそれを具体化する実施行為とを併せたものである。そして、講学上の概念として「合意解約」という言葉が使用される場合には、法律行為としての合意解約すなわち契約それ自体を意味することが多い。

(3) 労働契約と労働関係

(イ) 使用者が労働者に解雇の意思表示をするにせよ、労使が合意解約を締結するにせよ、それによって終了せしめられるのは労働契約であって、直接的には、労働契約により基礎づけられている労働関係ではない。ここにいう「労働関係」とは、労務の提供に関する労働者・使用者の各種の権利・義務から構成される法律関係のことである。しかし、解雇の意思表示などにより労働契約が終了せしめられると、労働契約により基礎づけられている労働関係もその存立の基礎を失って消滅することになるので、労働関係も間接的ながら解雇の意思表示等によって終了せしめられることになる。

(ロ) このような考え方は、労働契約とそれにより基礎づけられる労働関係のうちで、労働契約をより重視することに基づくものである。そして、かかる考え方は意思理論が広く認められているフランスやわが国において顕著に見られる。これに対して、労働契約よりも労働関係を重視する場合には、解雇の意思表示により終了せしめられるのは労働関係それ自体であることになる。そして、ドイツにおいてはかかる見解が一般的である（Günter Schaub - Ulrich Koch - Rüdiger Linck - Hinrich Vogelsang, Arbeitsrechtshandbuch 13. Aufl., S. 1278.）。しかも、労働契約を重視するか労働関係を重視するかにより、労働者がストライキ等に参加する場合に「停止」するのは労働契約か労働関係か、という問題の理解の仕方についても同様の差異が生ずることになる。

(4)　フランスにおける解雇法理の変遷

(イ)　フランスにおいては、永らく、期間の定めなく締結された雇用契約（louage de service à durée indéterminée　louage de service は本来は労務の賃貸借の意味）は、契約当事者の一方の意思によりいつにても終了せしめうるとされていた（従前の労働法典L.一二二の四条一項）。この権利が一方的解約告知権（droit de résiliation unilatérale）と呼ばれたものであり、これによって、関係当事者は、期間において限定のない雇入から「いつにても」解放されることになると考えられた（G. H. Camerlynck et Gérard Lyon - Caen, Droit du travail 5e ed., p. 157, no 150）。かかる一方的解約告知権の行使された意思表示は解約告知（résiliation）と呼ばれる。

(ロ)　ところで、破棄（rupture）も、労働者または使用者が労働契約を将来に向けて終了させる一方的行為であり、濫用的破棄（rupture abusif）は損害賠償原因になると考えられた。ここにいう「破棄」は解約告知の場合と相違して事実行為である。また、解雇（licenciement）も事実行為であり、濫用的解雇（licenciement abusif）も損害賠償原因になると考えられた。これに対して、告知（congé）や予告（préavis）や解約告知（résiliation）は法律行為（acte juridique）である。解約告知も法律行為であるが、「解約告知」は意思表示の観点から用いられ、「告知」や「予告」は法律行為の観点から用いられる概念である。

(ハ)　その後、フランスでは、二〇世紀の後半に至り、自由な個人主義と、権利の絶対性の観念（l'individualisme liberale et la conception absolutisme des droits）に対する反動が生じた。そして、一九七三年七月一三日法が制定され、期間の定めのない労働契約（contrat de travail à durée indéterminée）を破棄する権利に重大な変更がもたらされた。すなわち、使用者は「現実的にしてかつ重要な理由」（cause réelle et sérieuse）が存在しない場合には、解雇を通告する（dénoncer）ことができないことになった。このような理由がない場合には、正確にいえば解雇権の濫用が存在するのではなく、解雇権が存在しないことになり、したがって、解雇はもはや濫用（abusif）であるのではなくそれは違法（irrégulier）であることになったのである（Jean Péllissier et Gilles Auzero et Emmanel Dockès, Droit du travail 25e ed., p. 533 no 477）。

(5)　ＥＣ法における解雇概念の特殊性

(イ)　ＥＣ法における「解雇」（dismissal）の概念は、ＥＣの各加盟国の国内法における解雇の概念よりも広いことが多い。これは、ＥＣ労働法がＥＣ加盟国の国内労働法よりも解雇に関する保護の範囲を拡大しようとしたことによるものである。そして、この dismissal の概念は、法律行為としての解雇のみならず事実行為としての解雇をも含む広い概念であるということができる。

(ロ)　(i)　たとえば、理事会命令七六／二〇七たる「就職・職業教育および昇進ならびに労働条件に関する男性および女性の平等取扱の原則の実現のための一九七六年二月九日の理事会命令七六／二〇七」は、五条一項において、「解雇」を含む労働条件が女性と男性に平等に確保され適用されなければならない旨を規定している。ところが、この命令は、二条三項において、「この命令は、女性の保護、とくに妊産婦の保護に関する規定を害するものではない」と規定して、命令が加盟国の女性を男性との比較において不平等に利益に保護しているが、このような解雇をも含む女性の保護規定は違法ではないとしている。しかし、この理事会命令は解雇に関しては何ら概念規定していない。

(ii)　この解雇を含む労働条件に関する理事会命令は解雇に関して何ら概念規定していないので、各加盟国間における理解の仕方が一致していないといわれている。わずかに一致しているのはこれを西欧的に理解すべきであるということであるという（籾山錚吾・ＥＣ労働法の展開と現状八三頁以下）。

しかし、ＥＣ裁判所は一九八二年二月九日のバートン（Arthur Burton）事件の判決以来数次の判決を通じて解雇の概念を明らかにしつつある。すなわち、バートン事件判決は、ここにいう「解雇」は狭い意味の解雇ではなく任意的退職（freiwilliges Ausscheiden）も含むものとして解雇の概念を広く把握している（Sammlung 1982, S. 555）。

また、ロバーツ（Joan Roberts）事件判決は、被用者の義務的退職である定年も「解雇」の概念に含まれることを明らかにしている（Sammlung 1986, S. 703）。義務的退職とは任意的（自発的）退職に対する概念であって、労働者が就業規則や労働協約やその他によってその意に反して強制的に退職させられることである。そして、この中には各種の事実行為が含まれていることがあると考えられるのである。

二　女子差別撤廃条約

(1)　住友セメント事件判決

(イ)　(i)　労働者が結婚ないし婚姻した場合に、このことを理由に労働契約が解雇その他の態様において終了することを「結婚退職」といい、これに関する制度を結婚退職制と呼ぶ。今日のわが国においてもかかる結婚退職制はなおかなりの数の企業において存在すると想像されるが、昭和四一年に住友セメント事件の東京地裁判決（東京地判昭和四一・一二・二〇労民集一七巻六号一四〇七頁）が言い渡され結婚退職制は違法であるとされた以前にあっては、それはきわめて多くの企業において存在したのである（たとえば、山一證券株式会社や豊国産業株式会社やその他の企業など。その他の企業としては中小企業もあれば大企業もあった）。

この住友セメント事件の原告（女性）は、「訴訟と同時に全国から励ましの手紙も寄せられたが、それに倍する脅迫めいた嫌がらせの手紙も受取った。『月給泥棒』呼ばわりされたこともあれば『結婚してまで勤めなくても』という男性の意地悪い視線にもさらされた」といわれている。そして、「何よりつらかったのは、週刊誌に面白半分に書きたてられたことだ。いわきは小さな街である。そのことで村八分のようにされるのがつらかった」という（サンデー毎日一九八七年一一月一八日号一八〇頁参照）。

(ii)　結婚退職制は他の先進資本主義国家においても存在し、ドイツの連邦労働裁判所は、一九五七年五月一〇日に、「婚姻を締結した場合には遅くともその月の末日をもって退職しなければならない」という独身条項は婚姻の保護を定めている基本法六条一項に違反して無効である、と判決し、フランスのパリ控訴院は、この約六年後の一九六三年四月二〇日に、婚姻の自由は原則として保護されなければならず、明白で絶対的な理由がなければ「不結婚条項」は基本的人権を侵害するものとして無効である、と判決した（小西「結婚退職」ジュリスト五〇〇号五三〇頁参照）。

(iii)　また、イタリアにおいては、一九六三年一月九日法律七号が、一条一項において、個別契約にしろ労働契約にしろ就業規則にしろ、婚姻の結果として女性労働者の労働関係が解消することを定めるあらゆる種類の条項は無効である、と規定し、しかも、三項において「挙式一年以内の間になされた女性労働者の解雇は、婚姻を原因としてなされたものと推定する」と規定したのである（小西・前掲論文五三一頁参照）。

(ロ)　このような判例が存在したことは、その当時においてドイツやフランスで女性被用者の結婚退職制（独身条項ないし不結婚条項）が一般的に存在したことを物語るものであり、それは今日においてもなお皆無ではないと想像されるのである。また、このような立法が存在したことも、同様に、その当時にイタリアでかかる制度や条項が一般的に存在したことを物語るとともに、それは今日でも皆無ではないと想像されるのである。さらに、発展途上国においても、かかる制度・条項が広く存在すると想像されるのである。

(2)　女子差別撤廃条約

(イ)　このような制度が人間の尊厳に照し容認しえないものであり、それが廃止されるべきことは全く異論がないところである。そこで、かかる社会的現実とそれに対する国際社会における社会的要請を契機にして、一九七九年一二月一八日に開催された第三四回国連総会（ＩＬＯ総会ではない）において、「女子に対するあらゆる形態の差別の撤廃に関する条約」が採択された。この採択は、棄権が一一か国（モロッコなどの回教国）あったものの、日本を含む一三〇か国の賛成によりなされたものであって、反対した加盟国は皆無だったのである（本多淳亮・男女雇用平等法とはなにか一九頁参照）。

(ロ)　この条約は、イギリス語（イギリス語・フランス語のほかに、アラビア語・中国語・ロシア語等もひとしく正文とされている）によれば、Convention on the Elimination of all Forms of Discrimination against Women というものである。これは、「あらゆる形態の差別」を問題にしているところから、包括的な内容を有しており、一条から三〇条までの三〇か条からなっている。そして、その全体が第一部から第六部に編別されている。

(ハ)　(i)　この女子差別撤廃条約は、一一条一項柱書（はしらがき）において、「締約国は、男女の平等を基礎として同一の権利、特に次の権利を確保することを目的として、雇用の分野における女子に対する差別を撤廃するためのすべての適当な措置をとる」と規定したのちに、(b)号において「同一の雇用機会（雇用に関する同一の選考基準の適用を含む。）についての権利」を列挙し、また、(c)号において「職業を自由に選択する権利、昇進、雇用の保障並びに労働に係るすべての給付及び条件についての権利」を列挙している。

(ii)　ここにいう「同一の雇用機会」（the same employment opportunities　フランス語の正文では la memes possibilités d' emploi）とは、女性が労働契約の締結について男性と同一の可能性を与えられるということである。また、「職業を自由に選択する」（free choice of profession and employment　フランス文では libre choix de la profession et d'emploi）とは、男性と女性が自己の自由な選択により職業に就きあるいは使用者と労働契約を締結することである。さらに、「労働に係るすべての給付及び条件」（all benefits and conditions of service　フランス文では toutes les prestations et conditions de travail）とは、家族手当や傷病手当金や住宅貸付資金などの労務の提供に関係する各種の給付（これらの給付の中には賃金の性質を有するものもある）と、これらを除く賃金その他の労働条件のことである。

(3)　妊娠・母性休暇等を理由にする解雇の禁止

(イ)　しかも、特記すべきことに、この条約は、一一条二項柱書において、「締約国は、婚姻又は母性を理由とする女子に対する差別を防止し、かつ、女子に対して実効的な労働の権利を確保するため、次のことを目的とする適当な措置をとる」と規定したのちに、(a)号において「妊娠又は母性休暇を理由とする解雇及び婚姻をしているかいないかに基づく差別的解雇を制裁を課して禁止すること」と規定したのである。

(ロ)　(i)　「婚姻」（marriage, mariage, Ehe）とは、広義における婚姻（わが国の憲法二四条一項にいう「婚姻」はこの意味におけるものである）のことであり、締約国の婚姻法制に従って適式になされる婚姻（わが国の場合には、戸籍法に従って婚姻届の提出されること）のみを意味するものではない。このことは、この条約の締約国の中に婚姻に関する明確な法制を有しない国が含まれ或いは含まれることになる事態が予想されることからも明らかである。さらに、母性（maternity, maternité, Mutterschaft）とは、女性労働者の妊娠している状態のみならず、出産後一定期間内における状態をも含むものである。

(ii)　「妊娠又は母性休暇を理由とする解雇」（dismissal on the grounds of pregnancy or of maternity leave　フラ

ンス文では licenciement pour cause de grossesse ou de congé de maternité）とは、使用者が女性労働者の妊娠や母性休暇の事実を知り、それを原因にして解雇することを決定し、それを実行して行う解雇のことである。また、「婚姻しているかいないかに基づく差別的解雇」（discrimination in dismissals on the basis of marital status　フランス文では discrimination dans les licenciements fondée sur le statut matrimonial）とは、女性労働者が婚姻（広義の婚姻）している地位にあることを根拠にして、解雇について差別的に取り扱うことである。

(iii)　使用者は妊娠のみならず母性休暇を理由に女性労働者を解雇することが禁止される。この「母性休暇」（maternity leave　フランス文では congé de maternité）とは、妊娠又は出産（育児は含まない）を理由に女性労働者が労働から解放される休暇である。そして、女子差別撤廃条約は、一一条二項(b)号において、この休暇が「給料又はこれに準ずる社会的給付を伴い、かつ、従前の雇用関係、先任及び社会保障上の利益の喪失を伴わない〔もの〕」であることを要求している。「これに準ずる社会的給付」（comparable social benefits　フランス文では des prestations sociales comparables）には、わが国における家族手当やドイツにおけるクリスマス賞与金なども含まれると考えられる（一一条一項・二項の立法過程の詳細については、浅倉むつ子・男女雇用平等法論七五頁以下参照）。

三　男女雇用機会均等法八条

(1)　勤労婦人福祉法の改正法としての均等法

わが国の国内労働法である男女雇用機会均等法（雇用の分野における男女の均等な機会及び待遇の確保等女子労働者の福祉の増進に関する法律）は、昭和六〇年に、昭和六〇年法律四五号により勤労婦人福祉法を改正し、その名称をも改称して制定されたものである（「女子労働者の福祉の増進」という文言にその名残りが見られる）。この男女雇用機会均等法という名称はそれ自体で略称であるが、それでもなお長いのでさらに「均等法」とか「雇均法」と略称されることが多い。

(2)　努力義務規定から実行義務規定への改正

(イ)　昭和六〇年の均等法（雇均法）は、七条において「事業主は、労働者の募集及び採用について、女子に対して男子と均等な機会を与えるように努めなければならない」と規定し、また、八条において「事業主は、労働者の配置及び昇進について、女子労働者に対して男子労働者と均等な取扱いをするように努めなければならない」と規定した。ここにいう「事業主」とは、事業（企業）の経営主体のことであり、労基法一〇条の規定する「使用者」の一種である事業主のことである。また、「努めなければならない」とは努力義務を負うということである。その後、均等法は平成九年法律九二号による改正がなされ、七条は五条に八条は六条に条数が変更されるとともに、努力義務が実施義務（実行義務）に変更（女子・男子の女性・男性への変更は平成七年法律一〇七号による）された。

(ロ)　(i)　さらに、この改正均等法は、八条一項において「事業主は、労働者の定年及び解雇について、労働者が女性であることを理由として、男性と差別的取扱いをしてはならない」と規定したのちに、同条二項において「事業主は、女性労働者が婚姻し、妊娠し、又は出産したことを退職理由として予定する定めをしてはならない」と規定し、また、三項において「事業主は、女性労働者が婚姻し、妊娠し、出産し、又は労働基準法……第六十五条第一項若しくは第二項による休業をしたことを理由として、解雇してはならない」と規定した。その後、平成一八年法律八二号による法改正により、八条一項は六条四号に八条二項は九条一項に八条三項は九条二項・三項にそれぞれ規定されるに至った。

(ii)　ここにいう「婚姻」とは、広義における婚姻であり、いわゆる内縁（婚姻届を提出していないが、社会的に正式な夫婦と認められる状態）も含まれる。また、「妊娠」および「出産」は、婚姻関係にあると内縁関係にあると同棲関係にあるとを問わず、あらゆる種類の妊娠と出産を含む。しかし、労働省の解釈例規は「『婚姻』とは、法律上の婚姻をいい、内縁関係は含まないものであること」と解釈している（昭和六一・三・二〇婦発六八号・職発一一二号・能発五四号）。さらに、「解雇」とは、使用者がその一方的な意思により労働契約を将来に向けて終了させることであり、法律行為としての解雇のみならず事実行為としての解雇をも含むものである。

(iii)　したがって、均等法九条二項は、結婚を理由にするあらゆる態様の退職を禁止しているのではなく、結婚（厚生労働省の見解によれば婚姻）を理由にする解雇のみを禁止しているのである。かりに、厚生労働省の見解に立つとすれば、婚姻届の提出されていない段階における結婚を理由にする解雇は昭和四一年の住友セメント事件判決を契機に形成された判例法により禁止されることになる。また、九条一項は「退職理由として予定する定め」という包括的概念の使用により、労使の合意解約や労働契約の自動的終了をも含め、婚姻・妊娠・出産を理由にするあらゆる態様の退職に関する事前の定めを禁止し、他方で、九条三項は妊娠・出産その他の事由を理由として「解雇その他不利益な取扱い」をすることを禁止しているのである。

(ハ)　均等法は、昭和六〇年当時の五条や八条を見れば一目瞭然であるごとく、女子差別撤廃条約との関連において制定されたものである。このことは全く疑問の余地がないことである。しかし、視点を変えてみると、均等法八条二項（旧均等法八条二項）は広く女性結婚退職制を禁止し、同条三項は女性結婚解雇を禁止しているのであり、これらの法条は女子結婚退職制に関する判例法を制定法化した関係にある、と指摘することも可能である。なぜなら、かかる判例法は、昭和四一年の住友セメント事件判決に明らかなごとく、女性結婚退職制それ自体の違法性と、それに基づく解雇の違法性の双方を問題にし、これらがともに違法であることを認めているからである。

(3)　コペンハーゲンでの世界会議の開催

(イ)　女子差別撤廃条約が一九七九年に第三四回国連総会において採択されるに至った直接的な端緒は、一九七五年の国際婦人年にある。すなわち、この年にメキシコシティで開催された国際婦人年世界会議において、男女の均等と母性保護の実現のための指針を示す「婦人労働者の機会及び待遇の均等を促進するための行動計画」が採択されたことにある（赤松良子・詳説男女雇用機会均等法及び改正労働基準法六五頁）。そして、わが国は、この女子差別撤廃条約の国連総会での採択に賛成するとともに、一九八〇年（昭和五五年）七月一七日にコペンハーゲンで開催された世界会議（開催期間は一四日から三〇日まで）において他の一四五か国とともにこれに署名したのである（赤松・前掲書五五頁）。

(ロ)　(i)　わが国は、署名（批准ではない）するか否かに関して、代表団（高橋展子・赤松良子・柴田知子等）を世界会議に派遣する直前まで意見が対立していた（派遣当時の内閣は大平正芳内閣）。その原因の第一は、子の国籍の取得に関し国籍法が父系血統主義に立っていたことであり、第二は、女生徒にのみ家庭科を必修とするなど教育上の不平等が存在していたことであり、第三は、採用・昇進・定年などの賃金以外の問題に関し男女の差別禁止の労働立法がなされていなかったことにあったといわれている（藤田たき「〝女性に対するあらゆる形態の差別撤廃に関する条約〟の批准を」日本労働協会雑誌二五九号一頁）。

署名したのち（署名当時の内閣は鈴木善幸内閣。鈴木内閣は昭和五五年七月一七日に成立）、ようやく昭和六〇年六月一日に採用等に関し男女の差別を禁止する男女雇用機会均等法が公布（国籍法の父母両系主義への改正法は昭和五九年五月二五日に公布）されるに及び、内閣は、昭和六〇年六月二四日に国会の承認を得て翌二五日に条約を批准し、国連事務総長に批准書を寄託した（批准当時の内閣は中曽根康弘内閣）。このように男女雇用機会均等法の制定が難航したのは、婦人少年問題審議会の建議がまとまらなかったことにあったといわれている。

これに関して、つぎのような指摘がある。「なんと言っても、最大の問題は、法成立の前提となる婦人少年問題審議会の建議が、まとまらないということであった。その争点は、我が国社会に根強く残る『男は主、女は補助』的な、男と女のあり方の根本に係る問題であり、またそれを背景とする労使の主張の隔たりである。会長をはじめ公益委員は、難航する審議の中で、様々な方法で歩み寄りを試みられたが、結局建議は一本にまとまらず、三論併記という異例なものとなった」と（赤松良子「均等法一〇年に寄せて」労働時報一九九五年六月号四頁）。

(ii)　わが国が女子差別撤廃条約に署名すべきか否か意見が対立した原因の一つに、わが国において「採用・昇進・定年」に関して男女差別禁止の労働立法の存在しないことがあったが、「賃金」に関しては男女差別禁止の労働立法がすでに存在していた。すなわち、「使用者は、労働者が女子であることを理由として、賃金について、男子と差別的取扱をしてはならない」と規定する労基法四条（旧労基法四条）である。しかし、この旧労基法四条は使用者がこれに違反した場合の法的効果（女性労働者の差額賃金請求権の発生など）に関し何ら規定しておらず、ここに立法の不備があると指摘されている（小畑史子「世帯主・非世帯主の基準、勤務地限定・無限定の基準により基本給に差を設けることの可否」労働判例六五三号五頁参照）。

(ハ)　(i)　均等法が施行されてからすでにかなりの年月が経過しているが、女子結婚退職制はなお形を変えて存在しているといわれる。たとえば、岩田労働省婦人局婦人政策課長はつとにつぎのように述べている。「結婚や出産で退職をしないといけないという制度は就業規則や労働協約からは姿を消しましたけれども、まだまだそういった慣行というのは根強いものがございまして、結婚や出産をすると女性が居ずらいとか、もっとひどいケースでは、会社から退職の勧奨を受けるといったようなケースもございまして、制度的に姿は消したけれども、なかなか居ずらい、働きずらいといったような問題も一部には残っているわけでございます」と。

また、岩田課長はこれに続けて次のようにも述べたのである。「そういうようなことで、実は昨年の四月（平成五年の四月〕から労働省の関係審議会で均等法の初めての見直しの議論が始まっております。均等法だけではございませんで、併せて労働基準法の女子保護規定の見直しも審議をいただいておりますけれども、実はその結論が出る前に女子学生の就職問題が社会的に非常に大きな問題の一つとしてクローズアップをしてきたわけでございます」と（岩田喜美枝「均等法、セクハラ問題等を中心とした女子労働問題」経営法曹一〇七号三一頁以下。ここにいう「初めての見直し」とは平成九年の法改正のことと思われる）。

(ii)　男女雇用機会均等法の見直しにあたっては、「努力義務規定」でよいのか「刑罰規定」が必要ではないのか、という論議がなされると予想されていた。そして、これに関して、安枝英訷教授は「刑罰規定待望論については、一方で、差別禁止の目的を有しつつ、また、女子の意欲と能力を引き出す目的を有する法において、刑罰規定がベターか否かという視点を欠かせないはずである。刑罰による予防的機能がこの分野においてどれだけ必要かを検討しなければならない」と指摘されたうえで、さらに次のように述べたのである。

「他方、努力義務規定無能論については、現実に無能であったか否かの検討が求められよう。実際には、努力義務規定について労働大臣による指針を準備することによって、企業への女子労働者の受け入れと位置づけに大きな変化が与えられることになった。この変化の流れは、おそらく誰にも否定できない事実に違いない」と（安枝英訷「男女雇用機会均等法の将来」労働時報一九九五年六月号一八頁以下）。

(iii)　この後、平成九年法律九二号による改正がなされ使用者の努力義務が実施義務に変更されるとともに、平成一八年にも平成一八年法律八二号による大幅な改正がなされ、女性労働者に対する差別の禁止が男女労働者双方に対する差別の禁止に変更されることになった。そして、この改正法は、その七条において、男女労働者双方に対する差別禁止に関し、直接差別のみならず間接差別をも禁止することを定めた。直接差別（direct discrimination, discrimination directe, unmittelbare Diskriminierung）とは禁止されている違法な差別事由に基づく差別的行為であり、間接差別（indirect discrimination, discrimination indirecte, mittelbare Diskriminierung）とは、明らかには違法な差別事由に基づく差別的行為ではないが、各種の事情を総合して判断すると、違法な差別的行為と同様に取り扱うべきであるとされる区別行為のことである。最近では、フランスやドイツにおいても、ＥＣ法ないしＥＵ法の影響を受けて間接差別を禁止するに至っている（Jean Pélissier et Gilles Auzero et Emmanuel Dockès, Droit du travail, p. 175　および　Günter Schaub - Ulrich Koch - Rüdiger Linck - Hinrich Vogelsang, Arbeitsrechtshandbuch 13. Aufl., S. 1675f.）。

第一〇章　中高年労働者の定年規制

一　定年の概念

(1)　定年と停年

(イ)　「定年」とは、一般的に、労働者が一定の年齢に到達する場合に、労働契約がそのことを理由に終了することである。かつては、わが国において「停年」という言葉が用いられることも多かったが、今日では「定年」と表記されるのが通常である。このような定年には、労働者が一定の年齢（定年年齢）に到達した場合に労働契約が自動的に終了する場合と、労働者が一定の年齢に到達したことを理由に使用者が労働者に解雇の意思表示をする場合とがある。前者の定年は定年退職と呼ばれ、後者の定年は定年解雇と呼ばれるとともに、その制度はそれぞれ定年退職制あるいは定年解雇制と呼ばれる。

(ロ)　(i)　労働契約が期間の定めのあるものである場合には、労働契約は原則として期間の満了により終了するが、期間の定めのないものである場合には、その終了のために解雇の意思表示その他の何らかの終了事由の存在することが必要になる。そして、労働者が一定の年齢に到達することもこのような終了事由たりうる余地がある。しかし、そのためには、定年年齢に到達することが労働契約の終了事由になることに関する特段の法的根拠の存在することが必要である。

(ii)　このような法的根拠として、一般的にいって、何よりも定年制を定める法律の規定を指摘することができる。たとえば、官吏や公務員に関して定年制の規定が存在する場合には、それが勤務関係ないし労働契約の終了事由に関する特段の法的根拠になる。しかし、わが国の高年齢者雇用安定法八条が「事業主がその雇用する労働者の定年……の定めをする場合には、当該定年は、六十歳を下回ることができない」と定めているように、単に使用者が定める定年年齢の下限を規制しているにすぎない場合には、これは勤務関係ないし労働契約の終了事由に関する特段の法的根拠にはなりえない。

また、労働者の定年年齢への到達が労働契約の終了事由になる旨の労使の合意もかかる特段の法的根拠たりうる。労使の個別的合意がこのような合意たりうることはいうまでもないが、団体協定たる労働協約や経営協定中の定年に関する規定も規範的効力を有するので、原則としてかかる合意たりうると解することができる。そして、使用者が一方的に作成する就業規則中の定年規定も、それが規範的効力を有すると認められる場合には、かかる合意と同様の機能を有することになる。たとえば、わが国における就業規則であれば、それが合理的な内容のものであるとともに労働者に周知されている場合である。

(2)　**就業規則等による男女別定年制**

(イ)　使用者が一方的に作成する就業規則の規定によるにせよ、労使の団体協定によるにせよ、定年年齢が男性労働者と女性労働者に関して別異に定められることがある。たとえば、男性労働者の定年年齢が六〇歳であるのに対して、女性労働者のそれが五七歳の場合などである。このような定年年齢を定める定年制は男女別定年制と呼ばれることがある。男女別定年制は従前のわが国においてかなり多く存在したものであるが、他の先進資本主義国家（たとえば、統一前の西ドイツ。統一は一九九〇年八月三一日の統一条約 Einigungsvertrag による）においても見られたものである。

(ロ)　男女別定年制は定年年齢に関し男女を差別的に取り扱うものであるから、これに関して合理的理由（違法性阻却事由）が存在しない場合には、かかる男女別定年制は違法であることになる。もっとも、低い定年年齢を定められた労働者（多くは女性労働者）が必ずしも男女別定年制を違法として非難するとは限らない。たとえば、女性労働者の定年年齢が年金受給開始年齢とリンクしており、しかも、年金額が高額な場合などである。

(3)　若年定年制と職位定年制

(イ)　法律の規定による場合はほとんどないが、就業規則や労働協約の規定が男女労働者のうちの一部のものに関して低い年齢の定年制を定めることもある。女性労働者の一部に関して低い年齢の定年制を定める男女別定年制もこのような定年制の一種である。しかも、就業規則や労働協約の規定が男女労働者のうちの一部のものに関してかなり低い年齢の定年制を定めることもある。たとえば、女性労働者に関して三〇歳や四〇歳などの定年年齢を定める場合であり、このような定年制は若年定年制と呼ばれることがある。

(ロ)　若年定年制は女性労働者に関して定められることもあるが、男性労働者に関して定められることもある。かつてのわが国の新聞社で見られた二五歳の若年定年制は、「原稿係り」という職種の労働者（補助的仕事の労働者。主として男性労働者）に関するものであった。これに対して、労働契約の終了事由としての若年定年制ではなく、一定の役職者の地位（労働者としての地位には影響がない）が比較的若い年齢で終了する若年定年制もあり、このような制度は職位定年制（役職定年制とも呼ばれる）と呼ばれることがある。これらの若年定年制は、いずれの場合においても、一定の職種にある労働者を年齢によって差別するものであるから、それが適法とされるためには合理的理由の存在することが必要である。

(4)　ドイツにおける定年制

ドイツにおいて、定年（Altersgrenze　年齢限界）は各種の法領域において問題になるが、社会法典第六編（一九八九年一二月一八日制定）の四一条四項三文によれば、定年による労働関係（Arbeitverhältnis）の終了に関する合意は、そこにおいて規定されている終了時点以前の最後の三年以内に締結された場合、または、被用者により追認（bestätigen）された場合に限り有効であるとされている。

したがって、従来から広く慣行的に行われていた六五歳定年（Altersgrenze von 65 Jahren）の合意も、問題の被用者の六二歳の誕生日後になされて初めて適法で拘束的であることになる。他方で、従前と異なって、比較的若い年齢の定年の合意に関しては、今日ではもはや疑念をいだく必要がなくなっているとされる。かかる若年の定年の合意を事前にすることは実際的にはありえないからであるという（Wolfgang Zöllner - Karl - Georg Loritz, Arbeitsrecht 4. Aufl., S. 240）。その理由の一つとして考えられるのが年金支給開始年齢が今日では一般的に六五歳になっていることである（一九七七年当時のドイツでの年金支給開始年齢は、男性が六三歳であり女性が六〇歳であったのである）。

二　ＩＬＯ一六二号勧告

(1)　年少労働者の保護と中高年労働者の保護

(イ)　資本主義社会が永続的に機能しうるためには、次世代の労働力を確保することが不可欠である。そのために、先進資本主義国家は早くから年少労働者の保護をはかってきた。その典型的な一例が、年少労働者の使用の禁止、すなわち、児童を労働者として使用しうる最低年齢を法定することであった。

また、資本主義社会の永続的な機能の維持のためには、年少労働者の保護の前提としてそもそも次世代の労働力としての年少者の存在することが必要である。そのために、先進資本主義国家は同じく早くから母性の保護をはかるとともに、近時においては家庭責任を有する男女労働者に育児休業を保障するようになった。

(ロ)(i)　労働者が労務を提供する場合に、年少労働者であれば年少労働者としての保護を、女性労働者であれば女性労働者としての保護を受けて労務を提供する。そして、労働者が長年月にわたり労務を提供し中高年労働者になる場合には、中高年労働者としての保護を受けて然るべきである。しかし、国内社会においても国際社会においても、中高年労働者の保護の必要性は、年少労働者・女性労働者の保護の必要性に比較してこれまで必ずしも十分には認識されてこなかった。

(ii)　ところが、それぞれの資本主義社会が高齢化社会になり中高年労働者数が増加するに及び、各資本主義国家の国内社会において中高年労働者の保護の必要性が認識されてくるとともに、国際社会においてもその必要性が認識されるようになった。ここに、ようやく、中高年労働者が多数存在するという社会的現実と、このような中高年労働者も差別的取扱から保護されるべきであるという国際社会における社会的要請を契機にして、一九八〇年六月四日に開催されたＩＬＯ第六六回総会において「高齢労働者に関する勧告（一六二号）」が採択されたのである。

この勧告は、イギリス語によれば、Recommendation（No.162）concerning Older Workers というものである。これは、一項から三三項までの三三項目からなる包括的な内容の勧告である。これが条約によるべきか勧告によるべきかに関してＩＬＯ総会において見解が分かれたが、「高齢労働者――労働と引退――」の議題に関して、ＩＬＯ総会は「一九七九年の第一次討議に引き続き、一九八〇年の総会で第二次討議を行ない、その結果、勧告を採択した」のである（清正寛・雇用保障法の研究一四八頁参照）。

(2)　高齢労働者すなわち中高年労働者の概念

(イ)　一六二号勧告は、一項の(1)号において「この勧告は、加齢のために雇用及び職業において困難に遭遇するおそれのあるすべての労働者について適用する」と規定し、(2)号において「この勧告を実施するに当たり、各国において、国内法令及び国内慣行に適合しかつ地域の事情に適する方法により、特定の年齢層に関し、この勧告の適用を受ける労働者の一層詳細な定義を採用することができる」と規定したうえで、(3)号において「この勧告の適用を受ける労働者は、この勧告において、『高齢労働者』という」と規定している。これは一六二号勧告の適用されるべき人的範囲を定めるとともに、そのような人的適用範囲に属する被用者を「高齢労働者」（中高年労働者　older workers, travailleurs âgés　ドイツ語訳では ältere Arbeitnehmer）と呼ぶとするものである。

(ロ)　この勧告は、三項において「各加盟国は、年齢のいかんを問わず労働者の機会及び待遇の均等を促進するための国家の方針並びにこの問題に関する法令及び慣行の枠内で、高齢労働者に関し雇用及び職業における差別待遇を防止するための措置をとるべきである」と規定している。これは、各加盟国が高齢労働者すなわち中高年労働者のために「機会の平等と待遇の平等」（equality of opportunity and treatment, égalité de chance et traitement, Chancegleichheit und Gleichbehandlung）を促進する立法等を行うとともに、他方で、中高年労働者の就労等にあたってのあらゆる差別の防止（prevention of discrimination, empêcher toute discrimination, jede Diskriminierung zu verhindern）のために各種の措置を行うこととを要求するものである。そして、これは中高年労働者の保護に関する一般的原則を表明したものと理解されている（清正・前掲書一四九頁参照）。

(ハ)　(i)　勧告は、二二項において「特定の年齢での雇用の終了を強制的なものとする法令その他の規定は、この勧告の三項及び二一項の規定に照らして検討されるべきである」と規定している。ここにいう「特定の年齢での雇用の終了を強制的なものとする」（making mandatory the termination of employment at a specified age, fixer un âge obligatoire pour la cessation des relations de travail, für die Beendigung des Arbeitsverhältnisses ein verbindliches Alter festsetzen）とは、労働関係の終了のために一定の強制的な年齢を定めることであって、要するに定年制を定めることである。また、「法令その他の規定」（legislative and other provisions, dispositions législatives et autres, gesetzliche und sonstige Bestimmungen）とは、法律の規定や労働協約の規定やその他の各種の法規範のことであり、経営協定やわが国における就業規則も含まれると解される。

(ii)　定年制を定める法令その他の規定が「検討されるべきである」（should be examined　devoir être examinées　sollen überprüft werden）とは、各加盟国はこれらの規定が本勧告の三項の定める一般的原則すなわち「機会の平等の原則」と「待遇の平等の原則」に照らして許容されるか否かを仔細に判断しなければならない、という意味である。具体的にわが国における定年制に関していえば、それは他の労働者に比較し中高年労働者の雇用のチャンスを不平等に奪うものではないのか、あるいは、中高年労働者の男女別定年制は差別された年齢の定年制の適用を受ける中高年労働者（多くは中高年女性労働者）を通常の年齢の定年制の適用を受ける中高年労働者（多くは中高年男性労働者）と不平等に取り扱うものではないのか、ということを仔細に判断しなければならないということである。

(iii)　このような「検討」は、「二一項」を顧慮してなさなければならない。この「二一項」は、「可能な場合には……労働生活から自由な活動状態への段階的な移行を認める枠内で、引退が任意的なものであることを確保する」ために各種の措置が取られるべきことを規定している。「労働生活」とはそれまでの職業生活（la vie professionnelle）のことであり、「自由な活動状態」（freedom of activity, régime de libre activité, eine Tätigkeit nach freier Wahl）とは、労働者の自由な選択による何らかの新たな仕事のことである。したがって、「労働生活から自由な活動状態への段階的な移行」とは、それまでの職業生活から労働者の自由な選択による何らかの新たな仕事への段階的な移行ということになる。

そして、それまでの職業生活から労働者の自由な選択による新たな仕事への段階的な移行を可能ならしめる制度の枠内で、引退が任意的なもの（voluntary, volontaire, freiwillig）であることを保障するために、すなわち、引退生活に入ることが労働者の自由意思に基づいてなされることを保障するために、可能な場合には繰り返して(dans tous les cas où ceci est possible）各種の措置が取られなければならないのである。

したがって、わが国において一般的に行われている就業規則の規定による定年制は、六〇歳定年制であれ六五歳定年制であれ、必ずしも労働者の任意の意思（自由意思）によるものとは認められないから、このままでは本勧告の二二項に抵触する可能性が高い。このことは労働協約による定年制の場合でも同様である。かかる問題性を回避するために、ドイツにおいては、定年に関する合意が「終了時点以前の最後の三年以内」に締結されているか、あるいは、被用者により「追認」がなされているかが繰り返して問題にされているのである。

三　高年齢者雇用安定法八条

(1)　昭和六一年の旧高年法と平成六年の改正高年法

(イ)　(i)　わが国の国内労働法である高年齢者雇用安定法は、八条において「事業主がその雇用する労働者の定年……の定めをする場合には、当該定年は、六十歳を下回ることができない」と規定している。この規定は平成六年法律三四号による改正規定であり、改正前の旧規定の四条は「事業主は、その雇用する労働者の定年……の定めをする場合には、当該定年が六十歳を下回らないように努めるものとする」というものであった。

この事業主の努力義務を定める旧規定は高年齢者雇用安定法が昭和四六年に制定された当初から存在したものではなく、昭和六一年法律四三号の法改正によりはじめて規定されたものである。そして、この規定は、立法者において、昭和六〇年当時のわが国の定年年齢が一般的に五五歳という低年齢であったとともに、ＩＬＯ一六二号勧告が中高年労働者の定年制に関し一定の勧告をしていたことをも考慮に入れて制定したものである。

(ii)　むろん、このような立法者の意識の背景には、定年年齢を引き上げることに関する社会的要請（国内社会における社会的要請）が存在した。すなわち、昭和五四年二月に、「社会、公明、民社の各党が定年規制のための法案を発表しその立法化を要求」したのである。この社会党案には「事業主は、六十歳未満の年齢を定年として労働者を退職させてはならない」という条項とともに、「事業主は、前項に規定する場合のほか、年齢を理由として、六十歳未満の労働者を退職させてはならない」という条項が含まれていた（清正・前掲書一四八頁）。

(iii)　その後、昭和五五年四月八日に、社会・公明・共産・民社の四党の共同提案により「定年制及び中高年齢者の雇入れの拒否の制限に関する法律案」が衆議院社会労働委員会に提出された。また、この間にあって、政府は昭和五四年六月に雇用審議会に「定年延長の実行ある推進案」に関して諮問を行った。同審議会における審議はその後の定年の法的規制に関して大きな影響を与えるものと予想された（清正・前掲書一四八頁）。そして、昭和六一年に事業主の六〇歳定年制に関する努力義務規定が定められるに至ったのである。

(ロ)(i)　このように、平成六年の法改正前の旧四条の規定は事業主の努力義務を定めるにすぎなかったから、当時のわが国の定年年齢は必ずしも六〇歳に向けて引き上げられるとは限らず、かえって、それまで実施されていた六〇歳定年制が六〇歳を下回る定年制に改められることもなくはなかった。しかも、六一年の法改正前においては、六三歳定年制が六〇歳を下回る定年制に改められることもなくはなかった。たとえば、従来から行われていた六三歳定年制が、企業の合併にあたり、新たに作成された就業規則の規定により五七歳定年制に変更された場合である（朝日火災海上事件神戸地判平成二・一・二六労働判例五六二号八七頁）。もっとも、ここにおいてはかかる就業規則の規定の合理性が否定され、それに基づいて就業規則の法的規範性も否定された。

(ii)　これに対して、ほぼ時を同じくして決定（判決ではない）が言い渡されたフジタ工業事件においては、「五五歳停年制」を定める就業規則の規定の合理性が肯定されている。この事件は、昭和一九年一一月二一日生まれのXがY会社名古屋支店長により昭和四二年八月一日に現業員（支店長採用者のこと）として採用されたのち、昭和四七年九月一日施行の「停年は満五五歳とし、停年に達した月の末日に退職するものとする」という現業員就業規則に基づき平成元年一一月末日をもって従業員でなくなったものとして取り扱われたという事案にかかる事件であったが、ここにおいて名古屋地裁は次のように述べている。「停年制自体は一概に不合理な制度とはいえないものであるところ……右現業員就業規則の停年条項には『会社が必要と認めた者はこれを延期することがある』との特則が設けられていることが認められ、さらに昭和四七年当時の産業界の実情をも考慮すれば、右現業員就業規則の停年条項は合理性を備えたものであ〔る〕」と（名古屋地決平成二・七・一〇労働判例五六九号五五頁）。しかし、就業規則の合理性の判断時は就業規則の作成時ではなく適用時であると解すべきであるからこの決定には批判が多い。

(iii)　高年齢者雇用安定法が昭和六一年に事業主の六〇歳定年制に関する努力義務を規定した後において、六〇歳定年制は着実に増加していったということができる。たとえば、東京地裁は、サイゴンマリタイム事件において、「Y会社に就業規則が存在していることは前記のとおりであり、その二五条および二六条によると、Yの従業員の定年は満六〇歳で、定年に達した日の月末をもって従業員の地位を失うものとされ……ている。そして、Xが満六〇歳に達していることは当事者間に争いがない。したがって、同XのY従業員としての地位は、本件申請以前に既に失われていることが明らかである」と述べている（東京地判平成三・一一・二二労働判例五九九号四六頁。六〇歳定年制の導入された日時は必ずしも明確にされていない）。

この事件においては就業規則の存在が認定されているが、Y会社（その代表取締役は、ベトナム国籍を有するグエン・アン・チュン）は、自ら「Y会社には就業規則が存在しない」と主張したのである。すなわち、Xが、「Yには、就業規則が存在するが、本件解雇は、そこに規定された解雇要件を充たしておらず、また、Xらが、『経営に関する要望及び改善』と題する要望書を提出したため、不正経理の発覚を恐れたY代表者が、Xら全員を解雇したものにほかならないのであり、解雇権の濫用として無効である」と主張したのに対して、Yは「Y会社には就業規則が存在しない」と主張したのである。このような主張はきわめて異例なものである。

(2)　改正高年法と村山富市内閣

(イ)　定年年齢に関する使用者の努力義務は平成六年法律三四号により実行義務に改められたが、この改正法の施行日は平成一〇年四月一日であり、この改正法は成立から施行まで約四年という長年月を要した。また、育児休業法（正式の名称は、育児休業等に関する法律）も平成七年法律一〇七号により改正されたが、法令名の「育児休業、介護休業等育児又は家族介護を行う労働者の福祉に関する法律」への改正が効力を発生したのと、第三章に規定された介護休業の諸規定が効力を発生したのも、成立から約四年後の平成一一年四月一日であったのである。

(ロ)　平成六年六月三〇日に村山富市内閣が成立した前後から、わが国の労働省（現在の厚生労働省）は労働立法（国内労働立法）に積極的な姿勢を示し、しかも、実際の行動においても各種の労働立法を実現した。その際、国際労働立法の存在にも十分に配慮した。その一例が、育児休業法の改正にあたってのＩＬＯ一五六号条約への配慮であった。そして、労働省は育児休業法の改正を行う一年前の平成六年にも高年齢者雇用安定法四条の改正を行ない、努力義務規定を実行義務規定に改めた。労働省が、この改正にあたり、国内事情に配慮するとともに、国際的にＩＬＯ一六二号勧告に配慮したことは疑いのないことであるが、この当時の立法にはこのように成立から施行まで長年月を要したものが多かったのである（平成一九年の労働契約法は成立から施行まで約三か月を要したにすぎない）。

資料編

●工業的企業に於ける労働時間を一日八時間かつ一週四八時間に制限する条約（ＩＬＯ一号条約）（未批准）
●外国人労働者の相互的待遇に関する勧告（ＩＬＯ二号勧告）
●工業ニ使用シ得ル児童ノ最低年齢ヲ定ムル条約（ＩＬＯ五号条約）（批准）
●最低賃金決定制度の創設に関する条約（ＩＬＯ二六号条約）（批准）
●強制労働ニ関スル条約（ＩＬＯ二九号条約）（批准）
●商業及事務所に於ける労働時間の規律に関する条約（ＩＬＯ三〇号条約）（未批准）
●労働時間を一週四〇時間に短縮することに関する条約（ＩＬＯ四七号条約）（未批准）
●工業に使用し得る児童の最低年令を定める条約（ＩＬＯ五九号改正条約）（未批准）
●非工業的労務に使用し得る児童の年令に関する条約（ＩＬＯ六〇号改正条約）（未批准）
●結社の自由及び団結権の保護に関する条約（ＩＬＯ八七号条約）（批准）
●労働協約に関する勧告（ＩＬＯ九一号勧告）
●賃金の保護に関する条約（ＩＬＯ九五号条約）（未批准）
●団結権及び団体交渉権についての原則の適用に関する条約（ＩＬＯ九八号条約）（批准）
●強制労働の廃止に関する条約（ＩＬＯ一〇五号条約）（未批准）
●年次有給休暇に関する条約（ＩＬＯ一三二号改正条約）（未批准）
●家族的責任を有する男女労働者の機会及び待遇の均等に関する条約（ＩＬＯ一五六号条約）（批准）
●高齢労働者に関する勧告（ＩＬＯ一六二号勧告）
●パートタイム労働に関する条約（ＩＬＯ一七五号条約）（未批准）
●民間職業仲介事業所に関する条約（ＩＬＯ一八一号条約）（批准）
●女子に対するあらゆる形態の差別の撤廃に関する条約（国連条約）（批准）

●工業的企業に於ける労働時間を一日八時間かつ一週四八時間に制限する条約（ＩＬＯ一号条約）（未批准）

第一条

1　本条約に於て「工業的企業」と称するは、左に掲ぐるものを特に包含す。

(a)　鉱山業、石切業其の他土地より鉱物を採取する事業

(b)　物品の製造、改造、浄洗、修理、装飾、仕上、販売の為にする仕立、破壊若は解体を為し又は材料の変造を為す工業（造船並電気又は各種動力の発生、変更及伝導を含む。）

(c)　建物、鉄道、軌道、港、船渠、桟橋、運河、内地水路、道路、隧道、橋梁、陸橋、下水道、排水道、井、電信電話装置、電気工作物、瓦斯工作物、水道其の他の工作物の建設、改造、保存、修理、変更又は解体及上記の工作物又は建設物の準備又は基礎工事

(d)　道路、鉄軌道、海又は内地水路に依る旅客又は貨物の運送（船渠、岸壁、波止場又は倉庫に於ける貨物の取扱を含むも人力に依る運送を含まず。）

2　海及内地水路に依る運送に関する規定は、海及内地水路に於ける使用問題を審議すべき特別会議に於て決定せらるべし。

3　工業と商業及農業との分界は、各国に於ける権限ある機関之を定むべし。

第二条

同一の家に属する者のみを使用する企業を除くの外、一切の公私の工業的企業又は其の各分科に於て使用せらるる者の労働時間は、一日八時間且一週四十八時間を超ゆることを得ず。

但し、左に掲ぐる場合は、此の限に在らず。

(a)　本条約の規定は、監督若は管理の地位に在る者又は機密の事務を処理する者には之を適用せず。

(b)　法令、慣習又は使用者の及労働者の団体、若は斯る団体なき場合に於ては使用者の及労働者の代表者間の協定に依り、一週中の一日又は数日に於ける労働時間を八時間未満と為したるときは、権限ある機関の認許又は前記団体若は代表者の間の協定に依り、該週中の他の日に於て八時間の制限を超ゆることを得。但し、本号に規定する如何なる場合に於ても一日八時間の制限を超ゆること一時間より多きことを得ず。

(c)　被用者を交替制に依り使用する場合に在りては、三週以下の一期間内に於ける労働時間の平均が一日八時間且一週四十八時間を超えざる限り、或日に於て八時間又或週に於て四十八時間を超えて之を使用することを得。

第三条

第二条に定むる労働時間の制限は、現に災害あり若は其の虞ある場合、機械若は工場設備に付緊急の処置を施すべき場合又は不可抗力の場合に於ては之を超ゆることを得。

但し当該企業の通常の操業に対する重大なる障礙を除去するに必要なるべき限度を超ゆることを得ず。

第四条

第二条に定むる労働時間の制限は、交替制に依り継続して就業することを工程の性質上必要とする工程に於て亦之を超ゆることを得。但し平均一週五十六時間を超ゆることを得ず。労働時間に関する右の規定は、如何なる場合に於ても、前記工程に従事する労働者に対し毎週の休日の代償として国法の保障する休日に影響することなし。

第五条

1　第二条の規定を適用すること能はずと認められたる例外の場合に限り、労働者の及使用者の団体間に於て一層長き期間内に於ける日日の労働時間制限に関する協定あるときは、政府に之を申告すべく、政府は、其の決定に依り之に法規の効力を付与することを得。

2　斯る協定中に掲げられたる数週に亘り其の一週の労働時間の平均は、四十八時間を超ゆることを得ず。

第六条

1　公の機関は、工業的企業に付左に関する規定を設くべし。

(a)　事業の一般操業に関して定められたる制限を超え就業するの必要ある準備若は補充の作業に付、又は本質上間歇的なる作業に従事する或種の労働者に付許容せらるる恒久的例外

(b)　事業をして業務繁忙なる特別の場合に適応せしむる為許容せらるる一時的例外

2　前項の規定に於ては、関係ある使用者の及労働者の団体の存する場合に於ては、此等団体と協議の上之を設くべきものとす。該規定には各場合に於ける増加時間の最大限度を定むべく、超過時間に対する賃金率は、普通賃金率の一倍四分の一を下ることを得ず。

第七条

1　各国政府は、国際労働事務局に対し左を通告すべし。

(a)　第四条の適用に於て性質上継続就業を必要なるものとせらるる工程の表

(b)　第五条に掲ぐる協定の実行に関する充分なる報告

(c)　第六条に依り設けられたる規定と其の適用とに関する報告

2　国際労働事務局は、右に関する年報を国際労働総会に提出すべし。

第九条

本条約の日本国に対する適用に付ては、左の変更及条件を加へらるべし。

(a)　「工業的企業」と称するは、左に掲ぐるものを特に包含す。

第一条(a)号に列挙する企業

第一条(b)号に列挙する企業。但し、少くとも十人の労働者を使用するものに限る。

第一条(c)号に列挙する企業にして権限ある機関が「工場」と定むるもの

第一条(d)号に列挙する企業にして道路に依る旅客又は貨物の運送、船渠、岸壁、波止場及倉庫に於ける貨物の取扱竝人力に依る運送を除きたるもの

(b) 一切の公私の工業的企業又は其の各分科に於ける十五歳以上の者の実際労働時間は、一週五十七時間を超ゆることを得ず。但し、生糸工業に於ては其の制限を一週六十時間と為すことを得。

(c) 一切の公私の工業的企業又は其の各分科に於ける十五歳未満の者及年令に拘らず鉱山に於て坑内作業に従事する一切の鉱夫の実際労働時間は、如何なる場合に於ても一週四十八時間を超ゆることを得ず。

外国人労働者の相互的待遇に関する勧告（ＩＬＯ二号勧告）

国際労働機関の総会は、

亜米利加合衆国政府に依り千九百十九年十月二十九日華盛頓〔ワシントン〕に招集せられ、

右華盛頓総会の会議事項の第二項目たる「失業に対する予防又は救済の件」に関する提案の採択を決議し、且つ該提案は勧告の形式に依るべきものなることを決定し、

国際労働機関の締盟国をして立法其の他の方法に依り之が実現を為さしむる目的を以て考慮せしむる為、国際労働機関憲章の規定に従ひ、千九百十九年の相互的待遇勧告と称せらるべき左の勧告を採択す。

総会は、国際労働機関の各締盟国が其の領土内に於て使用せらるる外国人（労働者其の家族とも）に対し、相互条件に依り且関係国間に於て協定せらるべき条件に依り、自国労働者の保護に関する法令上の利益及自国労働者の享有する適法の組合の権利を許与することを勧告す。

工業ニ使用シ得ル児童ノ最低年齢ヲ定ムル条約（ＩＬＯ五号条約）（批准）

第一条

1 本条約ニ於テ「工業的企業」ト称スルハ左ニ掲クルモノヲ特ニ包含ス

(a) 鉱山業、石切業其ノ他土地ヨリ鉱物ヲ採取スル事業

(b) 物品ノ製造、改造、浄洗、修理、装飾、仕上、販売ノ為ニスル仕立、破壊若ハ解体ヲ為シ又ハ材料ノ変造ヲ為ス工業（造船竝電気又ハ各種動力ノ発生、変更及伝導ヲ含ム）

(c) 建物、鉄道、軌道、港、船渠、桟橋、運河、内地水路、道路、隧道、橋梁、陸橋、下水道、排水道、井、電信電話装置、電気工作物、瓦斯工作物、水道其ノ他ノ工作物ノ建設、改造、保存、修理、変更又ハ解体及上記ノ工作物又ハ建設物ノ準備又ハ基礎工事

(d) 道路、鉄軌道又ハ内地水路ニ依ル旅客又ハ貨物ノ運送（船渠、岸壁、波止場又ハ倉庫ニ於ケル貨物ノ取扱ヲ含ムモ人力ニ依ル運送ヲ含マス）

2　工業ト商業及農業トノ分界ハ各国ニ於ケル権限アル機関之ヲ定ムヘシ

第二条

十四歳未満ノ児童ハ同一ノ家ニ属スル者ノミヲ使用スル企業ヲ除クノ外一切ノ公私ノ工業的企業又ハ其ノ各分科ニ於テ使用セラレ又ハ労働スルコトヲ得ス

第三条

第二条ノ規定ハ工業学校ニ於ケル児童ノ為ス労働ニ之ヲ適用セス但シ此ノ種ノ労働ハ公ノ機関ノ承認ヲ得且其ノ監督ヲ受クヘキモノトス

第五条

1　本条約ノ日本国ニ対スル適用ニ関シテハ第二条ニ左ノ変更ヲ加フルコトヲ得

(a)　十二歳以上ノ児童ニシテ尋常小学校ノ教科ヲ修了シタルモノハ之ヲ使用スルコトヲ得

(b)　現ニ使用中ノ十二歳以上十四歳未満ノ児童ニ関シテハ経過規定ヲ設クルコトヲ得

2　十二歳未満ノ児童ヲ或種ノ軽易ナル業務ニ使用スルコトヲ認ムル日本現行法ノ規定ハ之ヲ廃止スヘキモノトス

第六条

第二条ノ規定ハ印度ニ之ヲ適用セス但シ十二歳未満ノ児童ハ左ニ使用セラルルコトヲ得ス

(a)　動力ヲ用ヰ且十人ヨリ多クノ者ヲ使用スル製造工場

(b)　鉱山業、石切業其ノ他土地ヨリ鉱物ヲ採取スル事業

(c)　鉄軌道ニ依ル旅客、貨物若ハ郵便物ノ運送又ハ船渠、岸壁若ハ波止場ニ於ケル貨物ノ取扱（人力ニ依ル運送ヲ含マス）

第七条

国際労働機関憲章ニ定ムル条件ニ依ル本条約ノ正式批准ハ登録ノ為国際労働事務局長ニ之ヲ通告スヘシ

第八条

1　本条約ヲ批准スル各締盟国ハ其ノ殖民地、保護国及属地ニシテ完全ナル自治ヲ有セサルモノニ左ノ条件ノ下ニ之ヲ適用スルコトヲ約ス

(a)　其ノ規定カ土地ノ状況ニ照シ適用不可能ニ非サルコト

(b)　其ノ規定ヲ土地ノ状況ニ適応セシムル為必要ナル変更ヲ加フルコト

2　各締盟国ハ其ノ殖民地、保護国及属地ニシテ完全ナル自治ヲ有セサルモノニ付其ノ執リタル措置ヲ国際労働事務局ニ通告スヘシ

第十一条

本条約ヲ批准スル各締盟国ハ千九百二十二年七月一日迄ニ其ノ規定ヲ実施シ且右規定ヲ実施スルニ必要ナルヘキ措置ヲ執ルコトヲ約ス

第十二条

本条約ヲ批准シタル締盟国ハ本条約ノ最初ノ効力発生ノ日ヨリ十年ノ期間満了後ニ於テ国際労働事務局長宛登録ノ為ニスル通告ニ依リ之ヲ廃棄スルコトヲ得右ノ廃棄ハ該事務局ニ登録アリタル日以後一年間ハ其ノ効力ヲ生セス

●最低賃金決定制度の創設に関する条約（ＩＬＯ二六号条約）（批准）

第一条

1　この条約を批准する国際労働機関の各加盟国は、労働協約その他の方法により賃金を有効に規制する制度が存在していない若干の産業又は産業の部分（特に家内労働の産業）であつて賃金が例外的に低いものにおいて使用される労働者のため最低賃金率を決定することができる制度を創設し又は維持することを約束する。

2　この条約の適用上、「産業」とは、製造業、商業等をいう。

第二条

この条約を批准する各加盟国は、関係のある産業又は産業の部分に労働者団体及び使用者団体が存在する場合にはそれらの団体と協議したうえ、いずれの産業又は産業の部分について、特にいずれの家内労働の産業又は家内労働の産業の部分について前条の最低賃金決定制度を適用するかを決定する自由を有する。

第三条

1　この条約を批准する各加盟国は、最低賃金決定制度の性質及び形態並びにその運用方法を決定する自由を有する。

2　もつとも、次のことを条件とする。

(1)　産業又はその部分について最低賃金決定制度を適用するに先だち、関係のある使用者及び労働者の代表者（使用者団体及び労働者団体が存在する場合には、それらの団体の代表者を含む。）並びに職業上又は職務上特に適任であるその他の者で権限のある機関が協議することを適当と認めるものは、協議を受ける。

(2)　関係のある使用者及び労働者は、国内法令で定める方法により、国内法令で定める程度において最低賃金決定制度の運用に参与する。もつとも、その使用者と労働者とは、いかなる場合にも、等しい人数で、かつ、平等の条件によつて参与するものとする。

(3)　決定された最低賃金率は、関係のある使用者及び労働者を拘束するものとし、個人的契約により、又は権限のある機関の一般的若しくは個別的許可を受ける場合を除くほか労働協約により、引き下げることができない。

●強制労働ニ関スル条約（ＩＬＯ二九号条約）（批准）

第一条

1　本条約ヲ批准スル国際労働機関ノ各締盟国ハ能フ限リ最短キ期間内ニ一切ノ形式ニ於ケル強制労働ノ使用ヲ廃止スルコトヲ約ス

2　右完全ナル廃止ノ目的ヲ以テ強制労働ハ経過期間中公ノ目的ノ為ニノミ且例外ノ措置トシテ使用セラルコトヲ

得尤モ以下ニ定メラルル条件及保障ニ従フモノトス
3　本条約ノ効力ノ発生ヨリ五年ノ期間満了シ且国際労働事務局ノ理事会ガ後ニ掲ゲラルル第三十一条ニ定メラルル報告ヲ作成スルニ当リ右理事会ハ更ニ経過期間ヲ設クルコトナクシテ一切ノ形式ニ於ケル強制労働ヲ廃止スルコトヲ得ルヤ否ヤ及本問題ヲ総会ノ会議事項ニ掲グルコトノ望マシキヤ否ヤヲ審議スベシ

第二条

1　本条約ニ於テ「強制労働」ト称スルハ或者ガ処罰ノ脅威ノ下ニ強要セラレ且右ノ者ガ自ラ任意ニ申出デタルニ非ザル一切ノ労務ヲ謂フ
2　尤モ本条約ニ於テ「強制労働」ト称スルハ左記ヲ包含セザルベシ
(a)　純然タル軍事的性質ノ作業ニ対シ強制兵役法ニ依リ強要セラルル労務
(b)　完全ナル自治国ノ国民ノ通常ノ公民義務ヲ構成スル労務
(c)　裁判所ニ於ケル判決ノ結果トシテ或者ガ強要セラルル労務尤モ右労務ハ公ノ機関ノ監督及管理ノ下ニ行ハルベク且右ノ者ハ私ノ個人、会社若ハ団体ニ雇ハレ又ハ其ノ指揮ニ服セザル者タルベシ
(d)　緊急ノ場合即チ戦争ノ場合又ハ火災、洪水、飢饉、地震、猛烈ナル流行病若ハ家畜流行病、獣類、虫類若ハ植物ノ害物ノ侵入ノ如キ災厄ノ若ハ其ノ虞アル場合及一般ニ住民ノ全部又ハ一部ノ生存又ハ幸福ヲ危殆ナラシムル一切ノ事情ニ於テ強要セラルル労務
(e)　軽易ナル部落ノ労務ニシテ該部落ノ直接ノ利益ノ為部落民ニ依リ遂行セラレ従テ該部落民ノ負フベキ通常ノ公民義務ト認メラレ得ルモノ尤モ部落民又ハ其ノ直接ノ代表者ハ右労務ノ必要ニ付意見ヲ求メラルルノ権利ヲ有スルモノトス

第三条

本条約ニ於テ「権限アル機関」ト称スルハ本国ノ機関又ハ関係地域ニ於ケル最高中央機関ヲ謂フ

第四条

1　権限アル機関ハ私ノ個人、会社又ハ団体ノ利益ノ為強制労働ヲ課シ又ハ課スルコトヲ許可スルコトヲ得ズ
2　一ノ締盟国ニ依ル本条約ノ批准ガ国際労働事務局長ニ依リ登録セラルル日ニ於テ私ノ個人、会社又ハ団体ノ利益ノ為ノ右強制労働ガ存在スル場合ニハ当該締盟国ハ本条約ガ右締盟国ニ対シ効力ヲ発生スル日ヨリ右強制労働ヲ完全ニ廃止スベシ

第五条

1　私ノ個人、会社又ハ団体ニ与ヘラルル免許ハ右私ノ個人、会社又ハ団体ガ利用シ又ハ取引スル生産物ノ生産又ハ蒐集ノ為ノ如何ナル形式ノ強制労働ヲモ生ゼシムルコトヲ得ズ
2　右強制労働ヲ生ゼシムル規定ヲ包含スル免許ガ存在スル場合ニハ本条約第一条ニ適合スル為右規定ハ能フ限リ速ニ廃止セラルベシ

第十三条

1　強制労働ガ強要セラルル者ノ平常ノ労働時間ハ任意労働ニ付通常行ハルルモノト同一タルベク且平常ノ労働時間ヲ超ユル労働時間ハ任意労働ニ対スル超過時間ニ付通常行ハルル率ニ於テ報酬ヲ与ヘラルベシ

2　一週一日ノ休日ハ何レカノ種類ノ強制労働ガ強要セラルル一切ノ者ニ対シ与ヘラルベク且右ノ日ハ関係地域又ハ関係地方ニ於ケル伝統又ハ慣習ニ依リ定メラルル日ト能フ限リ合致スベシ

商業及事務所に於ける労働時間の規律に関する条約（ＩＬＯ三〇号条約）（未批准）

第一条

1　本条約は、公のものたると私のものたるとを問はず、左の設備に於て使用せらるる者に適用すべし。

(a)　郵便、電信及電話の業務を含む商業的設備並に他の設備の商業的分科

(b)　設備及管理部にして使用せらるる者が主として事務所の事務に従事するもの

(c)　商業的且工業的の混合設備、尤も右設備にして工業的設備と看做さるるものを除く。

商業的設備及使用せらるる者が主として事務所の事務に従事する設備と工業的及農業的設備との分界は、各国に於ける権限ある機関之を定むべし。

2　本条約は、左の設備に於て使用せらるる者に適用せざるべし。

(a)　病者、虚弱者、貧窮者又は精神不適者の治療又は看護の為の設備

(b)　旅館、料理店、下宿屋、倶楽部、「カフエ」及他の飲食店

(c)　劇場及公衆娯楽場

尤も本条約は、本項(a)、(b)及(c)に掲げらるる設備の分科が独立の企業なるときは、本条約の適用を受くべき設備中に包含せらるべき場合に於て、右分科に使用せらるる者に適用すべし。

第二条

本条約に於て「労働時間」と称するは、使用せらるる者が使用者の指揮に服する時間を謂ふ。右は、使用せらるる者が使用者の指揮に服せざる休憩時間を包含せず。

第三条

本条約の適用を受くる者の労働時間は、以下に別段の規定ある場合を除き、一週四十八時間且一日八時間を超ゆることを得ず。

●労働時間を一週四〇時間に短縮することに関する条約（ＩＬＯ四七号条約）（未批准）

第一条

本条約を批准する国際労働機関の各締盟国は、

(a) 生活標準の低下を来さざる様適用せらるべき一週四十時間制の原則、及び

(b) 此の目的を達成するに適当と認めらるる措置を執り又は之を助成すること

を承認することを宣言し、且当該締盟国に依り批准せらるる別個の諸条約に依り定めらるべき詳細なる規定に従ひ各種の労務に本原則を適用することを約す。

第二条

この条約の正式の批准書は、登録のため国際労働事務局長に送付するものとする。

第三条

1　この条約は、国際労働機関の加盟国でその批准を国際労働事務局長が登録したもののみを拘束する。

2　この条約は、二加盟国の批准が事務局長により登録された日の後十二箇月で効力を生ずる。

3　その後は、この条約は、他のいずれの加盟国についても、その批准が登録された日の後十二箇月で効力を生ずる。

●工業に使用し得る児童の最低年令を定める条約（ＩＬＯ五九号改正条約）（未批准）

第一部　一般規定

第一条

1　この条約において「工業的企業」と称するのは、次に掲げるものを特に包含する。

(a) 鉱山業、石切業その他土地より鉱物を採取する事業

(b) 物品の製造、改造、浄洗、修理、装飾、仕上、販売のためにする仕立、破壊若しくは解体又は材料の変造を為す工業（造船並びに電気又は各種動力の発生、変更及び伝導を含む。）

(c) 建物、鉄道、軌道、港、船渠、桟橋、運河、内地水路、道路、隧道、橋梁、陸橋、下水道、排水道、井戸、電信電話装置、電気工作物、瓦斯工作物、水道その他の工作物の建設、改造、保存、修理、変更又は解体及び上記の工作物又は建設物の準備又は基礎工事

(d) 道路、鉄軌道又は内地水路に依る旅客又は貨物の運送（船渠、岸壁、波止場又は倉庫における貨物の取扱を含むも人力に依る運送を含まない。）

2　工業と商業及び農業との分界は、各国における権限のある機関がこれを定めなければならない。

第二条

1　十五歳未満の児童は、すべての公私の工業的企業又は

その各分科においてこれを使用し又は労働させることができない。

2　尤も労務であつてその性質又はこれが行われる事情により、これに使用される者の生命、健康又は道徳に危険なものについての外、国内の法令又は規則は、使用者の家に属する者のみが使用される企業において右の児童が使用されることを許容することができる。

第三条

この条約の規定は、工業学校における児童の為す労働にこれを適用しない。但しこの種の労働は、公の機関の承認を得且つその監督をうけるものとする。

第十五条

1　総会がこの条約の全部又は一部を改める改正条約を新たに採択する場合には、その改正条約に別段の規定がない限り、

(a)　加盟国による改正条約の批准は、改正条約の効力発生を条件として、第十三条の規定にかかわらず、当然この条約の即時の廃棄を伴う。

(b)　加盟国によるこの条約の批准のための開放は、改正条約が効力を生ずる日に終了する。

2　この条約は、これを批准した加盟国で改正条約を批准していないものについては、いかなる場合にも、その現在の形式及び内容で引き続き効力を有する。

●非工業的労務に使用し得る児童の年令に関する条約（ＩＬＯ六〇号改正条約）（未批准）

第一条

1　この条約は、農業ニ使用シ得ル児童ノ年令ニ関スル条約（千九百二十一年「ジユネーヴ」）、千九百三十六年の最低年令（海上）条約（改正）、又は千九百三十七年の最低年令（工業）条約（改正）において処理されないすべての労務にこれを適用する。

2　各国における権限ある機関は、関係ある主な使用者団体及び労働者団体に諮問の後、この条約の適用を受ける労務と前記三条約において処理される労務とを区別する分界を定めなければならない。

3　この条約は、次のものにこれを適用しない。

(a)　海上漁撈における労務

(b)　技術学校及び職業学校において行われる労働。但し右労働は、本質上教育的性質を有し、商業的利益を目的とせず且つ公の機関により制限され、承認され及び監督されるものとする。

4　各国における権限ある機関は、次のものをこの条約の適用から除外することができる。

(a)　使用者の家に属する者のみが使用される設備における労務。但しこの条約第三条又は第五条の意味において害あり、妨げあり又は危険である労務を除くものとする。

(b)　家内における家事上の労働であつてその家に属する者により遂行されるもの

第二条

十五歳未満の児童又は国内の法令若しくは規則により初等学校に出席することをなお要求される十五歳以上の児童は、以下に別段の規定ある場合を除き、この条約の適用を受けるすべての労務においてこれを使用することができない。

第三条

1　十三歳以上の児童は、授業時間外において、次の軽易労働にこれを使用することができる。

(a)　その健康又は正常な発達に害がなく、且つ

(b)　その学校出席又は学校において行われる授業を受けるその能力を妨げるが如きものでないもの

2　十四歳未満の児童は、

(a)　学校日であると休日であるとを問わず、一日二時間を超えてこれを軽易労働に使用し、又は

(b)　一日総数七時間を超える時間を学校と軽易労働とにおいて費すことができない。

3　国内の法令又は規則は、十四歳以上の児童の軽易労働に使用することができる一日の労働時間を定めなければならない。

4　軽易労働は、次のときにこれを禁止しなければならない。

(a)　日曜日及び法定の公の休日

(b)　夜間

第四条

1　芸術、科学又は教育のために、国内の法令又は規則は、児童が公衆娯楽に又は活動写真「フイルム」製作の際の役者若しくは補役として出場し得るために、この条約第二条及び第三条の規定に対する例外を、各個の場合において下付される許可証により、許容することができる。

結社の自由及び団結権の保護に関する条約（ILO八七号条約）（批准）

第一部　結社の自由

第一条

この条約の適用を受ける国際労働機関の各加盟国は、次の諸規定を実施することを約束する。

第二条

労働者及び使用者は、事前の許可を受けることなしに、自ら選択する団体を設立し、及びその団体の規約に従うことのみを条件としてこれに加入する権利をいかなる差別もなしに有する。

第三条

1　労働者団体及び使用者団体は、その規約及び規則を作成し、自由にその代表者を選び、その管理及び活動について定め、並びにその計画を策定する権利を有する。

2　公の機関は、この権利を制限し又はこの権利の合法的な行使を妨げるようないかなる干渉をも差し控えなければならない。

第四条

労働者団体及び使用者団体は、行政的権限によって解散させられ又はその活動を停止させられてはならない。

第五条

労働者団体及び使用者団体は、連合及び総連合を設立し並びにこれらに加入する権利を有し、また、これらの団体、連合又は総連合は、国際的な労働者団体及び使用者団体に加入する権利を有する。

第六条

この条約第二条、第三条及び第四条の規定は、労働者団体及び使用者団体の連合及び総連合に適用する。

第七条

労働者団体及び使用者団体並びにそれぞれの連合及び総連合による法人格の取得については、この条約第二条、第三条及び第四条の規定の適用を制限するような性質の条件を付してはならない。

第八条

1　この条約に規定する権利を行使するに当たっては、労働者及び使用者並びにそれぞれの団体は、他の個人又は組織化された集団と同様に国内法令を尊重しなければならない。

2　国内法令は、この条約に規定する保障を阻害するようなものであってはならず、また、これを阻害するように適用してはならない。

第九条

1　この条約に規定する保障を軍隊及び警察に適用する範囲は、国内法令で定める。

2　国際労働機関憲章第十九条八に掲げる原則に従い、加盟国によるこの条約の批准は、この条約の保障する権利を軍隊又は警察の構成員に与えている既存の法律、裁定、慣行又は協約に影響を及ぼすものとみなされない。

第十条

この条約において「団体」とは、労働者又は使用者の利益を増進し、かつ、擁護することを目的とする労働者団体又は使用者団体をいう。

第二部　団結権の保護

第十一条

この条約の適用を受ける国際労働機関の各加盟国は、労働者及び使用者が団結権を自由に行使することができることを確保するために、必要にしてかつ適当なすべての措置をとることを約束する。

●労働協約に関する勧告（ＩＬＯ九一号勧告）

Ｉ　団体交渉制度

1(1)　国内事情に適するように協約又は法令によつて、

労働協約を交渉し、締結し、改訂し及び更新するため、また、労働協約の交渉、締結、改訂及び更新に当つて当事者を援助するため、各国の現状に適した制度を設けるべきである。

(2)　前記の制度の組織、運営方法及び機能は、国内事情に適するように当事者の協約又は国内の法令で決定すべきである。

Ⅱ　労働協約の定義

2(1)　この勧告の適用上、「労働協約」とは、一方は使用者、使用者の一団又は一若しくは二以上の使用者団体と、他方は一若しくは二以上の代表的労働者団体又は、このような団体が存在しない場合には、国内の法令に従つて労働者によつて正当に選挙され且つ授権された労働者の代表との間に締結される労働条件及び雇用条項に関する書面によるすべての協約をいう。

(2)　この定義のいかなる事項も、使用者又はその代表が設立し、支配し又は資金を支出する労働者のいかなる団体の承認をも意味するものと解釈すべきでない。

Ⅲ　労働協約の効果

3(1)　労働協約は、その署名者及びそのために協約が締結される者を拘束すべきである。労働協約によつて拘束される使用者及び労働者は、労働協約に含まれる規定に反する規定を雇用契約の中に挿入してはならない。

(2)　労働協約に反する雇用契約の規定は、無効とみなし、且つ、自動的に労働協約の相当規定によつて置き替えられるものとみなすべきである。

(3)　労働協約に定める規定よりも労働者に有利な雇用契約の規定は、労働協約に反するものとみなすべきでない。

(4)　労働協約の効果的な遵守がその当事者によつて確保される場合は、前諸号の規定は、法的措置を要求するものとみなすべきでない。

4　労働協約の規定は、その協約に特に反対の規定がない限り、協約の適用を受ける事業に雇用されている当該種類のすべての労働者に適用すべきである。

Ⅳ　労働協約の拡張

5(1)　適当な場合には、確立された団体交渉の慣行を考慮して、労働協約の産業上及び領域上の適用範囲内に含まれるすべての使用者及び労働者に対しその協約の全部又は一部の規定の適用を拡張するため、国内の法令によつて決定され、且つ、国内事情に適する措置をとるべきである。

(2)　国内の法令は、特に、次の諸条件に従つて、労働協約の拡張を行うことができる。

(a)　労働協約が既に権限のある機関が充分に代表的であると認める数の使用者及び労働者に適用されていること。

(b) 一般原則として、協約の当事者である労働者又は使用者の一又は二以上の団体がその協約の拡張を要求すること。

(c) 協約の拡張に先立ち、拡張によつてその適用を受ける使用者及び労働者にその意見を提出する機会が与えられること。

Ⅴ 労働協約の解釈

6 労働協約の解釈から生ずる争議は、国内事情に適するところによつて、当事者間の協約又は法令が確立した適当な解決手続に付すべきである。

Ⅵ 労働協約の適用の監督

7 労働協約の適用の監督は、その協約の当事者である使用者及び労働者の団体、このために各国に存在する機関又は特に設けられた機関によつて確保すべきである。

賃金の保護に関する条約（ＩＬＯ九五号条約）（未批准）

第一条

この条約において「賃金」とは、名称又は計算方法のいかんを問わず、金銭で評価することができ、且つ、双方の合意又は国内の法令により定められる報酬又は所得で、なされた仕事若しくはなされるべき仕事又はなされた労務若しくはなされるべき労務につき使用者が文書又は口頭による労働契約に基いて労働者に支払うものをいう。

第二条

1 この条約は、賃金が支払われる者又は支払われるべき者のすべてに適用する。

2 権限のある機関は、雇用の事情及び条件からこの条約の規定の全部又は一部の適用が不適当であるような種類の者で筋肉労働に使用されないもの又は家事労務若しくはこれと同種の仕事に使用されるものを、直接関係のある使用者団体及び労働者団体が存在する場合にはそれらの団体と協議の上、この条約の規定の全部又は一部の適用から除外することができる。

第三条

1 金銭で支払う賃金は、法貨で支払わなければならず、約束手形、借用証書若しくはクーポンの形式又は法貨に代るものであるとするその他の形式による支払は、禁止しなければならない。

2 権限のある機関は、銀行小切手、郵便小切手、又は郵便為替による賃金の支払については、それが慣習となつているか若しくは特殊な事情により必要とされる場合又はそれが労働協約若しくは仲裁裁定で規定されているか若しくはその規定がないときでも関係労働者の同意を得た場合には、この方法による支払を許可し、又は命ずることができる。

第四条

1 産業又は職業の性質上現物給与の形式による賃金の支

払が慣習となつているか又は望ましい場合には、国内の法令、労働協約又は仲裁裁定により、その産業又は職業における現物給与の形式による賃金の一部支払を認めることができる。アルコール分の高い酒類又は有害な薬品による賃金の支払は、いかなる場合にも許されない。

2　現物給与の形式による賃金の一部支払を認める場合には、次のことを確保するため適当な措置を執らなければならない。

(a)　その現物給与が労働者及びその家族の個人的使用及び利益に適合していること。

(b)　その現物給与の評価が公正且つ妥当であること。

第五条

賃金は、国内の法令、労働協約若しくは仲裁裁定に別段の規定がある場合又は関係労働者の同意がある場合を除く外、関係労働者に直接支払わなければならない。

第六条

使用者は、いかなる方法によつても、労働者が自己の賃金の処分について有する自由を制限することを禁止される。

第七条

1　事業場内に労働者に商品を販売するための工場売店又は役務を提供するための施設が設けられている場合に、関係労働者に対し、このような売店又は施設を利用することを強制してはならない。

2　他の売店又は施設を利用することができないときは、権限のある機関は、公正且つ妥当な価格で商品が販売され及び施設が提供されること又は使用者が設ける売店及び提供する施設が利潤を得るためではなく関係労働者の利益のために営まれることを確保するため、適当な措置を執らなければならない。

第八条

1　賃金からの控除は、国内の法令、労働協約又は仲裁裁定で定める条件及び範囲においてのみ許されるものとする。

2　労働者に対しては、権限のある機関が最も適当と認める方法で、前記の控除が行われる条件及び範囲を知らせなければならない。

第九条

賃金からの控除で、労働者が雇用され又は雇用を継続するため、使用者若しくはその代理人又は仲介人（労務供給又は募集に従事する者）に対して行う直接又は間接の支払を確保するためのものは、禁止される。

第十二条

1　賃金は、定期的に支払われなければならない。一定の間隔を置いて行う賃金の支払を確保する他の適当な措置が存在する場合を除く外、賃金支払の間隔は、国内の法令、労働協約又は仲裁裁定で定めるものとする。

2　労働契約の終了の際には、支払われるべきすべての賃金の最終的決済は、国内の法令、労働協約又は仲裁裁定に従つて行わなければならず、適用する法令、協約又は裁定がない場合には、契約の条項を考慮して適当な期間内に行わなければならない。

●団結権及び団体交渉権についての原則の適用に関する条約（ＩＬＯ九八号条約）（批准）

第一条

1　労働者は、雇用に関する反組合的な差別待遇に対して充分な保護を受ける。

2　前記の保護は、特に次のことを目的とする行為について適用する。

(a)　労働組合に加入せず、又は労働組合から脱退することを労働者の雇用条件とすること。

(b)　組合員であるという理由又は労働時間外に若しくは使用者の同意を得て労働時間内に組合活動に参加したという理由で労働者を解雇し、その他その者に対し不利益な取扱をすること。

第二条

1　労働者団体及び使用者団体は、その設立、任務遂行又は管理に関して相互が直接に又は代理人若しくは構成員を通じて行う干渉に対して充分な保護を受ける。

2　特に、労働者団体を使用者又は使用者団体の支配の下に置くため、使用者若しくは使用者団体に支配される労働者団体の設立を促進し、又は労働者団体に経理上の援助その他の援助を与える行為は、本条の意味における干渉となるものとする。

第三条

前各条に定める団結権の尊重を確保するため、必要がある場合には、国内事情に適する機関を設けなければならない。

第四条

労働協約により雇用条件を規制する目的をもって行う使用者又は使用者団体と労働者団体との間の自主的交渉のための手続の充分な発達及び利用を奨励し、且つ、促進するため、必要がある場合には、国内事情に適する措置を執らなければならない。

第五条

1　この条約に規定する保障を軍隊及び警察に適用する範囲は、国内の法令で定める。

2　国際労働機関憲章第十九条八に掲げる原則に従い、加盟国によるこの条約の批准は、この条約の保障する権利を軍隊又は警察の構成員に与えている既存の法律、裁定、慣行又は協約に影響を及ぼすものとみなされない。

第六条

この条約は、公務員の地位を取り扱うものではなく、また、その権利又は分限に影響を及ぼすものと解してはならない。

●強制労働の廃止に関する条約（ＩＬＯ一〇五号条約）（未批准）

第一条

この条約を批准する国際労働機関の各加盟国は、次に掲げる手段、制裁又は方法としてのすべての種類の強制労働を禁止し、かつ、これを利用しないことを約束する。

(a) 政治的な圧制若しくは教育の手段又は、政治的な見解若しくは既存の政治的、社会的若しくは経済的制度に思想的に反対する見解をいだき、若しくは発表することに対する制裁

(b) 経済的発展の目的のために、労働力を動員し、及び利用する方法

(c) 労働規律の手段

(d) 同盟罷業に参加したことに対する制裁

(e) 人種的、社会的、国民的又は宗教的差別待遇の手段

第二条

この条約を批准する国際労働機関の各加盟国は、前条に明記する強制労働の即時の、かつ、完全な廃止を確保するために効果的な措置を執ることを約束する。

第三条

この条約の正式の批准は、登録のため国際労働事務局長に通知する。

●年次有給休暇に関する条約（ＩＬＯ一三二号改正条約）（未批准）

第一条

この条約は、労働協約、仲裁裁定、判決、法定の賃金決定制度その他国内事情の下において適当である方法で国内慣行に合致するものによつて実施しない限り、国内法令によつて実施する。

第二条

1　この条約は、船員を除くほか、すべての被用者について適用する。

2　国内の権限のある機関又は適当な機関は、関係のある使用者団体及び労働者団体が存在する場合にはそれらの団体と協議したうえ、雇用につき実施に関する又は立法上若しくは憲法上の事項に関する実質的で特殊な問題が生ずる限られた種類の被用者をこの条約の適用から除外するため、必要な限度において措置をとることができる。

3　この条約を批准する各加盟国は、国際労働機関憲章第二十二条の規定に従つて提出するこの条約の適用に関する第一回の報告において、2の規定に従つて除外した種類の者をその除外の理由を付して列記するものとし、その後の報告において、除外した種類の者に関する自国の法律及び慣行の現況並びにこの条約がそれらの種類の者につきどの程度に実施されているか又は実施されようとしているかを記述する。

第三条

1　この条約の適用を受けるすべての者は、所定の最小の長さの年次有給休暇を受ける権利を有する。
2　この条約を批准する各加盟国は、その批准の際に行なう宣言において、休暇の長さを定める。
3　休暇は、いかなる場合にも、一年の勤務につき三労働週を下回つてはならない。
4　この条約を批准した各加盟国は、その後、追加の宣言により、批准の際に定めた休暇よりも長い休暇を定めることを国際労働事務局長に通告することができる。

第四条

1　いずれかの年の勤務期間が前条に定める休暇を完全に受ける資格を得るために必要な期間に満たない者は、その年につきその年の勤務期間に比例した有給休暇を受ける権利を有する。
2　1の「年」とは、暦年又は当該国の権限のある機関により若しくは適当な機関を通じて決定される同じ長さのその他の期間をいう。

第五条

1　年次有給休暇を受ける資格の取得については、最低勤務期間を要求することができる。
2　そのような資格期間の長さは、当該国の権限のある機関により又は適当な機関を通じて決定されるものとし、六箇月をこえてはならない。
3　休暇を受ける資格を得るための勤務期間の算定の方法は、各国の権限のある機関により又は適当な機関を通じて決定される。
4　疾病、傷害、出産等の当該被用者にとつてやむを得ない理由による欠勤は、各国の権限のある機関により又は適当な機関を通じて決定される条件の下で、勤務期間の一部として数えられる。

第六条

1　公の及び慣習上の休日は、年次休暇期間中に当たるかどうかを問わず、第三条3に定める最低年次有給休暇の一部として数えてはならない。
2　疾病又は傷害に起因する労働不能の期間は、各国の権限のある機関により又は適当な機関を通じて決定される条件の下で、第三条3に定める最低年次有給休暇の一部として数えてはならない。

第七条

1　この条約に定める休暇をとるすべての者は、その休暇の全期間につき、少なくとも、各国の権限のある機関により又は適当な機関を通じて決定される方法で算定されるその通常又は平均の報酬（この報酬のうち現物で支払われる部分であつて当該者が休暇中であるかどうかを問わず継続する恒久的な給付ではないものの現金相当額を含む。）を受ける。
2　1の規定に基づいて支払われる額は、当該者及び使用者について適用される協定に別段の定めがない限り、休暇に先だつて当該者に支払われる。

第八条

1　各国の権限のある機関又は適当な機関は、年次有給休暇の分割を認めることができる。

2　年次有給休暇の分割された部分の一は、少なくとも中断されない二労働週から成るものとする。ただし、使用者及び当該被用者について適用される協定に別段の定めがない場合であつて、当該被用者の勤務期間がそのような期間の休暇を受ける資格を与えるものである場合に限る。

第九条

1　第八条2に規定する年次有給休暇の中断されない部分は、その休暇を受ける資格が生じた年の終りから一年以内に、また、年次有給休暇の残余の部分は、十八箇月以内に、付与されかつとられる。

2　所定の最低期間をこえる年次休暇の部分は、当該被用者の同意を得て、1に定める期間をこえて所定の期限まで延期することができる。

3　2の最低期間及び期限は、関係のある使用者団体及び労働者団体と協議したうえ権限のある機関により、又は団体交渉その他国内事情の下において適当である方法で国内慣行に合致するものによつて定められる。

第十条

1　休暇をとる時期は、規則、労働協約、仲裁裁定その他の方法で国内慣行に合致するものによつて定められている場合を除くほか、使用者が当該被用者又はその代表者と協議したうえ定める。

2　休暇をとる時期を定めるにあたつては、業務上の必要並びに被用者が利用することができる休息及び休養のための機会を考慮に入れる。

第十一条

第五条1の規定に基づいて要求される期間に相当する最低勤務期間を完了した被用者は、雇用の終了の時に、有給休暇を受けていない勤務期間に比例する有給休暇、それに代わる補償又はそれに相当する休暇権を受ける。

第十三条

各国の権限のある機関又は適当な機関は、被用者が休暇中に休暇の目的に合致しない有償活動に従事する場合につき、特別な規則を定めることができる。

●家族的責任を有する男女労働者の機会及び待遇の均等に関する条約（ＩＬＯ一五六号条約）（批准）

第一条

1　この条約は、被扶養者である子に対し責任を有する男女労働者であって、当該責任により経済活動への準備、参入若しくは参加の可能性又は経済活動における向上の可能性が制約されるものについて、適用する。

2　この条約は、介護又は援助が明らかに必要な他の近親の家族に対し責任を有する男女労働者であって、当該責任により経済活動への準備、参入若しくは参加の可能性又は経済活動における向上の可能性が制約されるものについても、適用する。

3　この条約の適用上、「被扶養者である子」及び「介護又は援助が明らかに必要な他の近親の家族」とは、各国において第九条に規定する方法のいずれかにおいて定められる者をいう。

4　1及び2に規定する労働者は、以下「家族的責任を有する労働者」という。

第二条

この条約は、経済活動のすべての部門について及びすべての種類の労働者について適用する。

第三条

1　男女労働者の機会及び待遇の実効的な均等を実現するため、各加盟国は、家族的責任を有する者であって職業に従事しているもの又は職業に従事することを希望するものが、差別を受けることなく、また、できる限り職業上の責任と家族的責任との間に抵触が生ずることなく職業に従事する権利を行使することができるようにすることを国の政策の目的とする。

2　1の規定の適用上、「差別」とは、千九百五十八年の差別（雇用及び職業）条約の第一条及び第五条に規定する雇用及び職業における差別をいう。

第四条

男女労働者の機会及び待遇の実効的な均等を実現するため、次のことを目的として、国内事情及び国内の可能性と両立するすべての措置をとる。

(a)　家族的責任を有する労働者が職業を自由に選択する権利を行使することができるようにすること。

(b)　雇用条件及び社会保障において、家族的責任を有する労働者のニーズを反映すること。

第八条

家族的責任それ自体は、雇用の終了の妥当な理由とはならない。

●高齢労働者に関する勧告（ＩＬＯ一六二号勧告）

1

(1)　この勧告は、加齢のために雇用及び職業において困難に遭遇するおそれのあるすべての労働者について適用する。

(2)　この勧告を実施するに当たり、各国において、国内法令及び国内慣行に適合しかつ地方の事情に適する方法により、特定の年齢層に関し、この勧告の適用を受ける労働者の一層詳細な定義を採用することができる。

(3)　この勧告の適用を受ける労働者は、この勧告において、「高齢労働者」という。

2　高齢労働者の雇用問題は、すべての年齢集団に十分な注意を払うことにより雇用問題が一の年齢集団から他の年齢集団へ転移しないことを確保しつつ、完全雇用のための全般的なかつ均衡のとれた戦略の一環として、また、企業の段階においては全般的なかつ均衡のとれた社会政策の一環として取り扱われるべきである。

3　各加盟国は、年齢のいかんを問わず労働者の機会及び待遇の均等を促進するための国家の方針並びにこの問題に関する法令及び慣行の枠（わく）内で、高齢労働者に関し雇用及び職業における差別待遇を防止するための措置をとるべきである。

20　このⅣの規定の適用上、

(a)「所定の」とは、31に規定する方法の一により又はこれに基づいて定められていることをいう。

(b)「老齢給付」とは、所定の年齢を超えて生存する場合に与えられる給付をいう。

(c)「引退給付」とは、有償の活動の中止を条件として与えられる老齢給付をいう。

(d)「老齢給付の受給資格を通常付与される年齢」とは、老齢給付が与えられる所定の年齢をいい、この老齢給付は、繰り上げ又は繰り延べて与えることができる。

(e)「長期勤続給付」とは、長期の資格期間の満了（年齢のいかんを問わない。）にのみ基づいて与えられる給付をいう。

(f)「資格期間」とは、拠出期間、雇用期間若しくは居住期間又はこれらの組合せであつて所定のものをいう。

21　可能な場合には、次のことを目的として措置がとられるべきである。

(a)　労働生活から自由な活動状態への段階的な移行を認める枠（わく）内で、引退が任意的なものであることを確保すること。

(b)　老齢年金の受給資格を付与される年齢を弾力的なものとすること。

22　特定の年齢での雇用の終了を強制的なものとする法令その他の規定は、3及び21の規定に照らして検討されるべきである。

23(1)　各加盟国は、特別給付に関する自国の方針に従い、労働時間が段階的に短縮されて所定の水準に達する高齢労働者又はパートタイムでの労働を始める高齢労働者が老齢給付の受給資格を通常付与される年齢に達する日前の所定の期間その報酬の減少に対する一部補償又は全額補償として特別給付を受けることを確保するため努力すべきである。

(2)　(1)の特別給付の額及び条件が定められるべきである。適当な場合には、特別給付は、老齢給付の計算上、所得として取り扱われるべきであり、また、その給付期間は、この計算において考慮されるべきである。

●パートタイム労働に関する条約（ＩＬＯ一七五号条約）（未批准）

第一条

この条約の適用上、

(a)「パートタイム労働者」とは、通常の労働時間が比較可能なフルタイム労働者の通常の労働時間よりも短い被用者をいう。

(b) (a)に規定する通常の労働時間は、一週間当たりで、又は一定の雇用期間の平均により計算することができる。

(c) 「比較可能なフルタイム労働者」とは、次のフルタイム労働者をいう。

(i) 関係するパートタイム労働者と同一の種類の雇用関係を有するフルタイム労働者

(ii) 関係するパートタイム労働者と同一の又は類似の種類の労働又は職業に従事するフルタイム労働者

(iii) 関係するパートタイム労働者と同一の事業所に雇用されているフルタイム労働者、同一の事業所に比較可能なフルタイム労働者がいない場合には同一の企業に雇用されているフルタイム労働者又は同一の企業に比較可能なフルタイム労働者がいない場合には同一の活動部門で雇用されているフルタイム労働者

(d) 部分的失業、すなわち経済的、技術的又は構造的な理由による通常の労働時間の集団的かつ一時的な短縮の影響を受けたフルタイム労働者は、パートタイム労働者とみなさない。

第二条

この条約は、他の国際労働条約に基づいてパートタイム労働者に適用することができる一層有利な規定に影響を及ぼすものではない。

第三条

1　この条約は、すべてのパートタイム労働者について適用する。ただし、加盟国は、特定の種類の労働者又は事業所に対しこの条約を適用することにより重要性を有する特別の問題が生ずる場合には、関係のある代表的な使用者団体及び労働者団体との協議の上、当該特定の種類の労働者又は事業所の全部又は一部をこの条約の適用範囲から除外することができる。

2　この条約を批准する加盟国であって1の可能性を援用するものは、国際労働機関憲章第二十二条の規定に基づくこの条約の適用に関する報告において、1の規定により除外する特定の種類の労働者又は事業所及びその除外が必要であると判断され又は引き続き必要であると判断される理由を明示する。

第四条

次の事項に関し、パートタイム労働者が比較可能なフルタイム労働者に対し与える保護と同一の保護を受けることを確保する措置をとる。

(a) 団結権、団体交渉権及び労働者代表として行動する権利

(b) 職業上の安全及び健康

(c) 雇用及び職業における差別

第五条

パートタイム労働者が、パートタイムで働いているとい

う理由のみによって、時間、生産量又は出来高に比例して計算される基本賃金であって、同一の方法により計算される比較可能なフルタイム労働者の基本賃金よりも低いものを受領することがないことを確保するため、国内法及び国内慣行に適合する措置をとる。

第六条

職業活動を基礎とする法定の社会保障制度は、パートタイム労働者が比較可能なフルタイム労働者と同等の条件を享受するよう調整される。この条件は、労働時間、拠出金若しくは勤労所得に比例して、又は国内法及び国内慣行に適合する他の方法により決定することができる。

第七条

次の分野において、パートタイム労働者が比較可能なフルタイム労働者と同等の条件を享受することを確保するための措置をとる。ただし、金銭上の権利は、労働時間又は勤労所得に比例して決定することができる。

(a) 母性保護
(b) 雇用の終了
(c) 年次有給休暇及び有給の公の休日
(d) 病気休暇

第八条

1 加盟国は、労働時間又は勤労所得が一定の基準を下回るパートタイム労働者を、次のものの適用範囲から除外することができる。

(a) 第六条に規定する法定の社会保障制度（業務災害給付に係るものを除く。）

(b) 前条の規定が対象とする分野においてとられる措置（法定の社会保障制度に基づかない母性保護の措置に係るものを除く。）

2 1に規定する基準は、不当に多くの割合のパートタイム労働者を除外することがないよう十分に低いものとする。

3 1に規定する可能性を援用する加盟国は、次のことを行う。

(a) 現行の基準について定期的に検討すること。

(b) 国際労働機関憲章第二十二条の規定に基づくこの条約の適用に関する報告において、現行の基準、その理由及び除外される労働者に対する保護の漸進的な拡大に考慮が払われているか否かを明示すること。

4 最も代表的な使用者団体及び労働者団体は、この条に規定する基準の設定、検討及び改正について協議を受ける。

第十条

適当な場合には、国内法及び国内慣行に従い、フルタイム労働からパートタイム労働への転換又はその逆の転換が任意に行われることを確保するための措置をとる。

民間職業仲介事業所に関する条約（ＩＬＯ一八一号条約）（批准）

第一条

1　この条約の適用上、「民間職業仲介事業所」とは、公の機関から独立した自然人又は法人であって、労働市場における次のサービスの一又は二以上を提供するものをいう。

(a)　求人と求職とを結び付けるためのサービスであって、民間職業仲介事業所がその結果生ずることのある雇用関係の当事者とならないもの

(b)　労働者に対して業務を割り当て及びその業務の遂行を監督する自然人又は法人である第三者（以下「利用者企業」という。）の利用に供することを目的として労働者を雇用することから成るサービス

(c)　情報の提供等求職に関連する他のサービスであって、特定の求人と求職とを結び付けることを目的とせず、かつ、権限のある機関が最も代表的な使用者団体及び労働者団体と協議した上で決定するもの

2　この条約の適用上、「労働者」とは、求職者を含む。

3　この条約の適用上、「労働者の個人情報の処理」とは、特定の又は特定し得る労働者に関する情報の収集、保管、組合せ、伝達その他の取扱いをいう。

第二条

1　この条約は、すべての民間職業仲介事業所について適用する。

2　この条約は、すべての種類の労働者及びすべての部門の経済活動について適用する。ただし、船員の募集及び職業紹介については適用しない。

第三条

1　民間職業仲介事業所の法的地位については、国内法及び国内慣行に従い並びに最も代表的な使用者団体及び労働者団体と協議した上で決定する。

2　加盟国は、許可又は認可の制度により、民間職業仲介事業所の運営を規律する条件を決定する。ただし、そのような条件が適当な国内法及び国内慣行によって別途規制され又は決定されている場合は、この限りでない。

第六条

(b)　関係する労働者の資格及び職業経験に関連する事項並びに他の直接に関連する情報に限って処理を行うこと。

第七条

1　民間職業仲介事業所は、労働者からいかなる手数料又は経費についてもその全部又は一部を直接又は間接に徴収してはならない。

2　権限のある機関は、関係する労働者の利益のために、最も代表的な使用者団体及び労働者団体と協議した上で、特定の種類の労働者及び民間職業仲介事業所が提供する特定の種類のサービスについて1の規定の例外を認めることができる。

3　2の規定に基づいて例外を認めた加盟国は、国際労働

機関憲章第二十二条の規定に基づく報告において、その例外についての情報を提供し及びその理由を示す。

第九条

加盟国は、民間職業仲介事業所が児童労働を利用せず及び提供しないことを確保するための措置をとる。

第十三条

1　加盟国は、国内法及び国内慣行に従い並びに最も代表的な使用者団体及び労働者団体と協議した上で、公共職業安定組織と民間職業仲介事業所との間の協力を促進するための条件を策定し、確立させ及び定期的に検討する。

2　1に規定する条件は、公の機関が次の事項について最終的な権限を有するとの原則に基づく。

(a)　労働市場に関する政策の策定

(b)　(a)の政策を実施するために確保される公の資金の利用又は管理

3　民間職業仲介事業所は、権限のある機関が決定する頻度で、次の目的のために権限のある機関が求める情報をその秘密保持に十分な考慮を払って提供する。

(a)　国内事情及び国内慣行に従い民間職業仲介事業所の組織及び活動について把握すること。

(b)　統計上の目的

4　権限のある機関は、3の情報を取りまとめ、定期的に公表する。

第十四条

1　この条約は、法令又は判決、仲裁裁定、労働協約等国内慣行に適合する他の手段により適用する。

2　この条約の実施に係る監督は、労働監督機関その他の権限のある公の機関によって確保する。

3　この条約の違反があった場合における適当な救済措置（適当な場合には制裁を含む。）が定められ及び効果的に適用されるものとする。

第十五条

この条約は、民間職業仲介事業所が募集し、紹介し又は雇用する労働者について他の国際労働条約に基づき適用可能な規定であって一層有利なものに影響を及ぼすものではない。

第十六条

この条約は、千九百四十九年の有料職業紹介所条約（改正）及び千九百三十三年の有料職業紹介所条約を改正する。

第十七条

この条約の正式な批准は、登録のため国際労働事務局長に通知する。

第十八条

1　この条約は、国際労働機関の加盟国で自国による批准が国際労働事務局長に登録されたもののみを拘束する。

2　この条約は、二の加盟国による批准が国際労働事務局長に登録された日の後十二箇月で効力を生ずる。

3　その後は、この条約は、いずれの加盟国についても、自国による批准が登録された日の後十二箇月で効力を生ずる。

第十九条

1　この条約を批准した加盟国は、この条約が最初に効力を生じた日から十年を経過した後は、登録のため国際労働事務局長に送付する文書によってこの条約を廃棄することができる。廃棄は、登録された日の後一年間は効力を生じない。

2　この条約を批准した加盟国で、1の十年の期間が満了した後一年以内にこの条に定める廃棄の権利を行使しないものは、更に十年間拘束を受けるものとし、その後は、十年の期間が満了するごとに、この条に定める条件に従ってこの条約を廃棄することができる。

第二十条

1　国際労働事務局長は、加盟国から通知を受けたすべての批准及び廃棄の登録についてすべての加盟国に通報する。

2　国際労働事務局長は、二番目の批准の登録について加盟国に通報する際に、この条約が効力を生ずる日につき加盟国の注意を喚起する。

第二一条

国際労働事務局長は、国際連合憲章第百二条の規定による登録のため、前諸条の規定に従って登録されたすべての批准及び廃棄の完全な明細を国際連合事務総長に通知する。

第二二条

国際労働機関の理事会は、必要と認めるときは、この条約の運用に関する報告を総会に提出するものとし、また、この条約の全部又は一部の改正に関する問題を総会の議事日程に加えることの可否を検討する。

第二三条

1　総会がこの条約の全部又は一部を改正する条約を新たに採択する場合には、その改正条約に別段の規定がない限り、

(a)　加盟国によるその改正条約の批准は、その改正条約が自国について効力を生じたときは、第十九条の規定にかかわらず、当然にこの条約の即時の廃棄を伴う。

(b)　この条約は、その改正条約が効力を生ずる日に加盟国による批准のための開放を終了する。

2　この条約は、これを批准した加盟国で1の改正条約を批准していないものについては、いかなる場合にも、その現在の形式及び内容で引き続き効力を有する。

第二四条

この条約の英文及びフランス文は、ひとしく正文とする。

●女子に対するあらゆる形態の差別の撤廃に関する条約（国連条約）（批准）

第一部

第一条

この条約の適用上、「女子に対する差別」とは、性に基

づく区別、排除又は制限であって、政治的、経済的、社会的、文化的、市民的その他のいかなる分野においても、女子（婚姻をしているかいないかを問わない。）が男女の平等を基礎として人権及び基本的自由を認識し、享有し又は行使することを害し又は無効にする効果又は目的を有するものをいう。

第二条

締約国は、女子に対するあらゆる形態の差別を非難し、女子に対する差別を撤廃する政策をすべての適当な手段により、かつ、遅滞なく追求することに合意し、及びこのため次のことを約束する。

(a) 男女の平等の原則が自国の憲法その他の適当な法令に組み入れられていない場合にはこれを定め、かつ、男女の平等の原則の実際的な実現を法律その他の適当な手段により確保すること。

(b) 女子に対するすべての差別を禁止する適当な立法その他の措置（適当な場合には制裁を含む。）をとること。

(c) 女子の権利の法的な保護を男子との平等を基礎として確立し、かつ、権限のある自国の裁判所その他の公の機関を通じて差別となるいかなる行為からも女子を効果的に保護することを確保すること。

(d) 女子に対する差別となるいかなる行為又は慣行も差し控え、かつ、公の当局及び機関がこの義務に従って行動することを確保すること。

(e) 個人、団体又は企業による女子に対する差別を撤廃するためのすべての適当な措置をとること。

(f) 女子に対する差別となる既存の法律、規則、慣習及び慣行を修正し又は廃止するためのすべての適当な措置（立法を含む。）をとること。

(g) 女子に対する差別となる自国のすべての刑罰規定を廃止すること。

第三条

締約国は、あらゆる分野、特に、政治的、社会的、経済的及び文化的分野において、女子に対して男子との平等を基礎として人権及び基本的自由を行使し及び享有することを保障することを目的として、女子の完全な能力開発及び向上を確保するためのすべての適当な措置（立法を含む。）をとる。

第二部

第七条

締約国は、自国の政治的及び公的活動における女子に対する差別を撤廃するためのすべての適当な措置をとるものとし、特に、女子に対して男子と平等の条件で次の権利を確保する。

(a) あらゆる選挙及び国民投票において投票する権利並びにすべての公選による機関に選挙される資格を有する権利

(b) 政府の政策の策定及び実施に参加する権利並びに政

府のすべての段階において公職に就き及びすべての公務を遂行する権利

(c) 自国の公的又は政治的活動に関係のある非政府機関及び非政府団体に参加する権利

第九条

1 締約国は、国籍の取得、変更及び保持に関し、女子に対して男子と平等の権利を与える。締約国は、特に、外国人との婚姻又は婚姻中の夫の国籍の変更が、自動的に妻の国籍を変更し、妻を無国籍にし又は夫の国籍を妻に強制することとならないことを確保する。

2 締約国は、子の国籍に関し、女子に対して男子と平等の権利を与える。

第三部

第十条

締約国は、教育の分野において、女子に対して男子と平等の権利を確保することを目的として、特に、男女の平等を基礎として次のことを確保することを目的として、女子に対する差別を撤廃するためのすべての適当な措置をとる。

(b) 同一の教育課程、同一の試験、同一の水準の資格を有する教育職員並びに同一の質の学校施設及び設備を享受する機会

(c) すべての段階及びあらゆる形態の教育における男女の役割についての定型化された概念の撤廃を、この目的の達成を助長する男女共学その他の種類の教育を奨励することにより、また、特に、教材用図書及び指導計画を改訂すること並びに指導方法を調整することにより行うこと。

第十一条

1 締約国は、男女の平等を基礎として同一の権利、特に次の権利を確保することを目的として、雇用の分野における女子に対する差別を撤廃するためのすべての適当な措置をとる。

(a) すべての人間の奪い得ない権利としての労働の権利

(b) 同一の雇用機会（雇用に関する同一の選考基準の適用を含む。）についての権利

(c) 職業を自由に選択する権利、昇進、雇用の保障並びに労働に係るすべての給付及び条件についての権利並びに職業訓練及び再訓練（見習、上級職業訓練及び継続的訓練を含む。）を受ける権利

(d) 同一価値の労働についての同一報酬（手当を含む。）及び同一待遇についての権利並びに労働の質の評価に関する取扱いの平等についての権利

2 締約国は、婚姻又は母性を理由とする女子に対する差別を防止し、かつ、女子に対して実効的な労働の権利を確保するため、次のことを目的とする適当な措置をとる。

(a) 妊娠又は母性休暇を理由とする解雇及び婚姻をしているかいないかに基づく差別的解雇を制裁を課して禁止すること。

(b) 給料又はこれに準ずる社会的給付を伴い、かつ、従

前の雇用関係、先任及び社会保障上の利益の喪失を伴わない母性休暇を導入すること。

(c) 親が家庭責任と職業上の責務及び社会的活動への参加とを両立させることを可能とするために必要な補助的な社会的サービスの提供を、特に保育施設網の設置及び充実を促進することにより奨励すること。

(d) 妊娠中の女子に有害であることが証明されている種類の作業においては、当該女子に対して特別の保護を与えること。

第十三条

締約国は、男女の平等を基礎として同一の権利、特に次の権利を確保することを目的として、他の経済的及び社会的活動の分野における女子に対する差別を撤廃するためのすべての適当な措置をとる。

(a) 家族給付についての権利

〈著者紹介〉

小 西 國 友（こにし くにとも）

1938 年　東京都に生まれる
1962 年　東京大学法学部卒業
1967 年　同大学大学院博士課程単位取得修了
同　年　司法修習生
現　在　立教大学名誉教授　信州大学法科大学院特任教授
法学博士

〈主要著書〉

『要説労働法』（1991 年，法研出版）
『労働関係法』〈共著〉（初版 1992 年，第 2 版 1995 年，有斐閣）
『労働法の基礎』（1993 年，日本評論社）
『解雇と労働契約の終了』（1995 年，有斐閣）
『労働法の基本問題』（1997 年，法研出版）
『社会保障法』（2001 年，有斐閣）
『現代社会と法』（2002 年，三省堂）
『現代法の特殊問題』（2005 年，絢文社）
『労働法』（2008 年，三省堂）

法律学講座

◆◆◆

国際労働法

2012年（平成24年）2月20日　第1版第1刷発行
5887:P360 ¥4200E-012:050-005

著　者　小　西　國　友
発行者　今井 貴・稲葉文子
発行所　株式会社　信 山 社
編集第 2 部
〒113-0033　東京都文京区本郷 6-2-9-102
Tel 03-3818-1019　Fax 03-3818-0344
henshu@shinzansha.co.jp
笠間才木支店　〒309-1611 茨城県笠間市笠間 515-3
Tel 0296-71-9081　Fax 0296-71-9082
笠間来栖支店　〒309-1625 茨城県笠間市来栖 2345-1
Tel 0296-71-0215　Fax 0296-72-5410
出版契約 No.2012-5887-5-01011 Printed in Japan

印刷・製本／ワイズ書籍・渋谷文泉閣 46k
ISBN978-4-7972-5887-5 C3332　分類328.609-a087 労働法

事項索引

あ行

か行

さ行

た行

な行

は行

ま行

や行

ら行

わ行